刘恕人 著

历代诗人轶事

LIDAI SHIREN YISHI

郑州大学出版社
郑州

图书在版编目(CIP)数据

历代诗人轶事/刘恕人著.—郑州:郑州大学出版社,2019.11(2020.10 重印)
ISBN 978-7-5645-6533-6

Ⅰ.①历… Ⅱ.①刘… Ⅲ.①诗人-列传-中国-古代 Ⅳ.①K825.6

中国版本图书馆 CIP 数据核字(2019)第 146498 号

郑州大学出版社出版发行	
郑州市大学路 40 号	邮政编码:450052
出版人:孙保营	发行部电话:0371-66966070
全国新华书店经销	
新乡市豫北印务有限公司印制	
开本:787 mm×1 092 mm　1/16	
印张:14.25	
字数:349 千字	
版次:2019 年 11 月第 1 版	印次:2020 年 10 月第 2 次印刷
书号:ISBN 978-7-5645-6533-6	定价:30.00 元

本书如有印装质量问题,请向本社调换

序

  古诗词是中华民族灿烂文化的瑰宝,是文艺百花园中的奇葩,是富有生命力的文化精髓。它穿越历史时空,至今还在启迪着我们的心智,滋养着我们的心灵,丰富着我们的精神,陶冶着我们的情操。正如常言说的:"腹有诗书气自华"。正因如此,2016年出版的部编本初中语文教材,古诗文比例大幅增加,共选入古诗文124篇,占全部选篇的51.7%。诗词的跨度从《诗经》到近现代经典诗词。体裁从古风、民歌、律诗、绝句到词曲,均有收录。

  白居易说:"文章合为时而著,歌诗合为事而作。"每一首诗词都是诗人对人和事物情景的感悟,情感的迸发。其背后往往还有一些感人的情节和故事。了解了这些,不仅可以激发人们读诗的兴趣,更有助于了解其人,进而读懂其诗。正如孟子说的:"颂其诗,读其书,不知其人可乎?是以论其世也。"可见了解诗人生平及其轶事的重要。正是鉴于此,我校已经八十岁高龄的刘恕人老师,从2017年开始,倾注心力,用两年多的时间,写作了《历代诗人轶事》一书,共65篇。从战国时的屈原到近代的秋瑾,书中涉及的诗人已远不止65人。

  此书的特点是:通过介绍诗人故事、传闻轶事,为学生"知人论事"提供帮助,也为解读、赏析诗词提示线索。人们常把优秀的诗歌作品比作一幅画、一支歌。诗歌故事能给画面增色,使音符流畅,为诗歌注入生命的活力。有了诗歌故事,诗人已不只是纸上的一个名字,而是生活中有血有肉,有声有色,可亲可近,富有情感,具有个性,呼之欲出的活生生的人。所以,一篇脍炙人口的诗人轶事,更容易给人留下难以磨灭的深刻印象。

  尝试将诗人、诗作、诗事融为一体,把知识、趣味、鉴赏集于一身,是本书写作的本愿。尚美、向上、扬善、惩恶是本书写作遵循的宗旨。这本书不仅可以丰富知识,有助于解读、赏析古诗词,对于学生优秀道德品质的养成也大有裨益。

苏东升
2019 年 4 月 1 日

前 言

《中国诗词大会》已在央视播了四季,深受观众欢迎。康震、王立群、蒙曼、郦波老师、主持人董卿等的点评很精彩,也很有趣。对于我们了解诗人,进而读懂、赏析他们的诗词很有益处。看节目时我就产生了一种想法:如果把历代诗人的生平轶事收集整理出来,对于诗词爱好者(尤其是中学生)了解诗人,进而读懂、赏析诗词未尝不是一件好事。

古人云:诗者,天地之心也。人生自有诗意,时代呼唤诗篇;文化传承文明,经典咏诵流传。出于这种愿望,我着手收集这方面的资料,动笔写作,至今已写出 65 篇。

中国自古就有"诗言志"的说法。《毛诗序》说:"诗者,志之所之也。在心为志,发言为诗。"所谓"志",就是人们常说的感情,而感情不是无端发生的。它需要有一个触发、酝酿的过程。"触发"有时也称"灵感","灵感"的产生又离不开生活(事)。所以诗歌与生活对应密合,如影随形。古人写诗提起笔来,更多想到的是"兴观群怨",于是缘事而发。这是古代诗歌的一大特征。

孟子曾说:"颂其诗,读其书,不知其人可乎?是以论其世也。"可见了解诗人生平及其轶事的重要。历来还有"文如其人"的说法,这说法有一定的道理,但也有片面性。所以,元好问的《论诗绝句第六首》就说:"心画心声总失真,文章宁复见为人。高情千古闲居赋,争信安仁拜路尘。"诗中安仁(潘岳)所写《闲居赋》表达的情操很高尚,但他曾经谄事贾谧,曾望其车尘而下拜,是个善于巴结的小人,与他写的《闲居赋》表达的高尚情操极不相符。

再如唐初宋之问的《渡汉江》："岭外音书断,经冬复历春。近乡情更怯,不敢问来人。"这首诗表达了一个长期客居他乡,又与家人音讯断绝,在行近家乡时产生的一种独特的心理状态,引起了读者情感上的共鸣。细读此诗会发现,离别久的家乡近了,应该是"情更切",为什么变成"情更怯"？应该是"急于问"家人的近况,为什么又"不敢问"了呢？

原来宋之问是个人品很卑劣的人,因媚附武则天的男宠张易之兄弟,被贬泷州,后畏罪私逃回家,所以才"近乡情更怯,不敢问来人"。他既想知道家人的近况,又怕被人认出自己是私逃的罪犯。如果不了解宋之问的为人和这首诗的写作背景,就难以了解诗中隐含的微妙感情。

如果不了解陆游和唐婉的凄美爱情,读他的《钗头凤》和"沈园诗"也许不会引起心灵的震撼。如果不清楚刘禹锡的坎坷经历,读他的《戏赠看花诸君子》就会茫然如坠雾中。如果不知道"崔护谒浆"的美丽故事,他的《题都城南庄》中"人面不知何处去,桃花依旧笑春风"的诗句,动人心弦的效果就会大打折扣。

诗人故事、轶事为读者"知人论事"提供了有效的补充,也为我们解读赏析诗词提供了线索。尝试将诗人、诗作、诗事融为一体,把知识、趣味、鉴赏集于一身,是本书写作的初衷。

诗人的本传、本集、笔记、历代诗话等,是本书的主要素材。同时参阅了《中国文学史》等大量的文史典籍,也参考了今人的一些研究成果。对传说一般不采用,力求做到事出有源,真实可信。

由于作者掌握的资料有限,水平不高,书中错漏之处在所难免。切盼专家与读者批评指正。

刘恕人

2019年3月25日

目 录

1 汨罗诗魂　根在濮阳 …………………………………………………… 1
2 蔡文姬的血泪《悲愤诗》 ……………………………………………… 4
3 曹操何以杀杨修 ………………………………………………………… 9
4 曹子建七步成诗 ………………………………………………………… 12
5 女汉子谢道韫 …………………………………………………………… 16
6 陶渊明自写挽歌 ………………………………………………………… 19
7 缅伯高千里送鹅毛 ……………………………………………………… 22
8 骆宾王的生死之谜 ……………………………………………………… 23
9 旗亭画壁留佳话 ………………………………………………………… 26
10 人品低劣的宋之问 ……………………………………………………… 29
11 陈子昂摔琴觅知音 ……………………………………………………… 32
12 贺知章旷达赠诗仙 ……………………………………………………… 35
13 张若虚孤篇压全唐 ……………………………………………………… 37
14 王之涣《登鹳雀楼》曾被冒名侵权 …………………………………… 39
15 孟浩然终生白衣 ………………………………………………………… 41
16 王昌龄之死 ……………………………………………………………… 45
17 王维虎口夺美娘 ………………………………………………………… 48
18 王维、李白的日本诗友 ………………………………………………… 52
19 崔颢题诗，李白搁笔 …………………………………………………… 55

20	李白与汪伦的友情	57
21	李白醉赋《清平调》	58
22	高适改诗成名句	61
23	一首诗"绣"出牢笼	63
24	杜甫的大爱情怀	65
25	夜半钟声引争议	68
26	韩翃以诗得官	70
27	孟郊的浓浓亲情	72
28	桃花依旧笑春风	75
29	韩愈的半副对联	77
30	刘禹锡愤书《陋室铭》	80
31	李绅智脱灾祸	82
32	白居易"居"真不易	84
33	一首诗让破镜重圆	87
34	多情而不专情的元稹	88
35	贾岛苦吟"穷而后工"	91
36	神童李贺	94
37	濮阳人的好女婿——李商隐	97
38	"干谒诗",唐代诗人也"跑官"	104
39	对项羽乌江自刎说法褒贬不一	108
40	寇准鲜为人知的"三步诗"	110
41	梅尧臣"算袋"藏诗	113
42	"红杏尚书"拜访"三影郎中"	116
43	文武政全才范仲淹	118
44	苏东坡的爱民情结	121
45	苏轼的红颜知己	124
46	为苏辙说句公道话	127
47	李清照又称李三瘦	132
48	朱淑真泣赋断肠词	135
49	千古奇冤,岳飞之死	140
50	陆游——诗人中的打虎英雄	147

51	沈园悲歌《钗头凤》	150
52	小范接班老范	154
53	浩然正气文天祥	159
54	郑思肖的失根兰花	165
55	贬谪文学，诗人的别样人生	167
56	著名诗人高启的两个"最"	177
57	戚继光的剑胆诗心	182
58	纳兰容若的"友"与"情"	186
59	对联高手纪晓岚	191
60	林则徐——以诗联书写人生	196
61	名父逆子——龚自珍与龚橙	199
62	孙髯翁的古今第一长联	201
63	梁启超的海外知己	205
64	谭嗣同与大刀王五	208
65	鉴湖女侠秋瑾	211

参考书目 …… 216

1 汨罗诗魂 根在濮阳

屈原(约前340—前278),名平,字原,又字灵均,是我国伟大的爱国诗人,楚国人。楚国本是丹阳一带(今湖北省西部)的一个古老部族。到战国时代,楚和秦成为当时七国中最强的两个大国,而且都想成为霸主。苏秦说:"从(纵)合则楚王,横成则秦帝。"(《战国策·楚策》)意思是"合纵"如果成功,楚就可称王;"连横"如果成功,秦就可称帝。这句话很恰当地概括了当时的形势。

屈原所处的时代,正是楚国由强转弱的时代,其内政外交都有尖锐的斗争。在内政方面,有以上官大夫、靳尚、子兰为首的保守派与以屈原为代表的改革派的斗争;在外交方面,则是"亲秦"与"亲齐"的斗争。屈原处在斗争的旋涡之中。他针对当时国内外的形势,提出了改革弊政、联齐抗秦、壮大国力、统一全国的政治主张,一度得到楚怀王的信任。对此,司马迁《史记·屈原贾生列传》中有记载:"屈原者,名平,为楚怀王左徒。博闻强志,明于治乱,娴于辞令。……王甚任之。"

然而好景不长,楚怀王是个庸懦无能的人,他任用了上官大夫、靳尚等一批佞臣,形成了腐朽的统治集团。他们对外贪图小利,对内搜刮无度,任用小人,排斥贤臣。屈原就是他们排斥的首要目标。《史记·屈原贾生列传》上说:"上官大夫与之(屈原)同列,争宠而心害其能。怀王使屈原造为宪令,屈平属草稿未定,上官大夫见而欲夺之,屈平不与。因谗之曰:'王使屈平为令,众莫不知。每一令出,平伐其功,以为"非我莫能为"也。'王怒而疏屈平。"

屈原被贬绌,秦惠王觉得有机可乘,于是派张仪到楚国施行挑拨离间的诡计。张仪到楚国对怀王说:"秦国恼恨齐国,可是楚与齐是盟友。如果楚国能与齐国绝交,秦愿将商、於之地六百里献给楚国。"楚怀王贪图小利,竟相信了张仪的鬼话,遂与齐国绝交。

张仪走后,楚怀王派使者去秦国要割让的土地。张仪竟说:我当时说的是六里,没说过六百里呀! 使者愤怒返回报告怀王,楚怀王大怒,立即发兵攻打秦国。可秦国早有准备,将楚军打得大败,斩首八万余,又攻占了楚国汉中大片土地。因楚国发全国之兵攻秦,魏国趁机偷袭楚国的邓邑。楚王很害怕,赶忙撤兵回救。齐国因与楚绝交,也不肯出手相救,使楚国陷入腹背受敌的困境。

第二年,秦国称愿归还汉中土地与楚讲和。楚怀王却说:"不愿得地,只要得到张仪就行了。"张仪听说后对秦王说:"用我一个人抵汉中地,很值得,我愿意去楚国。"

张仪到楚国后,先给当政的靳尚送了厚礼,安排好退路,才去见楚怀王。怀王见了张仪,立即将其扣押。靳尚找到怀王的爱妃郑袖,对她说:"你快失宠了,秦王要用很多美女来换张仪。"郑袖听了靳尚的话,立即找到楚怀王大哭大闹,让他放走了张仪。这时,屈原从齐国返回,听说后立即向怀王进谏:"为什么不杀了张仪?"怀王后悔了,派兵去追张仪,可是已经追不上了。

后来,秦昭王继位,提出与楚国结为姻亲,并请楚王赴秦国会面,怀王准备赴会,屈原听说后立即劝阻:"秦是虎狼之国,不可信,千万不能去!"怀王的幼子子兰却说:"不能因这件事得罪了秦国。"极力劝父亲去。怀王听了子兰的话,去了秦国。谁知一入武关就被秦军断了归路,就地扣留,逼其割地。怀王偷跑到赵国,赵国不肯收留。最后怀王还是死在了秦国,死后才把灵柩运回楚国。

楚怀王死后,其长子熊横继位,是为顷襄王,让他的弟弟子兰当了令尹。此举引起楚国人的公愤,他们认为正是这个子兰怂恿楚怀王去了秦国,才不得生还的。屈原虽被放逐,但心中仍眷恋着楚国。他在一篇文章中再三表达了希望回到朝中,报效国家,更希望国君能醒悟,风气能改变,楚国危难的局面能够得到扭转的愿望。

子兰知道后大为恼怒,于是指使上官大夫在顷襄王面前说屈原的坏话。顷襄王一怒之下,把屈原放逐到更远的地方。屈原被一贬再贬,满腔愤懑,他在《渔父》一文中描述了自己被放逐江南的落魄情状:

屈原既放,游于江潭,行吟泽畔,颜色憔悴,形容枯槁。渔父见而问之曰:"子非三闾大夫欤?何故至于斯?"屈原曰:"举世皆浊我独清,众人皆醉我独醒,是以见放。"渔父曰:"圣人不凝滞于物,而能与世推移。世人皆浊,何不淈其泥而扬其波?众人皆醉,何不餔其糟而歠其醨?何故深思高举,自令放为?"屈原曰:"吾闻之,新沐者必弹冠,新浴者必振衣;安能以身之察察,受物之汶汶者乎?宁赴湘流,葬于江鱼之腹中。安能以皓皓之白,而蒙世俗之尘埃乎?"

渔父莞尔而笑,鼓枻而去,乃歌曰:"沧浪之水清兮,可以濯吾缨;沧浪之水浊兮,可以濯吾足。"遂去,不复与言。

此后不久的五月初五,"屈原怀石遂自沉汨罗以死"。

《渔父》是一篇奇文,有人认为这是楚人记述屈原生平轶事的作品。《渔父题解》说:"楚人思念屈原,因述其辞以相传焉。"而王逸的《楚辞章句》指《渔父》为"屈原之所作",后人多赞同这一观点。

楚国在昏君顷襄王和子兰、靳尚等佞臣的统治下怎能长久?顷襄王二十年,秦将白起率兵攻楚,次年破郢都,楚国君臣仓皇逃到陈城(今河南淮阳)。白起分析楚国速败的原因时说:"是时楚王恃其国大,不恤其政,而群臣相妒以功,谄谀用事,良臣斥疏,百姓心离,城池不修。既无良臣,又无守备。"(《战国策·中山策》)这样的国虽大,又焉能不败?

屈原投江的五月初五,成为人们纪念屈原的节日。每年这一天,人们驾起龙舟,包好粽子,点燃香艾,呼唤汨罗江中的诗魂,寄托对屈原的哀悼。这一风俗延续了两千多年,几乎家喻户晓。但是许多人也许不知道,屈原的先祖原来在河南濮阳。

这样说是有根据的。对于屈原的身世,史书多语焉不详。《史记》只说屈原"楚之同姓也"。《中国文学史》说他是"楚国一个没落贵族"。还是屈原自报家门说出了他的家族历史。著名的长篇叙事诗《离骚》开头就说：

　　帝高阳之苗裔兮，朕皇考曰伯庸。
　　摄提贞于孟陬兮，惟庚寅吾以降。
　　皇览揆余初度兮，肇锡余以嘉名。
　　名余曰正则兮，字余曰灵均。

　　诗句的意思是：我是帝高阳的后代啊！父亲的名字叫伯庸。我是寅年正月庚寅日降生的，父亲看我出生时的气度，给我起了个美好的名字：名正则，字灵均。

　　高阳是颛顼帝的称号，颛顼的都城就在今河南省濮阳县，这是有史据可查的。中国古代有"三皇五帝"之说，"三皇"自古说法不一，而"五帝"为黄帝、颛顼、帝喾、尧、舜则举世公认。司马迁《史记·黄帝本纪》记载：

　　黄帝二十五子，其得姓者十四人。

　　黄帝居轩辕之丘，而娶于西陵之女，是为嫘祖。嫘祖为黄帝正妃，生二子，其后皆有天下：其一曰玄嚣，是为青阳，青阳降居江水；其二曰昌意，降居若水。昌意娶蜀山氏女，曰昌仆，生高阳，高阳有圣德焉。黄帝崩，葬桥山。其孙昌意之子高阳立，是为帝颛顼也。

　　帝颛顼高阳者，黄帝之孙而昌意之子也。静渊以有谋，疏通而知事；养材以任地，载时以象天，依鬼神以制义，治气以教化，絜诚以祭祀。北至于幽陵，南至于交趾，西至于流沙，东至于蟠木。动静之物，大小之神，日月所照，莫不砥属。

　　意思是：黄帝名轩辕，有二十五个儿子，其中建立自己姓氏的有十四人。正妻是嫘祖（她发明了缫丝，成为养蚕丝织业的先祖），生了两个儿子，大儿子玄嚣，号青阳，下封到江水（即江国，今河南安阳县）。二儿子叫昌意，下封到若水（今四川雅安境内）。据四川省地方志书记载：昌意后来率领人们北迁中原，在今河南省濮阳市南乐县西北建昌意城。昌意城南的濮水河畔，有一土山名枢山，也叫蜀山。这一代水草丰茂，土地肥沃，林木深密。枢山氏族就在此繁衍生息。枢山氏首领有一美丽的女儿，因出生在濮水河畔，人称女濮，亦称女仆（僕）。昌意看女濮美丽聪慧，就娶为妻子。女濮生了三个儿子，颛顼是次子。可知颛顼是黄帝的孙子，昌意的儿子，濮阳人的外甥。颛顼高阳镇定自若，富有谋略；顺应自然，从事农耕；信奉鬼神，制定礼仪；陶冶性情，教化人民。他治理的疆域，北到幽州（今辽宁），南至交趾（今越南境内），西到流沙（古流沙泽，今内蒙古境内），东到蟠木。凡是日月光辉能照耀到的地方，没有不臣服归属的。传说中的颛顼乘龙至四海，应该不是虚构。

　　颛顼的都城帝丘，就在濮阳县城东南的高城。高城原名高阳城。《大明一统志》说"颛顼城在开州城东二十五里"，正与此相符。2005—2006 年，河南省文物考古研究所对高城遗址进行了发掘，发现了面积约 916 万平方米的东周城址，与文献记载的帝丘高度一致。所以，濮阳有了"颛顼遗都"的称号。

　　颛顼有许多子孙后代，最著名的就是屈原了。作为伟大的爱国诗人屈原的祖根之地，是濮阳的骄傲。

2 蔡文姬的血泪《悲愤诗》

蔡琰,字文姬,大约生于汉灵帝熹平(172—178)年间。她是东汉著名学者蔡邕的女儿,自幼有很好的文化教养。史书说她"博学有辩才,又妙于音律",可见她的音乐天赋自小过人。她6岁时有一次隔着墙听父亲在大厅中弹琴,听到琴声戛然而止,就对父亲说:"您把琴的第一根弦弹断了。"父亲听后非常惊讶,又故意把第四根弦弄断,居然又被她听出。有如此天赋的才女,长大后琴艺更是惊人。

蔡文姬与曹操还有一段相识、相知又相惜的情感经历。据史书记载,曹操在洛阳为官时,与蔡邕"有管鲍之好",二人彼此引为知己。比蔡邕小22岁的曹操,敬慕蔡邕的才学和信义,蔡邕则推崇曹操的文韬武略,二人因此结为忘年之交,过从甚密。于是,曹操就成为经常出入蔡家的座上客。当时才貌出众的蔡文姬,正处于青春妙龄,给曹操留下了深刻的印象。只是由于时局动乱,两人总是聚散交错,无缘聚首。

蔡文姬继承家学,不仅博学多才、精通音律,同时擅长文学、书法,而且在文学上成就最高,是东汉时期与"建安七子"相颉颃的著名女作家。《隋书·经籍志》录有《蔡文姬集》一卷,可惜已经失传。然而,她用血泪写下的《悲愤诗》,不仅记载了她的悲惨遭遇,更成为建安文坛的杰作。

这样一个才华横溢的奇女子,由于身处乱世,一生遭遇却非常不幸。少女时代的蔡文姬,才貌俱佳,加之饱读诗书,求亲者络绎不绝。蔡文姬16岁时,由父亲做主,嫁给了大学子卫仲道,两人感情甚笃。然而,好景不长,蔡文姬出嫁不到一年,卫仲道便咯血而死。她不曾生下一儿半女,卫家人嫌她克死了丈夫。才高气傲的蔡文姬,不堪受辱,不顾父亲反对,毅然回到娘家寡居。

蔡文姬回到娘家不久,就发生了董卓之乱。她在后来写的《悲愤诗》中是这样记载的:

汉季失权柄,董卓乱天常。

志欲图篡弑,先害诸贤良。

逼迫迁旧邦,拥主以自疆。

董卓掌权后,听说蔡邕名气很大,便极力笼络,拉他出来做官以装门面,甚至以灭族相威胁。无奈之下,蔡邕只好屈从。谁知竟因此招来杀身之祸。后来,董卓被王允所杀,蔡邕被当作董卓一党,死在狱中。家族获罪,大厦倾倒。原本想在娘家过安稳日子的蔡文姬,从此无家可归,开始了人生中一个接一个的劫难。

董卓死后,他带来的凉州军群龙无首,相互残杀又祸害百姓。各地军阀也趁乱而起,关中地区陷入了大分裂、大动乱的局面。身逢乱世,又遭家难,无依无靠的蔡文姬只能随着难民到处流亡。

关中战乱,羌胡番兵也乘机掠掳中原。他们不仅抢夺金银财物,也抢掠中原的年轻妇女。蔡文姬在《悲愤诗》中详细记载了她在军阀混战中的悲惨遭遇:

> 平土人脆弱,来兵皆胡羌。猎野围城邑,所向悉破亡。
> 斩截无孑遗,尸骸相撑拒。马边悬男头,马后载妇女。
> 长驱西入关,迥路险且阻。还顾邈冥冥,肝脾为烂腐。
> 所略有万计,不得令屯聚。或有骨肉俱,欲言不敢语。
> 失意机微间,辄言"毙降虏。要当以亭刃,我曹不活汝"。
> 岂复惜性命,不堪其詈骂。或便加棰杖,毒痛参并下。
> 旦则号泣行,夜则悲吟坐。欲死不能得,欲生无一可。

在胡兵的一次抢掠中,混杂在难民里的蔡文姬,与许多被掳来的妇女一起被带到了南匈奴。年轻貌美的蔡文姬,被献给了匈奴的左贤王,做了左贤王的妃子(一说是由左贤王做主嫁给了胡人)。史书这样记载:"文姬为胡骑所获,没于南匈奴左贤王,在胡中十二年,生二子。"这年,蔡文姬23岁。

据说,左贤王对蔡文姬恩宠有加。在南匈奴的十二年中,蔡文姬生下了两个儿子,大的叫阿迪拐,小的叫阿眉拐。不仅如此,她还学会了吹奏"胡笳",甚至学会了异族语言。然而,即使这样,蔡文姬仍然十分想念故国,希望能够重回中原。

此时的曹操,逐鹿中原,基本扫平了北方群雄,不仅当上了宰相,还把汉献帝由长安迎到了许昌,后来又迁都洛阳,开始"挟天子以令诸侯"。天下初定,曹操又回忆起了死去的忘年好友蔡邕,更想到了蔡家唯一的后人蔡文姬。她一个孤身女子,如今流落何方呢?曹操开始派人到洛阳、关中一带,四处查找她的下落。

然而,几经努力,曹操都没能打听到蔡文姬的消息。直到208年初,曹操的大军平定了乌桓。这次北伐的胜利,极大地震慑了周边少数民族政权,以致南匈奴随即派代表团赶到中原,请求继续修好。就在接待南匈奴代表时,曹操得知,南匈奴左贤王的王妃是中原人,而且姓蔡!

经确认,蔡姓王妃,果然是蔡邕的女儿蔡文姬。曹操大为惊喜,立即派周近为使者,携带黄金千两、白璧一双,前往南匈奴,要把蔡文姬赎回来。左贤王当然舍不得放走蔡文姬,但又不敢违抗曹操,只好答应让蔡文姬回去,但两个儿子一定得留下。

滞留胡中12年的蔡文姬无时无刻不在思念家乡:"感时念父母,哀叹无穷已。"能回到日夜思念的中原故土,蔡文姬当然十分高兴,但又舍不得两个天真无邪的儿子。在汉朝使者的催促下,蔡文姬恍惚中登车离去,在车轮辚辚的转动中,听到了儿子们撕心裂肺的哭喊声,不禁泪如雨下。她的《悲愤诗》记载了母子生离死别的凄惨情景:

> 已得自解免,当复弃儿子。天属缀人心,念别无会期。
> 存亡永乖隔,不忍与之辞。儿前抱我颈,问母欲何之。
> "人言母当去,岂复有还时。阿母常仁恻,今何更不慈?
> 我尚未成人,奈何不顾思!"见此崩五内,恍惚生狂痴。
> 号泣手抚摩,当发复回疑。

"回归故土"的蔡文姬,从此失去"母子团聚"的天伦之乐。在周近的护卫下,蔡文姬回到了故乡陈留郡。然而,经过多年的战乱,故乡早已是断壁残垣,哪里还有栖身之所?

> 既至家人尽,又复无中外。城郭为山林,庭宇生荆艾。
> 白骨不知谁,纵横莫覆盖。出门无人声,豺狼号且吠。
> 茕茕对孤景,怛咤糜肝肺。

曹操为了让蔡文姬有个安稳的家,安排她第三次出嫁,并为她选了个年轻有才的丈夫。蔡文姬的新任丈夫,是屯田校尉董祀,刚刚20岁出头,正当青春年少,生得一表人才,通书史,谙音律,是一位自视甚高的人物。而此时的蔡文姬已经35岁,又饱经离乱忧伤。自朔漠归来以后,更因思念胡地的两个儿子,时常神思恍惚。

对于蔡文姬,董祀自然有些无可奈何的不满意,然而迫于丞相的命令,不得不接纳了她。所以,蔡文姬的第三次婚姻,并不和谐幸福。谁知就是这样并不美满的婚姻,又遭遇了挫折。

蔡文姬婚后的第二年,董祀犯了法,被曹操判了死罪。蔡文姬为了救丈夫的性命,竟然蓬首赤足地来到曹操的丞相府求情。当蔡文姬走进丞相府时,曹操正在举行宴会。听说蔡文姬求见,曹操知道在座的宾客中,不少人都跟蔡邕相识,于是对宾客们说:"蔡邕的女儿在外流落了多年,这次回来了。今天让她跟大家见见面,怎么样?"

宾客们都欣然应允,但当蔡文姬进来时,大家都惊呆了。对于站在曹操和宾客面前的蔡文姬,史书上是这样记载的:"蓬首徒行,叩头请罪,音辞清辩,旨甚酸哀。"她披散着头发,赤着双脚,一进来就跪在曹操面前,替丈夫请罪。她声音清脆,言辞伤心。宾客中一些蔡邕的朋友,看到蔡文姬这个样子,心里都十分酸楚。

蔡文姬这个汉末大儒蔡邕的女儿,家学渊源的千金大小姐,如今披散着头发,赤着脚,在一群男人面前,一步一磕头地苦苦哀求,众人都惊呆了。蔡文姬了解曹操的性格,若不如此,则很难博得他的怜惜,难以撼动他的法令。

果然,看到昔日才女如此堪怜,曹操犹豫了,可还是托词道:"你说的情形的确值得同情,但是判罪的文书已经发出去了,有什么办法呢?"蔡文姬央告说:"大王马房里有的是快马,手下的武士多如树林,只要您派一武士、一匹快马,把文书追回,董祀不就有救了吗?"曹操于是亲自写了赦免令,派了一名骑兵追上去,赦免了董祀的死罪。

当时,正值数九寒天。曹操见蔡文姬赤脚单衣,心中大为不忍,忙命人拿来衣服头巾和鞋袜,叫她穿戴起来,并让她在董祀归来之前,住在自己家中。在一次闲谈中,曹操问她:"听说夫人家中存有不少书籍文稿,现在还有吗?"蔡文姬感慨地说:"我父亲生前留给我四千多卷书,我也熟读了不少。但是几经战乱,已全部遗失。不过,我还能背出四百多卷。"

曹操听后大喜,忙说:"我想派十个官吏到夫人家,让他们把你背出来的文章记下来,你看怎样?"蔡文姬婉言谢绝,只求曹操让人给她送去纸笔,以便默写文章。当年送纸笔,可非同寻常。那时造纸术刚刚普及,告别了笨重的竹简,用纸和笔来写作,对于一位才思横溢的女诗人,是多么大的援助和支持啊!

后来,蔡文姬凭记忆,默写出四百多卷文章,文无遗误。曹操看了,十分满意。这件事可说是曹操,特别是蔡文姬为抢救古代经典做了一件大好事,其价值无法估量。几百年后的韩愈还称赞蔡文姬:"中郎有女能传业。"

董祀获救后,感念妻子的恩德,带着妻子溯洛水而上,隐居山林。若干年以后,曹操狩猎经过这里,还曾经前去探视。

蔡文姬的一生是坎坷不幸的,但就是这样一个很不幸的才女,为中国的文化、文学做出了卓越的贡献。由于战乱,她流传下来的作品很少,但一首五百四十字的长篇叙事诗《悲愤诗》,就奠定了她在中国文学史上的地位。《悲愤诗》善于通过细节描写,具体生动地表现各种场面,描绘人物形象,使人如亲临其境,目睹其人。唐代伟大的现实主义诗人杜甫的《北征》等诗就深受其影响。

毫不夸张地说,蔡文姬的《悲愤诗》开创了现实主义诗歌创作的先河,在我国现实主义诗歌发展史上占有重要地位。

附:

悲愤诗

汉季失权柄,董卓乱天常。志欲图篡弑,先害诸贤良。
逼迫迁旧邦,拥主以自疆。海内兴义师,欲共讨不祥。
卓众来东下,金甲耀日光。平土人脆弱,来兵皆胡羌。
猎野围城邑,所向悉破亡。斩截无孑遗,尸骸相撑拒。
马边悬男头,马后载妇女。长驱西入关,迥路险且阻。
还顾邈冥冥,肝脾为烂腐。所略有万计,不得令屯聚。
或有骨肉俱,欲言不敢语。失意机微间,辄言"毙降虏。
要当以亭刃,我曹不活汝。"岂复惜性命,不堪其詈骂。
或便加棰杖,毒痛参并下。旦则号泣行,夜则悲吟坐。
欲死不能得,欲生无一可。彼苍者何辜,乃遭此厄祸。
边荒与华异,人俗少义理。处所多霜雪,胡风春夏起。
翩翩吹我衣,肃肃入我耳。感时念父母,哀叹无穷已。
有客从外来,闻之常欢喜。迎问其消息,辄复非乡里。
邂逅徼时愿,骨肉来迎己。己得自解免,当复弃儿子。
天属缀人心,念别无会期。存亡永乖隔,不忍与之辞。
儿前抱我颈,问母欲何之。"人言母当去,岂复有还时。
阿母常仁恻,今何更不慈?我尚未成人,奈何不顾思!"
见此崩五内,恍惚生狂痴。号泣手抚摩,当发复回疑。
兼有同时辈,相送告离别。慕我独得归,哀叫声摧裂。

马为立踟蹰,车为不转辙。观者皆嘘唏,行路亦呜咽。
去去割情恋,遄征日遐迈。悠悠三千里,何时复交会。
念我出腹子,胸臆为摧败。既至家人尽,又复无中外。
城郭为山林,庭宇生荆艾。白骨不知谁,纵横莫覆盖。
出门无人声,豺狼号且吠。茕茕对孤景,怛咤糜肝肺。
登高远眺望,魂神忽飞逝。奄若寿命尽,旁人相宽大。
为复强视息,虽生何聊赖。托命于新人,竭心自勖励。
流离成鄙贱,常恐复捐废。人生几何时,怀忧终年岁!

3 曹操何以杀杨修

曹操(155—220),字孟德,是个功过都很突出、性格极为复杂的历史人物。他是东汉末年杰出的政治家、军事家,在统一北方上有大功。他"外定武功,内修文学",是"建安文学"的代表人物。他在性格上是个典型的"两面人"。他有胸怀博大的一面,所以,在他身边聚集了很多极有才干的武将文臣。但他又生性多疑、奸诈、残忍,对聪明才智超过自己的人,有一种嫉妒心理,甚至可说是小肚鸡肠。他忌才杀杨修就

是典型的例子。关于曹操杀杨修的专闻和记载很多。我们先看看杨修是个什么样的人。

杨修(175—219),字德祖,汉末文学家,弘农华阴(今陕西华阴市)人。杨修家几代人都是汉朝大官。他是太尉杨彪之子,杨震的孙子。《后汉书·杨震列传》说:"自震至彪,四世太尉,德业相继,与袁氏俱为东京名族。"杨修思维敏捷,头脑灵活,颇具才华,是个很聪明的人,以学识渊博著称,建安年间被举为孝廉,任郎中。曹操很赏识杨修的才华,把他从一个三百石低品秩官员,一下子提升为等同二千石官员的丞相府主簿。替曹操典领文书、办理事务。"军国多事,修总知外内,事皆称意,自魏太子已下,并争与交好。"连魏太子及其以下的人,都争着和杨修套近乎,可见古人也都是势利眼。而才学名气皆在杨修之上的"建安七子"中的王粲、徐干、陈琳等人地位都不如他。后来杨修终因其聪明而又锋芒太露而被曹操杀害。

关于曹操杀杨修的原因,据记载或传闻有这么几件事:

一、巧解"曹娥碑"

曹操外出时经常带着杨修。有一次曹操曾从孝女曹娥碑前经过,杨修随从。

这曹娥碑是有来历的。东汉和帝时,上虞县有一巫者名叫曹盱,端午节那天,在船上喝醉酒,坠江而死,尸体也没找到。他有一个孝顺的女儿名叫曹娥,当时才14岁。她沿江边哭边寻找父亲的尸体,可是找了几天也没找到。最后她纵身跳入江中。五天以后,只见她背着父亲的尸体浮出了江面。乡里人见了深为感动,就将父女两人葬在了江边。

上虞县令度尚听说了这件事,便命13岁的少年才子邯郸淳写了一篇碑文,表彰这件事,把碑立在了曹娥墓前,此事一时传遍了城乡。东汉著名学者蔡邕也赶去观看,读了碑文后,

大为赞叹,于是提笔在碑的背面写了"黄绢幼妇,外孙齑臼"八个字。

这次曹操和杨修先看了碑文,又转到碑后看蔡邕题写的字。蔡邕是曹操的"忘年交",曹操对这八个字很感兴趣,可看来看去不理解其中意思,就问杨修:"你理解不理解?"杨修回答说:"理解。"曹操说:"你先不要说出来,让我想一想。"走了三十里,曹操才说:"我已经解出来了,咱把各自的理解写在手上,看一样不一样。"两人写完亮出手掌,竟然都是"绝妙好辞"四个字。

原来这是一则字谜。"黄绢"是有颜色的丝,"糸"和"色"合成"绝"字;"幼妇"是少女,"女"和"少"合成"妙"字;"外孙"是女儿之子,"女"和"子"合成"好"字;'齑臼'是承受辛辣之味的器具,也就是现在的蒜臼,"受"和"辛"合成'辤'(辞的异体字)字。这八字的谜底就是"绝妙好辞"。两人看了答案都笑了。曹操叹道:"尔之才思,敏吾三十里也。"他的意思是说自己的才智和杨修比,竟然相差了三十里!

二、巧猜"阔"字

有一次,曹操造了一座后花园,花园落成时请他去验收。曹操在院子里转了一圈,什么话也没说,在园门上写了一个"活"字就走了。工匠们你看看我,我看看你,都不知道是什么意思,就去请教杨修。杨修笑了笑,对工匠们说:"门内添'活'字,是个'阔'字。这是说你们把园门造得宽大了,丞相不满意。"工匠们恍然大悟,于是回去重建园门。曹操再来看过后,非常高兴,就问大家:"是谁领会了我的意思?"左右回答:"多亏了杨主簿!"曹操虽然表面上称好,心里却有些不太高兴。

三、分吃酥饼

有一天,塞北有人给曹操送了一盒精美的酥(奶酪)。曹操尝了一口后,因有事外出,就在盒上写了"一合(盒的古体字)酥"三个字,放在案头上。杨修进去看见后,竟然拿出餐具把酥分给大家吃了。曹操知道后,问他为什么这么做,杨修回答说:"盒上明明写着'一人一口酥',我们岂敢违抗丞相之命?"曹操听了杨修的话,表面上称赞他聪明,心里对杨修却有些厌恶。

四、揭穿谎言

曹操生性多疑,很害怕有人暗中谋害自己,就经常吩咐左右说:"我做梦的时候喜欢杀人,但凡我睡着的时候,你们一定不要靠近!"有一天,曹操在帐中午睡,故意把被子踢落于地,一名近侍怕他着凉,慌忙捡起来给他盖上。曹操立刻跳起来拔剑将他杀了,然后又若无其事地上床睡觉。

一会儿醒来后的曹操,看到死了的侍卫,故作吃惊地问:"这是谁干的?竟敢杀了我的近侍?"其他人都以实情相告。曹操听后失声痛哭,命人厚葬了这名近侍。从此以后,人们都以为曹操真的会在梦中杀人,只有杨修识破了他的意图。临下葬的时候,杨修对着近侍尸体叹惜说:"不是丞相在梦中,而是你在梦中啊!"杨修当着众人揭穿了曹操的谎言,曹操心里对杨修更加厌恶,开始萌生了杀掉杨修的念头。

五、参与夺嫡之争

为选定世子,曹操屡次设置难题考验曹丕、曹植兄弟二人的能力。因为曹植钦佩杨修的能力,平日里经常与杨修在一起谈论事情,于是杨修不自觉地搅入了这场很危险的游戏之中。

最后,因为曹植的多次胜出,使曹操产生了疑惑。曹丕趁机买通人告诉曹操,这一切都是杨修在背后操纵的。曹操大怒,骂道:"这个小子怎么敢欺骗我!"于是,曹操决心要杀掉杨修。但是要杀掉一个主簿,是要有说得过去的理由的。不久以后,机会终于来了。

曹操出兵汉中进攻刘备,困于斜谷界口,想要突出重围,又忌惮马超;想要收兵回朝,又担心被蜀兵耻笑,正进退维谷,犹豫不决间,厨师送来鸡汤。曹操见碗中有鸡肋,因而有感于怀。正沉吟间,夏侯惇进来禀请夜间口令。曹操随口答道:"鸡肋!鸡肋!"于是夏侯淳就把口令传了下去。行军主簿杨修见传"鸡肋"二字,便教随行军士收拾行装,准备归程。

夏侯惇知道此事后大惊失色,动摇军心可不是小事。于是赶紧把杨修请到帐中问他:"你为什么要大家收拾行装?"杨修回答说:"根据今晚的口令,便知道魏王不日将要退兵了。鸡肋者,食之无肉,弃之有味。如今进不能胜,退恐人笑,在这里待着已经没有意义了,不如早点回去。你看着吧,过不了几天,魏王必定班师。我这才让大家先收拾行装,免得临行慌乱。"夏侯惇松了一口气说:"你真是魏王肚子里的蛔虫啊!"于是他也开始收拾行装。

曹操见军中上下都忙着收拾行装,非常吃惊,一询问又是杨修自作主张,再也遏制不住内心对他的嫌恶,沉下脸来喝令左右:"把这个造谣惑众、乱我军心的人推出去斩了!将其首级悬挂于辕门之外。"

可怜,一代才子杨修就这样命丧黄泉,死时才45岁。

对曹操杀杨修,历来众说纷纭。笔者认为应该从两方面来看:一方面杨修确实聪明过人,但他的聪明不过是"猜字谜""揣摩领导意图"等方面的小聪明。而且他爱出风头,喜欢卖弄,不给顶头上司曹操留下展示才华的余地,领导心里当然不高兴。如果仅仅如此,还不至于招来杀身之祸。更重要的是杨修缺少政治智慧。他当众揭穿曹操有"夜游杀人之病"的谎言,不仅让曹操当众出丑,更显示了他对曹操的不尊重、不忠诚。更要命的是杨修不知不觉地卷入了曹丕、曹植的继承人之争,为曹植出谋划策。这就牵扯到了曹操选继承人的"家务事"。在那个"一朝天子一朝臣"的年代,在王位继承候选者之间站队,简直就是一场豪赌,杨修无疑是赌输了。当曹操决定立曹丕以后,为了日后曹氏政权的稳固,杀杨修剪除曹植羽翼就在所难免了。

总而言之,曹操心胸博大之极,但也狭隘之极。他一方面把许多文人拉到自己身边;同时,对于那些有傲气、不讲他好话的文人,却是随意打杀。从他先杀孔融,后杀杨修,再杀不肯给他当御医的华佗,便充分说明曹操对敢于反对他的,或者不能为己所用的文人的忌恨,也充分暴露了他猜忌、自私、残忍的性格。

4　曹子建七步成诗

曹植(192—232),字子建,曹操之子,曹丕之弟。他是建安时期最负盛名的诗人、作家。曹植"七步成诗"的故事反映了兄弟相残现实,起因是曹操在选继承人的事情上举棋不定,犹豫再三,引起曹丕、曹植兄弟之间的长期争斗。

曹操是汉末杰出的政治家、军事家、文学家。他起兵镇压黄巾起义,董卓作乱,他又起兵讨卓。他收编了农民起义军,壮大了力量,迎汉献帝到许都,从此"挟天子以令诸侯",打败了吕布、袁绍,又北征乌桓,统一了北方,因功封魏王。曹操自己没称帝,把改朝换代的任务留给了儿子。

曹操妻妾成群,有25个儿子,其中有不少才能出众的佼佼者。长子曹昂是有勇有谋的武将。次子曹丕、三子曹植才华出众。幼子曹冲曾留下"曹冲称象"的佳话,可惜不幸夭折。

封建时代有"立嫡以长"的礼法,曹昂虽是庶出,因生母早亡,由曹操的正妻丁氏抚养长大。曹昂经常随曹操出征打仗,战功卓著,成为曹操的继承人是顺理成章的事。可是,曹操战宛城时中了张绣的美人计,差点儿丢了性命。多亏曹昂和大将典韦拼死保护,才脱身逃命。曹昂和典韦不幸战死,曹昂死时才20岁。

丁氏得知曹操因贪恋女色搭上了爱子的性命,非常气愤,决心与其决裂,回了娘家。曹操觉得自己身为堂堂王爷,怎能没有正妻?于是亲自带领侍从到丁家去接妻子。可是无论曹操说多少好话,丁氏织着布连眼皮都不抬。当时敢把曹操不放在眼里的女人,恐怕只有丁氏一人了。

没了曹昂,二子曹丕原本可以成为世子,可是曹操向来"唯才是举",对才华横溢的曹植更为属意。而且曹植的才华可是公认的。《诗品》称曹植为"建安之杰"。南朝著名诗人谢灵运更是说:"天下才共有一石,曹子建独得八斗,我得一斗,自古及今人共用一斗。"

曹植"生乎礼,长乎军",早年随曹操南征北战,有"戮力上国,流惠下民,建永世之业,流金石之功"(《与杨德祖书》)的志向。当天下处于三分的局面时,曹植就提出了西灭"违命之蜀",东灭"不臣之吴","混同宇内,以致太和"(《求自试表》)的主张。这种雄心壮志也反映在他早期的诗歌里。如《薤露篇》说:"愿得展功勤,输力于明君。怀此王佐才,慷慨独不群。"他的《白马篇》塑造了一个武艺高强、为国壮烈牺牲的爱国壮士的形象:"羽檄从北来,厉马登高堤。长驱蹈匈奴,左顾凌鲜卑。……捐躯赴国难,视死忽如归。"这些都得到曹操的赞赏,他曾夸奖曹植"此儿最可定大事"。

可是,曹植也有他的弱点,才子气十足,做事率性而为,而且常因饮酒误事。有一次,曹

— 12 —

植喝醉了酒,竟私自坐着王室的马车,在王宫里纵情游乐了一番。曹操得知后非常生气,处死了掌管王室马车的官吏,又狠狠地训斥了曹植。还有一次,大将曹仁被蜀国关羽围困,形势危急。曹操派曹植率兵去救援。不料曹植又喝得大醉,不省人事,曹操只得另派他人。于是,曹操对曹植渐渐失望了。

与曹植相反,曹丕为了争世子之位费尽了心机。曹丕知道,自己的文才武略都不如弟弟,曹操对弟弟又有偏爱,所以他想方设法投父亲之所好,以博取父亲的欢心。有一次,曹操要离开邺城,百官和诸子都去送行。曹植作辞颂扬,曹丕却想出另一种方式——伏地痛哭,表示自己对父亲的敬爱和依恋。曹丕还多方笼络人心,借众人之口散布对曹植不利的舆论,甚至不择手段打小报告。

曹操为了确立继承人,曾多次设置难题,考验曹丕和曹植的应变能力。有一次,曹操派遣曹丕和曹植各自从邺城的一个城门出城,又密令守城门的官员,不准两人出城,看看两人怎样应变。曹丕出城门,听说有命令不让出去,就回来了。曹操的主簿(秘书)杨修却事先把曹操的意图告诉曹植,并给曹植出主意:如果守门官员不让你出城门,你就把守门将官斩了,因为你接受的是魏王的命令。曹植还真就这样做了。

事后,曹操认为曹植忠于王命,而且敢作敢为。曹丕探听了这件事的原委,立即向曹操报告:这件事都是杨修给曹植出的主意!这一来,不仅动摇了曹操对曹植的信任,更让杨修背上了"内外勾结"的罪名。

曹丕与曹植的夺位之争持续了十余年,曹丕心中充满了对弟弟曹植的嫉恨。最终曹丕获胜,继位为魏王,不久又代汉称帝,称魏文帝。

曹丕称帝后,立即开始了对曹植的打击迫害。以临淄侯曹植、肖怀侯曹熊未来为父王奔丧为由,派使者前往二人驻地问罪。曹熊知道问罪就是杀头,还没等使者到来,自己先上吊死了。使者复命,曹丕大喜,立即下令厚葬曹熊,并追赠其为肖怀王。这就是给曹植看的,想让他也走这条路。

然而,曹植不像曹熊那样好对付。使者到临淄曹植驻地时,曹植正和他的心腹丁仪、丁廙两兄弟饮酒。听说使者到了,他端坐不动,连地都不下。丁仪还破口大骂:"先王本打算立我主为世子,结果被奸臣所阻,现在先王尸骨未寒,就来问罪于同生骨肉,真是岂有此理!"那个叫丁廙的也说:"我主聪明冠世,自然应当继承王位,你们这些大臣不识人才怎么到了这种程度呢?"曹植一怒之下叫出武士,将使者乱棒打了出来。

曹丕听了汇报,勃然大怒,马上命令许褚率领三千虎卫军,火速到临淄擒拿曹植等人。许褚奉命带兵来到临淄,直入曹植的府堂,下令将正在饮酒的曹植和丁氏兄弟等人捆起来,押上兵车。到了邺郡,曹丕先下令杀了丁仪、丁廙等人。正要处置曹植,曹丕的母亲卞氏闻讯闯进了宫殿。曹丕见母亲进殿,连忙下位参拜。

却说这卞氏生了四个儿子:曹丕、曹彰、曹植、曹熊。听说曹熊吊死,她的心里已是非常悲伤,如今又听说曹植被抓,危在旦夕,立即闯进了宫殿,哭着对曹丕说:"你弟弟仗着自己有才,平时好酒轻狂,你是知道的。即使有错,你也该念同胞之情,留下他的性命!"曹丕辩解说:"我也是深爱他的才学,怎么能害他呢!今天我只是教训他改变自己的性子,母亲不必担心!"卞氏这才放心。

卞氏走后，华歆奏道："子建有才有智，留下他终究对你不利。人们都说曹子建出口成章，主上何不以才试之？假如不能，就杀掉他；假如能，就贬谪他，这样太后面前也好交代。"

曹丕同意了华歆的建议。

一会儿，曹植上殿来惶恐地跪在地上请罪。曹丕说："我和你按情理是兄弟，按礼法是君臣，你蔑视礼法，理当治罪。念在兄弟的份上，今天给你一次机会。父王在世的时候，你常在人前夸耀自己的才华，现在限你于七步之中吟诗一首。如果能做出来，就免你一死；如果做不出来，就加重治罪，决不宽恕！"

曹植听了说："请出题目吧！"

曹丕说："你我是兄弟，就以此为题，但诗中不许出现'兄弟'二字。"

曹植略一思索，应声吟道：

煮豆持作羹，漉菽以为汁。

萁在釜下燃，豆在釜中泣。

本自同根生，相煎何太急？

曹丕听后，脸马上红了。这首诗以"萁煮豆"比喻兄弟之间骨肉相残，正刺中了他心中的痛楚。他不得不佩服曹植的才华，只好免了他的死罪。

由于生母的干预，曹植凭自己的才华，免于一死。但此后曹植始终生活在"忧生之嗟"的痛苦之中，尽管身为王侯，却是"思为布衣而不得"。曹植后期的诗歌主要反映了这种处境和心情。其中《赠白马王彪》是一篇典型的作品。

这首长诗前面有一序言："黄初四年（223 年）五月，白马王（曹彪，曹植的异母弟）、任城王（曹彰，曹植的同母兄）与余俱朝京师，会节气（按魏制，立春、立夏、立秋、立冬四个节气，诸王要来京朝会），至洛阳，任城王薨（死去）。至七月，与白马王还国（自己的封地）。后有司以二王归藩，道路宜异宿止。意毒恨之。盖以大别在数日，是用自剖，与王辞焉，愤而成篇。"

三兄弟按规定去京城会节气，走到半路，曹彰不明不白地死了。有关曹彰的死，史书记载不一：或说急病，或说是曹丕下毒害死，或说因受气而死，大概与曹丕不无关系。所以诗中说："奈何念同生，一往形不归。孤魂翔故域，灵柩寄京师。"曹植和曹彪会后返回封地时，曹丕手下的官吏竟不许二人同行、同宿。要知道兄弟一分手，后会再无期。于是曹植与曹彪告别时悲愤地说："变故在斯须，百年谁能持？离别永无会，执手将何时？"这首诗真实地反映了曹植、曹彪当时处境的危殆和心情的悲愤，也暴露了封建统治者内心的狠毒与龌龊。

曹植这位建安时期最负盛名的诗人，终于在愤懑与苦痛中死去，死时才 40 岁。

关于曹植的七步诗，有三个不同的版本。其一，最早见于南朝宋刘义庆《世说新语》：

文帝尝令东阿王七步中作诗，不成者行大法。应声便为诗曰："煮豆持作羹，漉菽以为汁。萁在釜下燃，豆在釜中泣。本自同根生，相煎何太急？"帝深有惭色。

其二，《三国演义》里的叙述是曹丕限曹植七步内吟成一首诗。曹植请出题目，曹丕指着墙上两牛相斗，一牛坠井的画说："就以此画为题，但诗中不许有'二牛闹墙下，一牛坠井死'的字样。"曹植看了画，在殿上走了七步，吟诗一首：

两肉齐道行，头上带凹骨。

相遇块山下,欻起相搪突。
　　二敌不俱刚,一肉卧土窟。
　　非是力不如,盛气不泄毕。

　　曹丕和众人听后都很惊讶。这时候曹丕又说:"七步成诗,我感觉还是慢,你能够应声作一首吗?"

　　曹植说:"请马上出题。"

　　曹丕说:"我和你是兄弟,就以这个为题,但不许犯着'兄弟'二字。"

　　曹植略加思索,应声吟道:

　　煮豆燃豆萁,豆在釜中泣。
　　本是同根生,相煎何太急。

　　曹丕听了以后流下泪来,于是饶了曹植的性命,贬他为安乡侯。

　　其三,明朝冯惟讷的《古诗记》录了《世说新语》中那首六句诗,但又注"本集不载",并选录了四句的一首诗(同上诗)。

　　笔者认为,三个版本中,刘义庆的《世说新语》距曹魏年代最近,应该可信。后来的四句诗,也是前诗的化用。

　　1925年,鲁迅先生巧用曹植的七步诗,写了一首《替豆萁伸冤》的诗:

　　煮豆燃豆萁,萁在釜下泣。
　　我烬你熟了,正好办教席。

　　当时北京女子师范大学校长杨荫榆,禁止学生的一切爱国行动,引起学生的反抗。杨荫榆为压制学生,在太平湖饭店宴请"全体主任专任教员评议会会员",并召集校务紧急会议。鲁迅先生这首诗,以"萁"比喻学生,以"豆"比喻宴席上的菜肴。"萁"化成灰煮熟的"豆",却用来办宴席,陷害、压制学生。从这里我们可以看出鲁迅先生化用诗歌、运用比喻的巧妙,也说明"七步诗"流传之广,影响之大。

5　女汉子谢道韫

《红楼梦》金陵十二钗判词,称赞林黛玉是"堪怜咏絮才"。这里的"咏絮才"指的就是东晋才女谢道韫。

南朝宋刘义庆《世说新语》记载:"谢太傅寒雪日内集,与儿女讲论文义。俄而雪骤,公欣然曰:'白雪纷纷何所似?'兄子胡儿(谢朗)曰:'撒盐空中差可拟。'兄女道韫曰:'未若柳絮因风起。'公大笑乐。即公大兄无奕女,左将军王凝之妻也。"这段文字以《咏雪》的题目,入选初中语文教材,可惜"咏絮"佳作有句无篇。当时的谢道韫大约七岁,称得上是女神童。

谢道韫(生卒年不详),陈郡阳夏(今河南省太康县)人,是东晋名相谢安二兄安西将军谢奕之女,上文中的谢太傅即谢安。关于她的家世,唐代诗人刘禹锡曾写过一首《乌衣巷》:

朱雀桥边野草花,乌衣巷口夕阳斜。
旧时王谢堂前燕,飞入寻常百姓家。

乌衣巷是三国东吴禁军驻地,由于禁军身穿黑色军服,所以俗称乌衣巷。东晋开国元勋王导和谢安都住在这里。谢道韫的叔父谢安是文武全才的名臣,曾在这里运筹帷幄,遥控指挥了淝水之战。谢道韫的父亲谢奕(谢安的二哥,曾任安西将军)在她幼年时就去世了。叔父谢安把谢道韫和她的弟弟谢玄接到自己家养育,视为亲生。谢道韫在这样的环境下长大,成长为神童也就不奇怪了。

数年后,谢道韫已到了谈婚论嫁的年龄,叔叔谢安对她的婚事很上心。当时结亲讲究门当户对,同住在乌衣巷的王家自然是谢安的首选。谢安的好朋友,大书法家王羲之是王导的侄子,有七个儿子。谢安最喜欢老四王献之,但王献之当时才十四五岁。与谢道韫年龄相当的是老二王凝之,所以谢安就把谢道韫嫁给王凝之了。

在谢安和外人看来,这是一桩很美满的婚姻,但谢道韫却很不满意。《世说新语·贤媛第二十六》有这样一段话:"王凝之谢夫人既往王氏,大薄凝之。既还谢家,意大不说(悦)。太傅慰释之曰:'王郎,逸少之子,人材亦不恶,汝何以恨乃尔?'答曰:'一门叔父,则有阿大、中郎。群从兄弟,则有封、胡、遏、末。不意天壤之中,乃有王郎!'"

这段话的意思是,谢道韫嫁到王家以后,很看不中丈夫王凝之,回到娘家大发牢骚。叔父谢安劝慰她说:"王郎是个很潇洒的少年,人也不错,你怎么就看不上他呢?"谢道韫气呼呼地说:"王凝之和我家父辈和叔伯兄弟们比较起来,简直是天差地别,没想到天地之间怎么会生出这么一个王郎!"话里充满强烈的不满和鄙夷。

　　从表面上看,王凝之一表人才,还是个书法家,史传中称其"亦工草隶"。他进入仕途后,历任江州刺史、左将军、会稽内史,职位也不低。谢道韫怎么就看不上他呢?如人饮水,冷暖自知。谢道韫与丈夫长年累月生活在一起,耳鬓厮磨,对方有什么心思会不了解?即使一般见识的妻子尚且瞒不了,更何况谢道韫是个思想敏锐、见识卓越的女才子!一定是她发现了丈夫在日常生活中表现出的卑劣行为和不自觉流露出的庸俗不堪的心理,才会发出那句"不意天壤之中,竟有王郎!"的埋怨讥讽。按常理,哪个妻子不希望自己的丈夫有出息、有前途,在人前又有面子,又怎会对自己的娘家人贬损自己的丈夫呢?谢道韫如此聪明,怎会不明白这样浅显的道理?因此,她对丈夫的埋怨和嘲讽,实在是难以忍受后的感情爆发。后来的事实让我们不得不承认,谢道韫看人的眼光精准。

　　谢道韫嫁到王家后,《晋书》中还记载了一则与谢道韫相关的故事:"凝之弟献之尝与宾客谈议,词理将屈,道韫遣婢白献之曰:'欲为小郎解围。'乃施青绫步鄣自蔽,申献之前议,客不能屈。"

　　魏晋之时崇尚清谈与辩议。有一次王献之在与客人的辩论中"词理将屈",落了下风。嫂嫂谢道韫听说了,就遣婢女给王献之递了个纸条,上面写着:"欲为小郎解围。"王献之一看很高兴,马上让婢女挂起轻纱幔,谢道韫在帷幔中接着刚才的话题与客人辩论。她引经据典,舒展自如,以至于"客不能屈",从而反败为胜,为小叔子王献之挽回了面子。

　　谢道韫婚后为王家生了四子一女,且都长大成人。晋安帝隆安三年(399年)琅琊人孙恩发动叛乱,时任会稽内史、掌握军政大权的王凝之将怎么应对呢?据《晋书·王羲之传》记载:"王氏世事张氏五斗米道,凝之弥笃。孙恩之攻会稽,僚佐请为之备。凝之不从,方入靖室请祷,出语诸将佐曰:'吾已请大道,许鬼兵相助,贼自破矣。'既不设备,遂为孙所害。"

　　原来,王家世代都崇拜道教,王凝之尤其痴迷。孙恩要攻打会稽,他手下的官员都要求他加强防备,可他根本不听,还对将佐们说,他已奏请了大道天师,将派鬼兵相助,自然会破贼兵。他既不调兵,也不设防,每天在天师神位前烧香磕头,念经祈祷。谢道韫苦劝也不听,只得召集家丁、丫鬟,准备刀枪并亲自进行训练,以防不测。由于会稽城毫不设防,叛军毫不费力就破了城,在城内烧杀抢掠。王凝之眼看天兵天将不来,竟撇下谢道韫,带着四子一女逃命。然而,他们还没逃出城就被叛军抓住,全部砍了脑袋。使会稽城生灵涂炭,自己也家破人亡的正是这个王凝之。

　　谢道韫听说丈夫子女惨死,非常悲痛,知道城已不保,立即让家丁仆人拿起刀枪,自己也提刀在手,带小外孙登上肩舆,率家丁们向城外突围。突围途中,谢道韫竟亲手杀了几个叛军,但终因寡不敌众,被叛军抓住。孙恩得知这女子就是会稽内使夫人,立即让人杀掉他怀中的孩子。谢道韫毫不畏惧,厉声喝道:"事在王门,何关他族,你们要杀就先杀了我吧。"谢道韫毫不畏惧的凛然正气,竟震慑住了叛军,连孙恩也软了下来,不仅没加害他们祖孙俩,还派人护送他们出了城,正是:

　　　　子已无辜,夫却愚钝,终酿飞来横祸;

— 17 —

心似海阔,胆如坚石,自能笑对刀丛。

谢道韫侥幸逃脱,在孙恩叛乱被平息以后,又返回会稽,终身寡居,写诗著文,过着平静的隐居生活。

谢道韫长于诗文,刘孝标注《世说新语·言语》引《妇人集》说:谢道韫有文才,所著诗、赋、诔、讼,传于世。她的作品《隋书·经籍志》载有诗集两卷,已经亡佚。《艺文类聚》保存其《登山》(又名《泰山吟》)和《拟嵇中散咏松》两首诗,《全晋文》收其《论语赞》一文。请看她的《泰山吟》:

峨峨东岳高,秀极冲青天。岩中间虚宇,寂寞幽以玄。

非工复非匠,云构发自然。器象尔何物,遂令我屡迁。

逝将宅斯宇,可以尽天年。

谢道韫的这首《泰山吟》,充满阳刚之气。值得一提的是谢道韫一生并没有登上过泰山,此诗完全是凭想象写出来的,足见其想象力之丰富。《晋书》说她"风韵高迈""神情散朗,有林下风气",从这首诗正可见其一斑。

中国古代流传最广的童蒙教材《三字经》中说:"蔡文姬,能辨琴。谢道韫,能咏吟。彼女子,且聪敏。尔男子,当自警。"在男尊女卑的封建时代,一部《三字经》仅仅提到了三个女性,谢道韫是其中之一,可见其影响之大。古代各种文献都称谢道韫是才女,其实,她更是"出得了厅堂,下得了厨房,写得了文章,上得了战场"的奇女子、女汉子!

6 陶渊明自写挽歌

著名诗人陶渊明,对于高官厚禄不屑一顾,对于"生与死"也表现出了"不忧亦不惧"的达观、超脱态度。这在当时,实在难能可贵。

陶渊明(约365—427),字元亮,一名潜,字渊明,号"五柳先生",浔阳柴桑(今江西九江)人,东晋末年南朝刘宋初期最杰出的诗人,也是杰出的辞赋家、散文家。他曾做过几任小官,后辞官回家,从此隐居。田园生活是陶渊明诗的主要题材,作品有《饮酒》《归园田居》《桃花源记》《五柳先生传》《归去来兮辞》等。

陶渊明少年时代就接受了儒家思想,抱有"猛志逸四海,骞翮思远翥"的志向和"大济苍生"的抱负。但是,他的家世出身和他所处的时代,使他无法实现自己的理想。

西晋的窝里斗"八王之乱",导致了西晋的灭亡。司马氏在江南建康(今南京市)重建政权,史称"东晋"。这个东晋也是内乱不止,而且政治极端腐败,统治者既无心也无力收复北方,一直偏安一隅。北方的少数民族和官僚贵族,在混战中先后建立了十六个政权,长期与东晋对峙,史称"十六国"。这是中国历史上最为黑暗的时代,陶渊明就生活在这一时期。

在两晋,门阀制度发展到了顶点。氏族编订了"百家谱",不得与"杂类"通婚。这样一来,士庶的界限越来越严格,社会地位越来越悬殊。陶渊明的曾祖陶侃,虽以军功当了大司马的高官,却不是门阀氏族,当时就被讥骂为"小人""溪狗"。到了陶渊明这一代,家世更为没落,就更得不到社会的重视了。

陶渊明29岁时,为生活所迫,不得不出来挣钱养家。在后来的十几年里,他曾做过祭酒、参军之类的小官,不仅无法实现自己"大济苍生"的抱负,还不得不看上司的脸色,所以中间曾几次辞官。后来因为"耕植不足以自给",再次出仕当了彭泽县令。可是他只干了八十天,碰上郡督邮来县视察,下属告诉他应束带迎接。他长叹了一声:"我不能为五斗米折腰向乡里小儿!"当天他就解职"归田园居",从此结束了仕途。

在那个黑暗的年代,农村生活更为艰苦。若是老天帮忙,收成好,陶渊明还能"欢言酌春酒,摘我园中蔬";若是遇到天灾,往往连饭都吃不上,酒就更别提了。好在有朋友不时接济。有一次,他的好朋友,曾任始安郡太守的颜延之,专程来探望陶渊明。两人开怀畅饮,临走时颜延之给他留下二万钱。陶渊明全都存到了酒店,以便随时取酒喝。

由于东晋政治越来越腐败,终于引发了以孙恩为首的农民大起义。北府兵将领刘裕在

— 19 —

镇压农民起义中，壮大了力量，逼晋恭帝退位，自己当了皇帝，在南方建立了刘宋政权。时逢战乱，陶渊明的生活也更为艰难，有时不得不出去乞食。朋友的接济毕竟有限，况且陶渊明只接受意气相投的朋友的馈赠，对于权贵要人的施舍，或者以此为条件请他出山从政，他绝不会接受。

有一次，陶渊明连累带饿病倒在床，几天没吃饭了。江州刺史檀道济听说后亲自登门探望，给他送来了粮食和肉，劝他出山为刘宋王朝出力。陶渊明一口拒绝，把他送来的粮食和肉全都退了回去。

元嘉四年（427年），已经63岁的陶渊明，身体越来越差，觉得自己将不久于人世。他强撑着衰弱的身体，写下了《自祭文》一篇和《拟挽歌辞》三首。让我们看看《拟挽歌辞》这三首奇诗：

一

有生必有死，早终非命促。昨暮同为人，今旦在鬼录。
魂气散何之，枯形寄空木。娇儿索父啼，良友抚我哭。
得失不复知，是非安能觉！千秋万岁后，谁知荣与辱？
但恨在世时，饮酒不得足。

二

在昔无酒饮，今但湛空觞。春醪生浮蚁，何时更能尝！
肴案盈我前，亲旧哭我旁。欲语口无音，欲视眼无光。
昔在高堂寝，今宿荒草乡。一朝出门去，归来夜未央。

三

荒草何茫茫，白杨亦萧萧。严霜九月中，送我出远郊。
四面无人居，高坟正嶕峣。马为仰天鸣，风为自萧条。
幽室一已闭，千年不复朝。千年不复朝，贤达无奈何。
向来相送人，各自还其家。亲戚或余悲，他人亦已歌。
死去何所道，托体同山阿。

第一首开篇就说，人"有生必有死"，即使死得早也不算短命。这是贯穿三首诗的看破生死的达观思想。接着，诗人描述了他死后，家人为他收殓、儿女亲友痛哭的情况。诗人豁达地认为，人死后便没有荣誉与羞辱，只觉得因为家贫，酒没喝够便死了，有些遗憾。

第二首写出殡前的祭祀。诗人开篇说，活着的时候没有酒饮，酒杯常空着。如今酒菜摆满了桌案，觞中也斟满了酒（湛空觞），而自己却不能再喝了。看见亲友在我旁边哭泣，自己越发感到不能饮酒的遗憾。也更为自己即将离开家园，独"宿荒草乡"而黯然神伤。

第三首写送殡下葬过程，突出写了送葬者。前几句写墓地实况，说明诗人自己从今以后只能与鬼为邻了。而最精彩处，在最后六句。刚才来送殡的人，等到棺入穴中，便纷纷散去，各自回家。家人亲眷，因为跟自己有血缘关系，回去后可能还有点儿难过，而那些同自己关系不深的人，则早已把死者忘掉。

可见，陶渊明是看透了世俗人情的。诗的最后两句写道："死去何所道，托体同山阿。"意思是人死之后没有什么可说的，把尸体托付给大自然，化为尘埃、泥土就是了。这同他《归去来兮辞》中的结尾句"聊乘化以归尽,乐夫天命复奚疑",是一个意思。在佛教轮回观念盛行的晋宋时代,真正能看破生死关的,恐怕只有陶渊明一人了。而且,陶渊明也不相信有来生,这真是难能可贵的唯物史观。

从艺术成就看,这三首诗也很有特色,而以第三首为最好,故萧统《昭明文选》只选了这一首。陶渊明诗的一大特点,就是他怎么想就怎么说,基本上是直陈其事,运用比兴手法的地方并不多。所以,语虽浅而含义深,出之平淡而实有至理,看似不讲求写作技巧,却有自然之趣。这就是苏轼所说的"似枯而实腴"。

陶渊明的诗歌成就和他的人品,影响了李白、杜甫、白居易、苏轼、辛弃疾等几代文人的思想和创作,为中国文学的发展和繁荣,做出了不可估量的贡献。

陶渊明的《拟挽歌辞》是什么时候写的,历来存有争议。如果一个人身体尚健康,能用理智来思辨问题时这样做,还比较容易,而一旦大病临身,自知将不久于人世,仍能明智地认识到这一点,并以半开玩笑的方式,用幽默、风趣的语言写成自挽诗,就远非一般人所能做到的了。所以近人逯钦立先生就认为,陶渊明的《拟挽歌辞》,是在51岁一次病中时写的(《陶渊明事迹诗文系年》)。这样《拟挽歌辞》就不是临终绝笔了。

而吴小如先生把《拟挽歌辞》和陶渊明写的《自祭文》做了对照。《自祭文》明言"岁惟丁卯,律中无射",即写作时间为宋文帝元嘉四年九月(427年秋天)。《拟挽歌辞》第三首于头就说:"荒草何茫茫,白杨亦萧萧。严霜九月中,送我出远郊。"时令竟与《自祭文》相同。这不是巧合,而是证明《自祭文》与《拟挽歌辞》写于同一时间,都是诗人在大病之中的临终绝笔。这就更体现了陶渊明面对生死关头的达观思想与镇静态度。

7　缅伯高千里送鹅毛

"千里送鹅毛,礼轻情意重。"这句俗语几乎尽人皆知。人们也许会想,这不过是一种夸张的说法,谁会跑千里之遥去送一根鹅毛?其实,历史上还真有这回事。

辛夷、成志伟主编的《中国典故大词典》,李洪涛主编的《万事由来词典》,南宋罗泌的《路史》等书,都记载了这件事,只是内容略有出入。

故事发生在唐贞观年间,云南缅姓土司(一说是西北部的回纥政权),为了表达对唐王朝的敬爱,特意派一个名叫缅伯高的使臣背了一只天鹅去长安进贡。因为路途遥远,天鹅的羽毛都脏了。在路过沔阳河时,缅伯高打开笼子,为天鹅洗羽毛,没留神天鹅腾空飞去。缅伯高手里仅揪有一根羽毛,急得他趴在河边嚎啕大哭。正愁无法交差,忽然看见手里那根羽毛,于是急中生智,拿着这根羽毛进了长安。缅伯高在面见唐太宗献上鹅毛时,还朗诵了一首诗:

　　天鹅贡唐朝,山重路又遥。沔阳河失宝,倒地哭嚎啕。
　　上奉唐天子,请罪缅伯高。礼轻情意重,千里送鹅毛。

唐太宗明白了其中的缘由,感到缅伯高忠厚老实,不辱使命,就重重地赏赐了他。这件事一时传为佳话。

后来许多著名诗人作诗时采用了这个典故。如宋代的苏轼寄给朋友秦少游一些土特产,在附诗《扬州以土物寄少游》中就有"且同千里寄鹅毛,何用孜孜饮麋鹿"的诗句。

欧阳修的朋友梅圣俞从外地给他寄送了银杏,欧阳修写了《梅圣俞寄银杏》诗答谢,头两句就是"千里赠鹅毛,所重以其人"。就这样,"千里送鹅毛,礼轻情意重"成为俗语,广为流传,直到今天我们还在使用。

8 骆宾王的生死之谜

骆宾王(约619—约687),婺州义乌(今浙江义乌市)人,初唐四杰之一。骆宾王是有名的神童,七岁时写的《咏鹅》:"鹅鹅鹅,曲项向天歌。白毛浮绿水,红掌拨清波。"现在幼儿园的小朋友都会背。骆宾王青少年时曾久戍边城,有边塞生活的切身体会,写下了不少边塞诗,如《夕次蒲类津》:

> 二庭归望断,万里客心愁。
> 山路犹南属,河源自北流。
> 晚风连朔气,新月照边秋。
> 灶火通军壁,烽囱上戍楼。
> 龙庭但苦战,燕颔会封侯。
> 莫作兰山下,空令汉国羞。

这首诗表达了诗人立功边塞的豪情壮志。然而,才华横溢又胸怀大志的骆宾王却一生坎坷,只做过长安县主簿、临海县丞等小官。他在任侍御史时因上疏论事,触怒了独断专行的武则天,被诬陷蒙冤下狱。骆宾王在狱中写下了著名的《在狱咏蝉》:

> 西陆蝉声唱,南冠客思侵。那堪玄鬓影,来对白头吟。
> 露重飞难进,风多响易沉。无人信高洁,谁为表予心?

首联写秋蝉鸣声,触耳惊心,表达了狱中人的思乡之情。颔联先说高唱的秋蝉两翼乌玄,再说自己因被诬下狱,头上已生白发,不禁自伤年华虚掷,一事无成。颈联先说"露重""风多",比喻环境的压力。秋蝉"飞难进""响易沉"比喻政治上的不得志。真是蝉如我,我也如蝉。尾联"无人信高洁"是对诬陷的辩白,但是谁又能为我雪冤呢?只有蝉为我高唱,我为蝉长吟罢了。全诗无一字不写蝉,又无一字不写我,达到了物我一体的境界,不愧是咏物诗的名作。

唐高宗去世后,武则天废了儿子中宗的皇位,贬为庐陵王,自己临朝执政,后又废了唐睿宗,自己当了皇帝。她打击、铲除李唐宗室及其政治势力,由武氏集团取而代之。这就激起忠于李唐政权的政治势力起而反抗。首先起兵讨伐武则天的,是唐开国功臣徐懋功(李勣)的孙子徐敬业。一向对武则天不满的骆宾王也来到他的麾下,被任命为艺文令。

徐敬业起兵的消息,很快传遍大江南北,骆宾王起草的《为徐敬业讨武氏檄》,更是发挥了推波助澜的作用。这篇檄文后来传到武则天手里。当读到檄文开头"伪临朝武氏者,性非和顺,地实寒微。昔充太宗下陈,曾以更衣入侍。洎乎晚节,秽乱春宫。潜隐先帝之私,阴图后庭之嬖。入门见嫉,蛾眉不肯让人;掩袖工谗,狐媚偏能惑主"等句子时,她只是微笑。而当读到"一抔之土未干,六尺之孤安在?"等句子时,她不禁倏然动色,问左右的人:"这檄文是谁写的?"左右的人回答是骆宾王。武则天叹息道:"这样的人才不用,是宰相的过失啊!"我想,武则天该不会忘记,当年正是你,把他打到狱中的吧!

徐敬业起兵不久就兵败被杀,而骆宾王却没有了下落。武则天下令限期抓获,"将帅猝不能获,则求其貌似者,函首以献",以假乱真,交差了事(《东阳县志》)。还有一说是,骆宾王兵败后投水自杀。但是,这一点始终没有得到证实。后来又有了骆宾王为宋之问续诗的故事。

当时,骆宾王不管是被杀还是自尽,反正是已经死了的人,当然不会再被追捕。据传说他换了僧装,在杭州灵隐寺住了下来,每天伴着黄卷青灯,过着宁静无为的生活。

705年,武则天病入膏肓,宰相张柬之等发动政变,逼武则天让位给中宗李显。已年过八旬的武则天无力抵抗,只好答应。是年11月,被迫迁居到上阳宫的女皇,在悲愤交加中去世,终年82岁。

唐中宗复位后,为表彰骆宾王对李唐皇朝的忠诚,下诏征求他的诗文,共收集到几百篇,编成文集。这是公开为骆宾王平反昭雪。骆宾王如果还活着,也已经60多岁。朝廷中发生这样的大事,他不可能不知道,然而没做任何反应。这有两种可能,一是骆宾王确实已经死了;另一种可能是,出家多年的他已经看破红尘,对功名利禄已经看得很轻、很淡,所以来自朝廷的喜讯,没在他早已平静的心湖中激起一丝涟漪。

一天深夜,骆宾王走出僧房,在灵隐寺院中散步,见一人在走廊里踱来踱去,口中念念有词。骆宾王走近一看,认得是当年因应制诗写得好,曾得到女皇武则天"夺袍以赐"恩宠的宋之问。他没有相认,只是打了个问询:"这位客官,深夜不睡,在这儿做什么呢?"

夜光下宋之问没有认出僧人打扮的骆宾王,回答说:"我来到灵隐寺,心有所感,想写一首灵隐寺的诗,有了前两句'鹫岭郁岧峣,龙宫锁寂寥',就接不下去了,正在此苦苦思索。"这诗句也激起骆宾王常年居住在灵隐寺的感受,于是说:"何不接'楼观沧海日,门对浙江潮'?"宋之问听了,连连称赞:"好句!好句!"思路一下被激活,一口气接下去,写成了著名的《灵隐寺》一诗:

　　鹫岭郁岧峣,龙宫锁寂寥。楼观沧海日,门对浙江潮。
　　桂子月中落,天香云外飘。扪萝登塔远,刳木取泉遥。
　　霜薄花更发,冰轻叶未凋。夙龄尚遐异,搜对涤烦嚣。
　　待入天台路,看余度石桥。

骆宾王趁宋之问全神贯注地吟诗,悄悄地走了。

第二天早晨,宋之问去寻昨夜续诗的老僧,已不知去向。有知情的僧人告诉他:"他就是骆宾王啊!"宋之问听了不禁目瞪口呆,心想骆宾王已经死去多年,昨夜遇到的该不会是鬼魂吧!

骆宾王为什么不愿与宋之问相认,续诗之后又躲了呢?因为骆宾王知道宋之问人品很卑劣。当年,他因索要诗句不得,害死了自己的外甥刘希夷。《唐才子传·宋之问》说他:"趋事张易之,坐贬泷州。后逃归,匿张仲之家。闻仲之谋杀武三思,乃告变,擢鸿胪簿,迁考功郎。"经历风风雨雨的骆宾王,岂能信任这样一个人品极差的人?谁能保证他不会拿自己去邀功请赏,还是躲远点好。

宋之问写《灵隐寺》一诗,应在707—710年,任越州刺史时。他和骆宾王年龄差不多,两人相会不是没有可能。骆宾王为宋之问续诗的故事,宋代李颀《古今诗话》和明代杨慎《升庵诗话》都有记载,应该不是空穴来风。然而,故事毕竟是故事,如果真有其事,史籍上是不会轻易漏掉这一笔的。

骆宾王的生死,至今仍是个谜。

9　旗亭画壁留佳话

7世纪,当欧洲还沉睡在中世纪的噩梦之中时,世界的东方却崛起了一个辉煌的朝代——中国唐朝。中国唐朝不仅是一个强盛的朝代,还是一个诗的朝代,是历史上中国人最奔放、最潇洒、最诗意的时代。在唐代,上至皇帝、王公贵族,下至平民百姓,都爱诗、读诗、写诗、唱诗,即使是"和尚、道士、妓女中有些文化修养的人,都敢大大方方站出来赋诗一首,有不少人甚至还留有诗集"(纪录片《唐之韵·千古唐诗》)。"旗亭画壁"的故事,就反映了当时的这种社会风尚,同时也表现出盛唐诗人放达争衡、知己相契的精神风貌。唐代薛用弱的《集异记》记载了这样一个故事:

开元中,诗人王昌龄、高适、王之涣齐名。时风尘未偶,而游处略同。一日,天寒微雪,三人共诣旗亭,贳酒小饮,忽有梨园伶官十数人,登楼会宴。三诗人因避席偎映,拥炉火以观焉。俄有妙妓四辈,寻续而至,奢华艳曳,都冶颇极。旋则奏乐,皆当时之名部也。昌龄等私相约曰:"我辈各擅诗名,每不自定其甲乙。今者,可以密观诸伶所讴,若诗入歌词之多者,则为优矣。"俄而,一伶拊节而唱曰:"寒雨连江夜入吴,平明送客楚山孤。洛阳亲友如相问,一片冰心在玉壶。"昌龄则引手画壁曰:"一绝句!"寻又一伶讴之曰:"开箧泪沾臆,见君前日书。夜台何寂寞,犹是子云居。"适则引手画壁曰:"一绝句!"寻又一伶讴曰:"奉帚平明金殿开,且将团扇共徘徊。玉颜不及寒鸦色,犹带昭阳日影来。"昌龄则又引手画壁曰:"二绝句!"之涣自以得名已久,因谓诸人曰:"此辈皆潦倒乐官,所唱皆巴人下里之词耳!岂阳春白雪之曲,俗物敢近哉?"因指诸妓之中最佳者曰:"待此子所唱,如非我诗,吾即终身不敢与子争衡矣!脱是吾诗,子等当须列拜床下,奉吾为师!"因欢笑而俟之。须臾,次至双鬟发声,则曰:"黄河远上白云间,一片孤城万仞山。羌笛何须怨杨柳,春风不度玉门关。"之涣即揶揄二子,曰:"田舍奴!我岂妄哉?"因大谐笑。诸伶不喻其故,皆起诣曰:"不知诸郎君,何此欢噱?"昌龄等因话其事。诸伶竞拜曰:"俗眼不识神仙,乞降清重,俯就筵席!"三子从之,饮醉竟日。

故事大意是:唐朝开元年间,王昌龄、高适和王之涣三人都是著名的边塞诗人,可是在仕途上又都不大顺畅，相同的命运使他们结成了相互倾慕的好朋友，经常一起游历。

开元二十五年（737年），他们都来到了东都洛阳。这年冬天，天气十分寒冷，有一天冷风飕飕，微雪飘飘，三人来到一家酒店中，买酒小酌。他们正围着火炉喝得高兴，忽然有梨园掌管乐曲的官员率十余子弟登楼宴饮。三位诗人回避到角落里，围着小火炉，观看他们表演节目。

一会儿又有四位漂亮妖媚、摇曳生姿的梨园女子登上楼来。随即乐曲奏起，演奏的都是当时有名的曲子。王昌龄等人私下相约："我们三人在诗坛上都算是有名的人物了，可是一直未能分个高低。今天算是个机会，咱们悄悄地听这些歌女们唱歌，谁的诗被谱曲演唱得多，谁就是胜者。"

三人正说着话，一歌女按节拍开口演唱："寒雨连江夜入吴，平明送客楚山孤。洛阳亲友如相问，一片冰心在玉壶。"王昌龄高兴地说："这是我的绝句。"转身在墙上划了一道。随后一歌女唱道："开箧泪沾臆，见君前日书。夜台何寂寞，犹是子云居。"高适听了说："这是我的绝句。"也伸手画壁。接着又一歌女开口唱："奉帚平明金殿开，且将团扇暂裴回。玉颜不及寒鸦色，犹带昭阳日影来。"王昌龄听了十分得意，又在墙壁上画了一道说："已有我两首了。"

王之涣见王昌龄得意扬扬的样子，有点坐不住了，心想："我成名比他俩早，怎么还没人演唱我的诗呢？"他想了想说："阳春白雪，曲高和寡。我们不能只以多为胜。这些梨园艺人之中，气质也有高下之分。刚才唱的三个女艺人，看上去都是演配角的，唱的也都是下里巴人之词，她们怎么会唱我的高雅作品呢？"于是，他就指着一个头上梳着两个环形发髻、容貌最漂亮、气质最高雅的女艺人说："这个女艺人是她们中的头牌，挨到她唱时，如果她唱的还是两位的诗，而不唱我的诗，我便向两位甘拜下风。要是她唱的是我的诗，那么你们就得拜我为师了！"王昌龄和高适都笑着答应了。过了一会，挨到那个气质高雅的女艺人唱了。三人一听，她唱的果然是王之涣写的《凉州词》："黄河远上白云间，一片孤城万仞山。羌笛何须怨杨柳，春风不度玉门关。"王之涣不由得满心高兴，哈哈大笑。王昌龄和高适也大笑着说："好吧！这个头筹就让给你吧！"

歌女们听到笑声，不知发生了什么事情，于是纷纷跑过来问："请问几位大人，为了什么事，竟然高兴得如此模样？"王昌龄就把听歌比诗的事告诉了她们。歌女们听后高兴地施礼下拜说："请原谅我们俗眼不识神仙，原来三位都是鼎鼎大名的诗人，如不嫌弃，请和我们同桌共饮吧！"

三人当即很高兴地接受了邀请，欢宴了一天，欢声笑语，充斥了旗亭酒家。"旗亭画壁"也成为佳话流传了下来。后来，"旗亭画壁"成为典故，用来形容文人之间争强竞胜，也用来表示文人聚会，饮酒赋诗。这个故事，元人还编成杂剧上演，可见流传之广。

下面简单介绍一下故事中的三位诗人。

王之涣（688—742），字季凌，祖籍晋阳（今山西太原），是盛唐时期著名的边塞诗人，可惜终不见用。王之涣的诗流传下来的甚少，今可见者只有《凉州词》《登鹳雀楼》等六首，而此六首，几乎都是传世之作。

王昌龄（约698—757），字少伯，长安（今陕西西安）人。虽考中了进士，但仕途坎坷，曾任江宁丞,因事贬龙标尉,世称王江宁、王龙标,唐代著名边塞诗人。他的边塞诗气势雄浑,格调高昂,存诗一百七十余首,有"诗家天子"和"七绝圣手"的称号。安史之乱后被刺史闾丘晓所忌杀,结局很悲惨。

高适(700—765),我国唐代著名的边塞诗人,河北景县人,与岑参并称"高岑"。其诗作笔力雄健,气势奔放。他虽也经过蹉跎岁月,但最后官至左散骑常侍,封渤海县侯,世称"高常侍"。作品收录于《高常侍集》。《旧唐书高适传》说:"有唐以来,诗人之达者,唯适而已。"

10　人品低劣的宋之问

人们常说诗品等于人品。王国维在《文学小言》中说："三代以下之诗人,无过屈子(屈原)、渊明(陶渊明)、子美(杜甫)、子瞻(苏轼)者。此四子者若无文学之天才,其人格亦自足千古。故无高尚伟大之人格,而有高尚伟大之文学者,殆未之有也。"除王国维举的四人之外,像李白、王维、孟浩然、白居易、韩愈、李商隐、陆游、辛弃疾、李清照、文天祥、鲁迅……还可以举一大串名字,他们的诗文在世人中享有盛誉,他们的人品也是世人的楷模。但是也确有个别诗人,诗写得不错,人品却不怎么样。唐代的宋之问就是一个。

应该说宋之问在唐诗的发展上是有贡献的。初唐时代,齐梁诗风继续蔓延,宫体诗盛行,有号称"文章四友"的李峤、苏味道、崔融、杜审言(杜甫的祖父)。其中杜审言成就较高,七律在他写的诗里已完全合格。"及宋之问、沈佺期,又加靡丽,回忌声病,约句准篇,如锦绣成文,学者宗之,号为沈、宋。"(宋尤袤《全唐诗话》)明王世贞《艺苑卮言》也说:"五律至沈、宋,始可称律。"可见沈、宋对诗歌的贡献,主要在声律方面,使五律得以定型,在诗歌发展史上是有重要意义的。然而,宋之问这样一个对诗歌发展做出过贡献的诗人,人品却很差,且看他的为人。

其一,谄媚邀宠。宋之问生活在武则天当政时期。他很羡慕武则天的男宠张易之、张宗昌兄弟,觉得凭自己"伟仪貌、雄才辩"的条件,也想像张氏兄弟那样得到武则天的宠爱。而要达到这一目的,先得进入奉宸院。奉宸院名为选拔青年学士、研习文艺的地方,实际上是武则天与男宠淫乱的后宫。宋之问为了进奉宸院,先巴结张氏兄弟,不仅为他们捉刀代笔写诗文,甚至替他们提尿壶。就这样,宋之问成了奉宸院供奉。然而他这个供奉只是个"备胎"。于是他又毛遂自荐写了一首艳诗《明河篇》献给女皇:

明河可望不可亲,愿得乘槎一问津。
更将织女支机石,还访成都卖卜人。

"天后闻之,谓崔融曰:'吾非不知之问,以其有口过耳。'"(宋阮阅《诗话总龟》)古人说"口过"就是口臭。于是宋之问每天口里含着鸡舌香(经考证为丁香),以减轻嘴里的臭味。

即使这样,他也没能成为武则天的男宠。这或许是他一生的遗憾。

还有一件事也能说明宋之问的这一品质。武则天喜欢文词乐章,宋之问就想以巧思文华取幸。有一次去龙门游玩,武则天命群臣赋诗,左史东方虬先写成了诗献上,武则天龙颜大悦,当即赐予锦袍。这时宋之问献上了自己对武则天谄谀颂德的诗。武则天看了嗟赏不已,又命人夺去东方虬的锦袍,转赐给宋之问,这一予一夺,既反映了武则天对靡丽颂德诗风的喜好,也表现出宋之问谄媚权贵的人品。

其二,卖友求荣。神龙元年(705年)二月,宰相张柬之等发动"神龙政变",逼武则天退位,迎中宗复位,诛杀二张。宋之问因媚附二张被贬往泷州(今广东罗定市)。他难以忍受岭南蛮荒之地的生活,偷偷逃回了洛阳。在唐代私逃是要判重罪的。他在私逃接近家乡时,曾写了《渡汉江》一诗:

  岭外音书断,经冬复立春。
  近乡情更怯,不敢问来人。

此诗曾入选多种选本,因为诗中表达的长期客居异乡、久无家中音讯的人,在临近家乡时所产生的一种特殊心情,引起读者的感情共鸣。有人还拿这首诗和杜甫《述怀》中的诗句"自寄一封书,今已十月后。反畏消息来,寸心亦何有"进行类比。其实,两者的写作背景是很不同的。宋之问的诗表现的是一个"怯"字,因为他是偷逃回来的,既怕被人认出再抓走,又怕连累家人。诗词往往表达作者的人生境界,一个人如果心术不正,不管他如何粉饰自己,遮掩内心,他的性格总会在文字中有所流露。再说,宋之问也没敢回家,而是藏在了好朋友张仲之家中。据元辛文芳《唐才子传》记载:"(宋之问)谄事张易之,坐贬泷州,后逃归,匿张仲之家。闻仲之谋杀武三思,乃告变,擢鸿胪簿,迁考功郎。"

原来中宗李显毫无主见,竟让韦后参与政事,自己倒成了傀儡。这个韦后野心极大,也想像武则天一样当女皇。为此和武三思勾结,组成了"韦武政权"。武三思得势后立即诬陷帮助中宗复位的张柬之、敬晖等功臣并将其杀害,朝中大臣对此愤恨不已。张仲之与驸马都尉王同皎在家密谋要杀掉武三思以安王室,不料被藏匿在家的宋之问偷听到了。他立即让侄子前去告发,结果张仲之全家被杀。宋之问卖友求荣,依附武三思,中宗不仅没追究他的私逃之罪,还提拔他为鸿胪主簿,后又升为考功员外郎。

其三,因诗杀人。宋之问有一外甥刘希夷,比宋之问还大五岁。刘希夷24岁考中进士时,宋之问还在家读书。刘希夷的诗写得很棒,后来宋之问有一次见到刘希夷写的《代悲白头翁》,诗中有"年年岁岁花相似,岁岁年年人不同"的句子,觉得颇有妙处,得知他还未示人,就想占为己有。可是刘希夷不肯,宋之问竟然用装土的袋子将其压死。此事被称为"因诗杀人"。

其四,朝秦暮楚。景龙元年(707年)七月,太子李重俊被逼起兵反抗"韦武政权"。见风使舵的宋之问又投靠太平公主。后来,李重俊因随从士兵倒戈反叛,兵败被杀。宋之问又媚附比太平公主权势更大的韦后及其女儿安乐公主,太平公主十分气愤。当中宗按韦氏的意思要提拔宋之问时,太平公主向中宗告发他主持贡举时受贿,因此被贬为越州(今浙江绍兴)长史。

急于当皇太女的安乐公主,怂恿韦后篡权称帝。这狠毒的母女俩竟然合谋,毒死了中宗。但韦氏顾忌相王李旦和太平公主的势力,暂不敢称帝,于是立16岁的温王李重茂为傀儡皇帝,密谋铲除相王和太平公主后再登帝位。然而,没有不透风的墙,韦氏的阴谋被相王之子李隆基获悉。李隆基立刻找姑姑太平公主商议对策,决定先下手为强,于710年6月20日深夜,抢先发动政变,杀了韦后和安乐公主,彻底清除了"韦武集团"。

几天后,太平公主出面,废了少帝李重茂,立相王李旦为帝,即唐睿宗。长达八年的韦氏之乱至此结束。两年后的延和元年(712年),李隆基登上皇位,是为唐玄宗,改年号为"开元"。

李隆基当了皇帝后,把被贬到越州当长史的宋之问流放到钦州,之后又下诏书赐死。至此,宋之问结束了自己不光彩的一生。

11　陈子昂摔琴觅知音

　　摔碎瑶琴凤尾寒,子期不在对谁弹?
　　春风满面皆朋友,欲觅知音难上难。

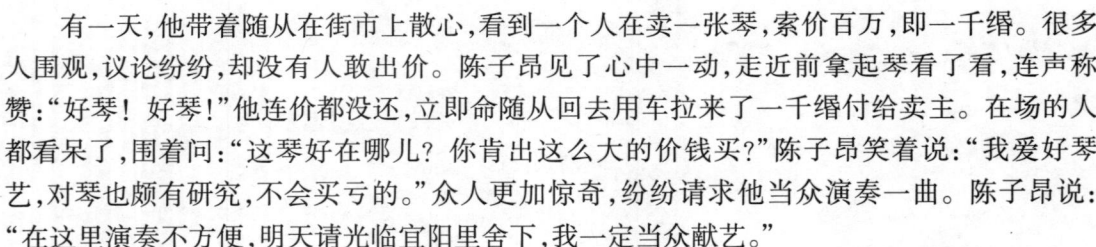

　　这首诗说的是古代俞伯牙摔琴谢知音的故事。本文说的是唐代初年,著名诗人陈子昂摔琴觅知音的故事。

　　陈子昂(651—702),字伯玉,梓州射洪(今四川射洪市)人,出身于富豪之家,自幼豪爽任侠,轻财重义。他少年时代发愤读书,遍览经史百家,诗文皆有可观,而且树立了远大的政治抱负。

　　按当时风尚,陈子昂 21 岁时游长安,拜访名人,希望得到举荐。然而,他几经劳碌奔波,出入世家名门,却遇不到赏识他的人,心中很是郁闷。

　　有一天,他带着随从在街市上散心,看到一个人在卖一张琴,索价百万,即一千缗。很多人围观,议论纷纷,却没有人敢出价。陈子昂见了心中一动,走近前拿起琴看了看,连声称赞:"好琴!好琴!"他连价都没还,立即命随从回去用车拉来了一千缗付给卖主。在场的人都看呆了,围着问:"这琴好在哪儿?你肯出这么大的价钱买?"陈子昂笑着说:"我爱好琴艺,对琴也颇有研究,不会买亏的。"众人更加惊奇,纷纷请求他当众演奏一曲。陈子昂说:"在这里演奏不方便,明天请光临宜阳里舍下,我一定当众献艺。"

　　第二天,许多人如约而至。陈子昂大摆宴席,热情款待,当酒宴正酣时,陈子昂抱着琴出来了。众人以为他要表演琴艺了,都聚精会神等待聆听。陈子昂却高声说道:"在下蜀人陈子昂,带有诗文百篇,来京城拜访名家,不料碌碌奔走,仍不为人所知,至今一事无成。这操琴的事,乃是乐工小技,我又何必上心。"说完,他举起琴将其摔得粉碎。众人惊愕不已,一时都说不出话来。陈子昂又当众吟了一首诗:

　　　　遥遥去巫峡,望之下章台。巴国山川尽,荆门烟雾开。
　　　　城分苍野外,树断白云隈。今日狂歌客,谁知入楚来。

　　这首诗既赞美了巴山蜀水的壮美奇秀,又隐含了宦游京城的豪迈胸襟。众人听了连声称赞。陈子昂命仆人取出准备好的文卷,遍赠赴宴的人。第二天,陈子昂的名字和他的诗文就传遍了京城。

　　三年以后,陈子昂终于考中了进士。他希望通过科举进入仕途,以施展自己的抱负。他在一首诗中就表达了这种愿望:"感时思报国,拔剑起蒿莱。"他中进士后,被任命为麟台正字,再迁右拾遗,虽然官不大,却是言官,于是一封封奏折摆到了武后的案头。他既支持武后的政治改革,如"籍田亲蚕""开矿铸钱""选贤任能""除害去暴"等,也对其不合理的弊政提出尖锐的批评,如官吏暴贪、滥施刑罚等。这些既是他的政治理想,也符合广大人民的要求。

从陈子昂的许多政论、奏疏中,我们可以看到他洞察国家安危的远见,关心人民疾苦的热情。如他在《上蜀川安危事》的奏疏中,对诸羌的进犯深感忧虑,对蜀川人民"失业""逃亡"深表同情,对"官人贪暴""侵淮""剥夺"百姓的恶行愤慨指责。《资治通鉴》引用陈子昂的政论、奏疏有四五处。王夫之的《读通鉴论》认为他"非但文士之选",而且是"大臣之才"。但以武则天为代表的武周统治集团,对陈子昂的建议却很少采纳。

陈子昂曾两次从军赴边塞,对力防军事提出过一些有远见的建议。二次出塞,陈子昂被任命为建安王武攸宜的参谋,他屡次献出奇计,但是庸碌无能的武攸宜不仅不采纳,反而嫌他多事,将其降为军曹。陈子昂一腔报国心愿又化为泡影。

神功元年(691年),陈子昂来到幽州台,登台远眺,怀古思今,想到当年燕昭王在这里筑黄金台,拜乐毅为上将,连下70余城。而今自己空有满腹才华,一腔报国心愿,却无处施展,不禁悲从中来,潸然泪下,仰天长啸,写下了那首著名的《登幽州台歌》:

前不见古人,后不见来者。念天地之悠悠,独怆然而涕下。

两年以后,陈子昂因屡遭武攸宜排斥打击,以为父守丧为名,辞职还乡。但武三思集团却怀疑他反对自己,指使县令段简将其逮捕,最后冤死狱中,年仅42岁。

陈子昂对唐诗的发展是有很大贡献的。唐朝初期,齐梁诗风继续蔓延,淫靡浮艳的宫体诗、奉和应诏的宫廷诗大为流行。"以文章齐名天下"的"初唐四杰"首先开始批判"骨气都尽,刚健不闻"的齐梁诗风,提出"思革其弊,用光志业"的改革方向。

陈子昂是继"四杰"之后,以更坚决的态度反对齐梁诗风,在理论和创作实践上表现了鲜明革新精神的诗人。他在著名的《修竹篇序》里说:"文章道弊,五百年矣,汉魏风骨,晋宋莫传,然而文献有可征者。仆尝暇时观齐梁间诗,彩丽竞繁,而兴寄都绝,每以咏叹,思古人,常恐逶迤颓靡,风雅不作,以耿耿也。"在唐诗的发展史上,陈子昂的这篇短文,就像一篇宣言,标志着诗风的革新和转变。

陈子昂所说的"兴寄",是要求诗歌发扬现实主义传统,具有鲜明的政治倾向。所说"风骨"是要求诗歌反映现实生活并有高尚的情操。他的《感遇诗》三十八首,就是具有这种革新精神的作品。如下面的两首诗:

感遇·十六

朝入云中郡,北望单于台。胡秦何密迩,沙朔气雄哉!
籍籍天骄子,猖狂已复来。塞垣无名将,亭堠空崔嵬。
咄嗟吾何叹,边人涂草莱。

这是他从征塞北时写的诗,诗中对将帅无能、边民不断受胡人侵害的现实,深表愤慨。

感遇·三十五

本为贵公子,平生实爱才。感时思报国,拔剑起蒿莱。
西驰丁零塞,北上单于台。登山见千里,怀古心悠哉。
谁言未忘祸,磨灭成尘埃。

这首诗直抒胸臆,表达了自己无法实现理想的愤懑之情。可以说陈子昂在唐诗开创时期,在诗歌革新的理论与实践上都做出了重大贡献。杜甫称赞他:"有才继骚雅,哲匠不比肩。公生扬马后,名与日月悬……千古立忠义,《感遇》有遗篇。"韩愈称赞他:"国朝盛文章,子昂始高蹈。"二人都对他在唐诗发展上的贡献予以充分肯定。这也反映了唐代诗人的公论。

12　贺知章旷达赠诗仙

咏柳
碧玉妆成一树高,万条垂下绿丝绦。
不知细叶谁裁出,二月春风似剪刀。

回乡偶书
少小离家老大回,乡音无改鬓毛衰。
儿童相见不相识,笑问客从何处来?

很多人都是从这两首诗,认识老狂人贺知章的。贺知章(659—744),字季真,越州永兴(今浙江省杭州市萧山区)人。他是盛唐前期诗人,诗文精佳,又是著名书法家,尤擅草隶,为"当世称重"。贺知章于武则天证圣元年(694年)考中进士,历任礼部侍郎、秘书监、太子宾客等职,天性纯良,豪放旷达,自称"四明狂客",更有"诗狂"的雅号。他善谈笑,好饮酒,风流潇洒。其姑表弟陆象先,已经当了同中书门下平章事,相当于宰相的高官,对他这位表兄十分钦慕,常对人说:"季真清谈风流,吾一日不见,则鄙吝生矣。"意思是,表兄言谈风雅,一天见不到他的面,就会感到庸俗的念头涌上心来。足见当时人对贺知章的倾慕。

我们也为大诗人李白庆幸,他初到长安就遇到了识才、爱才又肯荐才的贺知章,两人意气相投,一见如故,当即结为忘年之交。

李白,字太白,自号青莲居士,别号诗仙。关于李白的名、字、号,都有故事。

据说李白周岁时,按习俗要"抓周",即父母摆上各种物品任婴儿抓,用来测定他长大后的志向。李白伸手抓了一本诗经,他父亲很高兴,认为儿子将来会成为有名的诗人,就想为李白起个好名字。可是越想起个好名越想不出来,直到儿子七岁了,还没名字。

这年春天,李白的父亲对妻儿说:"我想写一首春天的诗,我说前两句,你们母子一人给我添一句,凑成一首诗。我的前两句是'春风送暖百花开,迎春绽金它先来'。"李白的母亲想了一阵子,说:"火烧杏林红霞落。"母亲刚说完,李白向院中盛开的李树一指,脱口说道:"李花怒放一树白。"父亲一听,拍手叫好,觉得儿子确实有诗才。他念着念着,忽然心头一亮,这诗句开头的"李"字,不正是自家的姓吗?句末的"白"字也用得好,是说一树李花圣洁如雪。于是,他给儿子起名叫李白。

这个故事毕竟是传说,未必真有其事。而李白字"太白",《新唐书·李白传》却有记载:"李白,字太白,兴圣皇帝九世孙。其先隋末以罪徙西域,神龙初,遁还,客巴西。白之生,母梦长庚星,因以命之。"按照《新唐书》的说法,李白字太白,是他母亲起的。他母亲生他时,因梦见长庚星就给他起了"太白"这个字。"长庚星"即金星,因为它出来得比太阳早,又比太阳落得晚,所以叫长庚星,又叫启明星。《诗经·小雅·大东长庚星》有诗句云:"东有启明,西有长庚。"长庚星在中国古代又称为"太白金星"。李白字"太白"即由此而来。

按《新唐书》的记载,李白还是皇室后裔,其先人隋末时因罪被流放到西域碎叶城(今吉尔吉斯斯坦境内),武则天神龙初年(705年),随父迁回才恢复了李姓,居四川彰明县青莲乡。

青莲乡一带盛产青莲花,李白自幼就非常喜爱青莲花,所以自号"青莲居士"。他写有不少咏莲花的诗篇,"清水出芙蓉,天然去雕饰",就是李白诗的名句。"青莲居士"反映了他崇高的生活情趣,也是他对童年生活的追忆和眷恋。

李白自号"青莲居士",还出于他对佛教的信仰。青莲花居于青、黄、赤、白四色莲花之首,乃佛教圣物;"居士"指不出家的信佛者。"青莲居士"者,信佛者李白之自谓也。

在中国文学史上,李白还有别号"诗仙"。这就要归功于贺知章了。据唐代孟棨《本事诗》记载:"李太白初自蜀至京师,舍于逆旅。贺监知章闻其名,首访之,既奇其姿,复请所为文,出《蜀道难》以示之。读未竟,称叹者数四,号为'谪仙'。解金龟换酒,与倾尽醉,期不间日,由是声益光赫。"

请注意"首访之"三个字。一般文士到了京城,都是主动上门拜见名人,求其举荐。而李白没上门,倒是贺知章"闻其名,首访之"。这狂人,真是"狂"得可爱。

贺知章见到李白后,先再三称赞他相貌佚丽,又主动提出要看他写的诗。李白拿出自己写的《蜀道难》,请贺知章看。他边读边点头,深为这瑰丽奇幻的诗篇所折服。一遍未读完,他已称叹数次。最后,他翘起大拇指对李白说:"先生,您真是天上谪仙人啊!"贺知章高兴得想喝酒庆贺,一摸身上没带钱,立马解下身上佩戴的金龟,呼唤店家换来美酒,与李白倾杯尽醉。这"金龟"可不是随便佩戴的玩物,而是武后赐给官员佩戴的,是官阶的标志。

这次"贺李"会,足见贺知章没官架子,平易近人,而且爱才心切。他见到初出茅庐、名不见经传的年轻人,竟给予如此高的评价。我们真为这位官居太子宾客的文坛元老识才、爱才、奖掖后进的博大胸怀所感动。不久之后,《蜀道难》这首诗连同"谪仙"的名号就传遍了天下。

李白对贺知章无私褒奖的知遇之恩,也是感激终生。贺知章去世后,有一次李白与朋友喝酒,又想起了多年以前给予他"诗仙"称号的老前辈,写下《对酒忆贺监二首并序》:

太子宾客贺公,于长安紫极宫一见余,呼余为"谪仙人",因解金龟,换酒为乐。殁后对酒,怅然有怀,而作是诗。

其一
四明有狂客,风流贺季真。长安一相见,呼我谪仙人。
昔好杯中物,翻为松下尘。金龟换酒处,却忆泪沾巾。

其二
狂客归四明,山阴道士迎。敕赐镜湖水,为君台沼荣。
人亡余故宅,空有荷花生。念此杳如梦,凄然伤我情。

对李白来说,初次进京就遇见贺知章,从而获得了"诗仙"的称号,是他一生的幸运。他与贺知章的这次会面,也成为文坛上的一段佳话,广为流传。

13　张若虚孤篇压全唐

诗人有大家、小家之分，人们往往以作品的数量来评判。可是世界上的事情就这么奇怪，要论写诗的数量，恐怕谁也比不上乾隆皇帝。乾隆喜欢舞文弄墨，更爱卖弄，全国的著名景点，几乎都能看到他写的诗。他一生写诗不下十万首，可是没人承认他是大家，甚至连小家都够不上。

再看唐初的张若虚，只留下两首诗，其中一首还很平常，然而另一首《春江花月夜》横绝全唐，一千多年来使无数读者为之倾倒。闻一多先生称赞它"孤篇压全唐"，是"诗中的诗，顶峰上的顶峰"（《宫体诗的自赎》）。张若虚称得起是名副其实的大家。

张若虚（生卒年不详），扬州人，唐开元初与贺知章、张旭、包融合称"吴中四士"。下面让我们欣赏他的《春江花月夜》：

　　春江潮水连海平，海上明月共潮生。
　　滟滟随波千万里，何处春江无月明！
　　江流宛转绕芳甸，月照花林皆似霰。
　　空里流霜不觉飞，汀上白沙看不见。
　　江天一色无纤尘，皎皎空中孤月轮。
　　江畔何人初见月？江月何年初照人？
　　人生代代无穷已，江月年年只相似。
　　不知江月待何人，但见长江送流水。
　　白云一片去悠悠，青枫浦上不胜愁。
　　谁家今夜扁舟子？何处相思明月楼？
　　可怜楼上月徘徊，应照离人妆镜台。
　　玉户帘中卷不去，捣衣砧上拂还来。
　　此时相望不相闻，愿逐月华流照君。
　　鸿雁长飞光不度，鱼龙潜跃水成文。
　　昨夜闲潭梦落花，可怜春半不还家。
　　江水流春去欲尽，江潭落月复西斜。
　　斜月沉沉藏海雾，碣石潇湘无限路。
　　不知乘月几人归，落月摇情满江树。

诗的题目中的春、江、花、月、夜,就令人心驰神往。这五种事物集中体现了人生最动人的良辰美景,构成了诱人探寻的艺术境界。

诗一开篇便写江潮连海,月共潮生,勾勒出一幅春江月夜的壮丽画面。这时一轮明月随潮涌生,景象壮观。一个"生"字,赋予了明月与潮水活泼的生命。月光闪耀,没有一处春江不在明月朗照之中!江水绕过花草丛生的江岸,月色泻在花树上,像撒上了一层洁白的霜,描绘出了一个神话般美妙的境界。

这清明澄澈、幽美恬静的境界,自然引起了诗人的遐思冥想:"江畔何人初见月?江月何年初照人?"诗人的神思紧紧联系着人生,探索着人生的哲理与宇宙的奥秘。这种探索,古已有之,如曹植《送应氏》中的"天地无终极,人命若朝霜",阮籍《咏怀》中的"人生若尘露,天道邈悠悠"等,但这些诗的主题多半是感慨宇宙永恒、人生短暂。张若虚在此处却别开生面,翻出了新意:"人生代代无穷已,江月年年只相似。"个人的生命是短暂的,而人类的存在则是绵延久长的,所以"代代无穷已"的人生就和"年年只相似"的明月得以共存。这是诗人从大自然的美景中感受到的一种欣慰。

诗中虽有对人生短暂的感伤,但并不是颓废与绝望,而是缘于对人生的追求与热爱。后来大诗人李白"青天有月来几时?我欲停杯一问之",以及苏轼"明月几时有?把酒问青天"的诗句,与此诗都有异曲同工之妙。

"不知江月待何人,但见长江送流水",是紧承上一句"只相似"而来的。人生代代相继,江月年年如此。一轮孤月徘徊中天,像是等待着什么人似的。而在月光下的大江奔腾远去,真是月光有情,流水无意。诗人自然地把笔触由上半篇对大自然景色的描写,转到了对人生百态的刻画,引出男女相思的离愁别恨。

"白云"四句总写在春江花月夜中思妇与游子的两地思念之情。白云飘忽,象征"扁舟子"的行踪不定;"明月楼"写思妇对离人的怀念。"谁家""何处"互文见义,是说这样的"扁舟子""明月楼"何止一家、一处!这就有了普遍意义。一种相思,两地离愁,诗情荡漾,曲折有致。

以下诗句把"月"拟人化,写思妇对离人的怀念。在这凄清的夜晚只有"徘徊"的明月,与她做伴,为她解愁。二人共处月光下却无法相互问询,只能依托明月遥寄相思之情。诗最后写游子的思归之情。落花飘落的,江水流去的,不仅是春天,也是游子的青春。在这美好的春江月夜,不知有几人能乘月归家!而他的一怀乡思,也只能伴着残月之光,洒在江边的树上……

有人对本诗写男女相思、离愁别恨表示异议。要知道一千多年前的那个时代,男人们不是服徭役、兵役,就是为生计而出外奔波,而且一走就是经年累月,离人、怨妇,正是社会底层的生活现实。而且这首诗绝没有色情、堕落的成分。

诗的结尾句"落月摇情满江树",把不绝如缕的思念之情、月光之情、游子之情、诗人之情交织在一起,洒落在江树上,也洒落在读者心上,情韵袅袅,摇曳生姿,令人心醉神迷。

《春江花月夜》是乐府《清商曲词·吴声歌曲》旧题。据说是亡国之君陈后主首创,荒淫无道的隋炀帝也写过两首,但都是靡靡之音的宫体诗。这一旧题到了张若虚手里,才突放异彩,获得了不朽的艺术生命。

闻一多先生说张若虚与他的《春江花月夜》"和另一个顶峰陈子昂分工合作,清除了盛唐的路——张若虚的功绩是无可估计的"。

14 王之涣《登鹳雀楼》曾被冒名侵权

白日依山尽,黄河入海流。
欲穷千里目,更上一层楼。

王之涣的这首《登鹳雀楼》,人们非常熟悉,恐怕连小孩子都能背诵。这首诗为什么让人这么喜爱?因为它写得确实好。

沈括《梦溪笔谈》说:"河中府(今山西永济市)鹳雀楼三层,前瞻中条,下瞰大河。唐人留诗者甚多,唯李益、王之涣、畅当(应为畅诸)三篇能状其景。"

王之涣诗的前两句"白日依山尽,黄河入海流",写登楼望见的景色。诗人用极其朴素、浅显的语言,把进入视野的万里河山,收入短短的十个字中,并且使人如临其境,如见其景。如果抠字眼,诗人身在鹳雀楼且未到顶层,怎能看到黄河入海呢?其实,这是诗人目送黄河流向天际产生的意中景。这句诗把眼前景与意中景融合在一起,达到了缩万里于咫尺的境界。诗写到这里,似乎景已写尽,话已说完。不料后两句"欲穷千里目,更上一层楼",把诗篇引入更高的境界。不仅道出了站得高才能看得远的哲理,还抒发了高瞻远瞩、向上进取的意志胸襟。《唐之韵》就评价这首诗说:"四句二十个字,字不奇,句不奇,景不奇,情不奇,却展现出如此磅礴的气势,这简直是奇迹。"(转引自摩西《读懂唐诗》)

然而,王之涣的《登鹳雀楼》写出后,却曾被冒名侵权。在7世纪的唐代,中国虽发明了雕版印刷术,有了印本书,但正式的出版业还处于萌芽状态。当时诗文的传播主要靠手抄口传。遇有好诗,人们口口传诵,有时并不知作者是谁。何况当时又没有知识产权保护法,所以冒名顶替是一件很容易的事。《容斋随笔》引《温公诗话》说:"唐之中叶,文章特盛,其文章淹没不传于世者甚众。如河中府鹳雀楼,有王之涣、畅当(畅诸)二诗,二人皆当时所不数,而后人擅诗名者,岂能及之哉!"看来当时写鹳雀楼的诗,被冒名侵权的不止王之涣,还有一个畅诸陪伴。前面沈括说:"唯李益、王之涣、畅当(诸)三篇能状其景。"为什么李益的诗没被人冒名呢?因为李益的官大(官至礼部尚书),名声也大,没人敢冒名。而王之涣、畅诸"二人皆当时所不数",即都是无名之辈,所以就被冒名顶替了。我们看看这两人的诗,畅诸的诗题名也是《登鹳雀楼》:

迥临飞鸟上,高出世尘间。

> 天势围平野,河流入断山。

李益写的是一首七律,题名为《同崔邠登鹳雀楼》:

> 鹳雀楼西百尺樯,汀洲云树共茫茫。
> 汉家箫鼓空流水,魏国山河半夕阳。
> 事去千年恨犹速,愁来一日即为长。
> 风烟并是思归望,远目非春亦自伤。

这两首诗写得也不错,如李益诗的颈联生动地表达了人在不同情景下的心理感受,因此成为精警名言。这两首诗要和王之涣的诗相比,毕竟逊色一点。

王之涣《登鹳雀楼》被冒名侵权的事,张昶在《吴中人物志》中曾有记载:"武后尝吟诗'白日依山尽,黄河入海流'云云,问是谁作。李峤对曰:'御史朱佐日诗也。'赐采百匹。"意思是武则天有一次读到了"白日依山尽"这首诗,觉得写得很好,就问亲信大臣李峤:这首诗是哪位才子写的,朕要重重赏赐他。谁知这个李峤心术不正,当即就说是自己的好朋友朱佐日写的。武则天立即把朱佐日召来,赐给他一百匹锦缎,还封了个御史的官衔。

后来,清代王士祯《池北偶谈》曾评说了这件事:"按此诗诸集皆作王之涣,之涣开元间诗人,《纪事》《诗话》亦不载(朱)佐日名字。"然而,当时本诗的真正作者王之涣却一直默默无闻,甚至穷困潦倒终生。新旧《唐书》都没给他立传,《唐才子传》对王之涣的记载也很简单。幸亏唐人靳能所作《唐故文安郡文安县太原王府君墓志铭(并序)》被发现,为我们提供了王之涣的一些情况。

王之涣(688—742),字季陵,绛郡(今山西新绛县)人,出身于太原王家,为当时望族。他的五世祖王隆之为后魏绛州刺史,可能因此而移家绛州。曾祖王信是隋朝请大夫、著作郎,入唐为安邑县令。祖父王表,唐朝散大夫、文安县令。父王昱,鸿胪主簿、浚仪县令。从曾祖到父亲,虽然皆为官,但均为小官。王之涣排行第四,自幼聪颖好学,十几岁便能精研文章,写出好诗。不知何故,王之涣未走科举之途,而以门子调补冀州衡水主簿。衡水县令李涤将三女儿许配给他。后因被人诬谤,乃拂衣去官,后复出担任文安县尉,在任内期间去世。

尽管因史料关系,后世对王之涣身世所知甚少,但他作为一个著名诗人,却几乎尽人皆知。王之涣的诗留传下来的甚少,今可见者只有六首,而此六首,几乎都是传世之作。他那首脍炙人口的《凉州词》"黄河远上白云间,一片孤城万仞山。羌笛何须怨杨柳,春风不度玉门关",更被章太炎先生称为"绝句之最"。况且王之涣的《登鹳雀楼》一诗,为山西人民创下了丰厚的旅游资源。这些都足以使王之涣的诗名与世长存。

15　孟浩然终生白衣

孟浩然（689—740），襄阳人，人称孟襄阳，因为他一生未曾入仕，又称孟山人。他的一生几乎完全生活在开元承平时代，也没经历过大的风波，在唐代诗人中是生活经历最简单的一个。《旧唐书·孟浩然传》对他的记载仅有四句话："孟浩然，隐鹿门山，以诗自适。年四十，来游京师，应进士，不第，还襄阳。张九龄镇荆州，署为从事，与之唱和。不达而卒。"

在盛唐时期，读书人凭借自己的才干出来做官，是有志气、有抱负的表现，没有人说你是"官迷"，而不肯出来做官倒是"端居耻圣明"了。唐朝又是一个诗的朝代，一个重要原因就是"以诗取仕"。唐玄宗就很喜爱诗，在位期间，曾经八次面试科举应试的举子。因为诗写得好，"朝为田舍郎，暮登天子堂"的还真不少，像写了"锄禾日当午，汗滴禾下土。谁知盘中餐，粒粒皆辛苦"（《悯农》）的李绅，写出"海上生明月，天涯共此时"（《望月怀远》）的张九龄，还有诗人李适之、张说、李德裕等都当了宰相。写出"千里黄云白日曛，北风吹雁雪纷纷。莫愁前路无知己，天下谁人不识君？"（《别董大》）的高适，封渤海县侯。即使没参加科举考试，只要诗真写得好，有了名气，照样可以做官。比如李白，由于性情高傲"不屈己"，就没参加科考，而是选择了隐遁与漫游的道路。天宝元年（713年），唐玄宗终于发现了这位"诗仙"，召李白进京封了个供奉翰林。

然而，孟浩然就没有这样幸运了。是他不想当官吗？当然不是，他做梦都想出仕，一展才华，实现理想。是他缺少才华，没有名气吗？也不是。孟浩然是盛唐年辈较高的诗人，比李白、王维大12岁，比杜甫大23岁，而且诗名也很高，是山水田园诗的开拓者，与王维齐名，世称"王孟"。李白、王维、杜甫等著名诗人，都对他深怀敬意，给他的诗以很高的评价。如李白的《赠孟浩然》：

　　吾爱孟夫子，风流天下闻。红颜弃轩冕，白首卧松云。
　　醉月频中圣，迷花不事君。高山安可仰，徒此揖清芬。

杜甫在《遣兴五首·吾怜孟浩然》中说："吾怜孟夫子，短褐即长夜。赋诗何必多，往往凌鲍谢（鲍谢指南朝著名诗人鲍照、谢灵运）。"这些评价实在够高的。

孟浩然不仅在朋友当中有名气，在社会上也很有影响。《新唐书·孟浩然传》说："孟浩然,年四十,乃游京师。尝于太学赋诗,一座嗟伏,无敢抗。"晚唐著名诗人皮日休称孟浩然:"遇思入咏,不钩奇抉异,龊龊束人口,若公输氏当巧而不巧者。"(《郢州孟亭记》)这评价很恰当。

是孟浩然没有入仕当官的机会吗？也不是。他参加过科举考试,还曾有过几次入仕的好机会,却都阴差阳错地错过了,最终"竟沦明代,终身白衣,良可悲夫！"(辛文房《唐才子传》)让我们看看孟浩然虽算不上坎坷,却令人惋惜的求仕经历吧。

孟浩然40岁以前,主要是居家一边读书,一边侍奉母亲。他遵循"父母在,不远游"的古训,"为学三十载,闭门汉江阴"(《秦中苦雨思归赠袁右丞贺侍御》),可算是个孝子。

孟浩然一生几度归隐,其实也是人在江湖,心存紫阙。他40岁以前一直居住在涧南园的家里,后来又在离家不远的鹿门山辟一住处,偶尔也去住住。鹿门山离家不远,又是襄阳当地著名隐士庞德公隐居的地方。庞德公是汉末人,因拒绝征辟,不肯出来做官,携家人隐居在鹿门山。孟浩然为了追随先贤,所以也隐居在这里。他曾写下《登鹿门山怀古》,表达了追随庞德公的志趣:"昔闻庞德公,采药遂不返……纷吾感耆旧,结缆事攀践。隐迹今尚存,高风邈已远。"他还有一首《夜归鹿门歌》记述了他前往鹿门山时的所见所感:

　　　　山寺鸣钟昼已昏,渔梁渡头争渡喧。
　　　　人随沙岸向江村,余亦乘舟归鹿门。
　　　　鹿门月照开烟树,忽到庞公栖隐处。
　　　　岩扉松径长寂寥,惟有幽人自来去。

诗的后四句写庞德公归隐处的境况,并点破归隐的情趣与真谛。需要指明的是,孟浩然与庞德公隐居的目的大不相同。庞德公是不肯出去做官才隐居的,而孟浩然恰恰相反,是想借隐居而扬名,"由隐而显",走上仕途。可惜他居家40年,诗也写得相当不错,皇帝却没能发现他这个"岩穴之士"。

孟浩然隐居没能达到"由隐而显"的目的,就只能走科举考试的道路了。40岁的孟浩然自认为"诗词颇亦工"了,于开元十六年(728年)赴京应试。他在临考前写的《长安早春》:"草迎金埒马,花伴玉楼人……何当桂枝擢,归及柳条新。"可见他对这次考试信心十足,预想当他擢了桂枝,高中以后,荣归故里时,正是柳条新发的春季。然而,这次考试却失败了。这是孟浩然一生中遭受的最大打击。这也从侧面反映了,所谓的"盛世""明代"压抑人才的现实。

孟浩然这次进京虽没考上进士,却与王维相识。两人一见如故,成了好朋友。孟浩然把自己写的《过故人庄》给王维看:

　　　　故人具鸡黍,邀我至田家。绿树村边合,青山郭外斜。
　　　　开轩面场圃,把酒话桑麻。待到重阳日,还来就菊花。

王维吟诵再三,连连称赞这是一幅优美的田园风情画,于是立即提笔作画,以"孟襄阳过故人庄图"为题,连画了几幅,还创造了一种皴染画法。站在一边的孟浩然简直看呆了。

孟浩然考试落第,很是失望,按奈不住内心的愤慨,写下了《岁暮归南山》,抒发了自己的怨怼之情:

北阙休上书,南山归敝庐。不才明主弃,多病故人疏。
　　白发催年老,青阳逼岁除。永怀愁不寐,松月夜窗虚。

　　这首诗表面上看是一连串的自责,隐含的却是诗人道不尽的怨天尤人。他表面上说自己"不才",隐含的却是自己的才华不能为世所用,而这个"不识才的"正是所谓的"明主"。

　　《新唐书·孟浩然传》记载了孟浩然在京期间这样一件事:"(王)维私邀(孟浩然)入内署,俄而玄宗至,浩然匿床下,维以实对,帝喜曰:'朕闻其人而未见也,何惧而匿?'诏浩然出。帝问其诗,浩然再拜,自诵所为(即《岁暮归南山》诗),至'不才明主弃'之句,帝曰:'卿不求仕,而朕未尝弃卿,奈何诬我?'因放还。"

　　唐玄宗不是傻瓜,听出了诗句中的弦外之音,很生气,就把孟浩然放还了。笔者认为,唐玄宗实在是强词夺理,孟浩然都考试落榜了,怎能说"不求仕?"可他是"一言九鼎"的皇帝,谁敢和他辩解?孟浩然就这样错过了一个好机会。

　　王维很同情孟浩然,安慰他并送给他盘缠,还写了《送孟六归襄阳》一诗为他送行。孟浩然写了《留别王侍御维》一诗作答:

　　寂寂竟何待,朝朝空自归。欲寻芳草去,惜与故人违。
　　当路谁相假,知音世所稀。只应守索寞,还掩故园扉。

　　孟浩然回乡后,给王维写信答谢,并附上最近写的一首诗《春晓》:

　　春眠不觉晓,处处闻啼鸟。夜来风雨声,花落知多少。

　　唐玄宗开元二十一年(733年),孟浩然西游到长安,听说"当途知己"张九龄正在相位,便又想弹冠出仕了。于是,他写下了著名的干谒诗《望洞庭湖赠张丞相》:

　　八月湖水平,涵虚混太清。气蒸云梦泽,波撼岳阳城。
　　欲济无舟楫,端居耻圣明。坐观垂钓者,徒有羡鱼情。

　　在唐代出现的干谒诗不少。"干谒"是有所求而请荐的意思。不少诗人曾用诗歌向当政的高官表达自己求仕的心迹,并借以展示才华。孟浩然的这首诗,写景气势恢宏,抒情酣畅淋漓,称颂对方分寸适当,请求帮助不卑不亢,不失身份,不露寒乞相,称得上是唐代干谒诗的典范。然而,写得这么好的一首干谒诗,好像没起什么作用。不是张九龄不赏识孟浩然,不肯帮忙,而是张九龄自身也受到奸臣的排挤。当时朝中有一个史上有名的奸巨李林甫任吏部侍郎,此人又是唐朝宗室(高祖祖父的五世孙),生性阴柔奸狡,人称口蜜腹剑。他竭力排挤左右丞相张九龄、裴耀卿,后来,终于把这两位名臣都贬出了朝廷。试想,朝中有这样一个手握实权的人事部副部长,张九龄能给孟浩然帮上什么忙?

　　两年以后,孟浩然又遇到一次入仕的机会,据《旧唐书·玄宗本纪》载:"开元二十三年(735年)正月,诏其有霸王之略,学究天人之际,及堪称将帅牧宰者,令五品以上清官及刺史各举一人。"孟浩然的"父母官",襄州刺史兼山南道采访使韩朝宗(就是后来李白写自荐信《与韩荆州书》的那个韩朝宗),打算举荐孟浩然去应制举,并约他一同进京。试想一个州才举荐一人,多么难得的机会;刺史又陪同进京,好大的面子!可是临走那天,孟浩然的一位老朋友来了,两人开怀畅饮。这时有人提醒他:"你与韩公有约,一起过京的!"孟浩然生气地说:"没看见我们正喝得痛快吗,谁还顾得上他!"竟没去。韩朝宗听说后很生气,撇下孟浩然自己走了。据《新唐书·孟浩然传》,对此事"浩然不悔也"。

开元二十五年(737年)四月,张九龄贬荆州刺史。他没忘了老朋友,到任后就让孟浩然入幕府任职。在唐代,入幕也是进入仕途的一个途径。韩愈、高适等人都入过幕府,后来也都当了高官。但是,孟浩然这时对仕途已没有多少热情,入幕不到一年就辞幕回家,两年后病逝于家中,年仅52岁。

孟浩然生当盛唐,早年有用世之志,但政治上困顿失意,以隐士终身,后世许多人都为他惋惜。但从他对唐玄宗的态度,从他给张九龄写的干谒诗,从他错过了随韩朝宗进京应制举的机会,却"不悔也"等事例,我们可以看出,孟浩然是一个不乐于趋承逢迎、具有耿介不随的性格和高尚情操的人,为此受到后世倾慕。李白称赞他:"高山安可仰,徒此揖清芬。"王士源在《孟浩然集序》里说他"骨貌淑清,风神散朗;救患释纷,以立义表;灌蔬艺竹,以全高尚"。

孟浩然确实失去了官爵、地位、金钱、财富等许多东西,但他保留到最后的,是尊严。

16 王昌龄之死

王昌龄是唐代杰出诗人中谜一样的人物。关于他的家乡，众说纷纭；他的诗名高，诗也写得好，史料对他的记载却少得可怜；他考中进士，后又通过博学宏辞科考试，看来前程似锦，却只做了个江宁丞小官，后又因"莫须有"的罪名，多次被贬；最后竟被亳州刺史闾丘晓莫名其妙地杀害。

王昌龄（约698—757），字少伯。关于他的籍贯，《新唐书》说他是江宁（今南京）人，《旧唐书》说他是京兆（国都）人，《唐才子传》说他是太原人。《中国文学史》依据《旧唐书》说他是长安人，应该可信。

王昌龄出身贫苦，却勤奋好学，从小就喜爱文学诗歌，表现出非比常人的才华，30岁中进士，后又通过博学宏辞科考试，被授予秘书省校书郎。这虽是九品小官，却极有升迁的机会。唐朝11名从校书郎起家的诗人，有4人后来当了宰相。可是朝中无人的王昌龄，后来只当了个汜水（今河南省荥阳市）尉，很快又触犯天威，739年被贬岭南。他的好朋友孟浩然写了《送王昌龄之岭南诗》，诗中有"数年同笔砚，兹夕间衾裯。意气今何在，相思望斗牛"之句，说明两人友情很深。后辗转任江宁县丞，747年又被贬为龙标（今属湖南省不化地区）尉，连个芝麻官也算不上了。李白听说后很同情朋友的遭际，写了著名的《闻王昌龄左迁龙标遥有此寄》一诗：

杨花落尽子规啼，闻道龙标过五溪。
我寄愁心与明月，随君直到夜郎西。

王昌龄被贬的原因，史书上只说了四个字"不护细行"。这至少说明，不是犯了什么大错误，至于什么样的"细行"，史书上没说。王昌龄又不是达官贵人，没必要为尊者讳。所谓"不护细行"不过是"莫须有"的翻版。王昌龄心里愤懑不平，从他的《芙蓉楼送辛渐》一诗，就可看到他这种心情：

寒雨连江夜入吴，平明送客楚山孤。
洛阳亲友如相问，一片冰心在玉壶。

诗的前两句，写送别时的环境：迷蒙的烟雨笼罩着吴地的天地，仿佛一张无边无际的愁网。好朋友辛渐一走,自己只能孤独地面对楚山了。后两句表明自己的心迹,回到洛阳如果亲友问起我,你一定告诉他们,我的品格仍是"一片冰心在玉壶"。诗人这里用了一个典故:南朝刘宋诗人鲍照曾用"清如玉壶冰",比喻自己高洁清白的品格。唐代诗人王维、崔颢、李白也曾用"冰壶"表明自己表里澄澈的品格。王昌龄的这句诗,既表白自己没有任何问题,也是对诬陷者的蔑视与不屑。

王昌龄在盛唐诗坛上名重一时,和高适、岑参同为边塞诗派的代表,而且都曾在边塞生活过,称得上是真正的边塞诗人。

王昌龄的边塞诗,和高适、岑参多用七言古体诗不同,多用易于入乐的七绝,历来被推为边塞诗的名作。请看下面几首:

从军行(其一)

烽火城西百尺楼,黄昏独坐海风秋。

更吹羌笛关山月,无那金闺万里愁。

从军行(其二)

琵琶起舞换新声,总是关山旧别情。

撩乱边愁听不尽,高高秋月照长城。

从军行(其四)

青海长云暗雪山,孤城遥望玉门关。

黄沙百战穿金甲,不破楼兰终不还。

从军行(其五)

大漠风尘日色昏,红旗半卷出辕门。

前军夜战洮河北,已报生擒吐谷浑。

出塞

秦时明月汉时关,万里长征人未还。

但使龙城飞将在,不教胡马度阴山。

这些诗既写了戍边将士身经百战、金甲磨穿的艰苦战地生活和誓破楼兰的卫国决心,也写了将士们长期戍边而产生的"边愁"。然而,他所写的"边愁",意境雄浑开阔,情调激越悲凉,决不同于寻常温柔遣绻的儿女之情。

此外,王昌龄用七绝写的《长信秋词》《闺怨》等诗,细腻含蓄地描写了宫女和思妇的心理状态及微妙变化,都是素负盛誉之作。如下面的《闺怨》诗:

闺中少妇不曾愁,春日凝妆上翠楼。

忽见陌头杨柳色,悔教夫婿觅封侯。

这首诗写了闺中少妇登楼赏春时,思想感情发生的微妙变化。先说她"不知愁",为什么?从"凝妆上翠楼"可知她家境不错。再说,她还怀着一个"夫荣妻贵"的梦想。盛唐时期许多人把立功边塞当成进入仕途的重要途径,"功名只向马上取,真是英雄一丈夫"(岑参《送李副使赴碛西官军》),这是她当初送夫参军的初衷。可是当她登上翠楼,看到春天的柳色时,心情却发生了变化,不由想到了送夫婿出征时的情境。"夫荣妻贵"毕竟只是理想,能否实现还很难说;而眼下形单影只、独守空房却是现实。再说,出征戍边是要打仗的,能否生还也难预料。于是她"悔"了。一首小诗二十八个字,写得一波三折,让人回味无穷。

王昌龄专注于七绝的写作,成就最高。他笔端的七绝成为唐代诗坛的一座高峰。后人把他推举为"七绝圣手"也不足为奇。

755年,安史之乱爆发,王昌龄为避乱返回家乡。756年,王昌龄在辗转回老家途中经过亳州,被亳州刺史闾丘晓杀害。闾丘晓不过是一介刺史,凭什么杀掉同是朝廷命官的王昌龄?对此史书记载甚少,留下千古之谜。但元人辛文房《唐才子传》卷二中,有一句发人深思的话:"(王昌龄)以刀火之际归乡里,为刺史闾丘晓所忌而杀。"许多史学家认为"忌而杀"三字,道出了王昌龄的死因,是闾丘晓嫉妒王昌龄的诗才与名气,对王昌龄动了杀心。这样一位才华横溢的诗人竟死于妒才者之手,实在令人痛惜!然而,善有善报,恶有恶报。草菅人命的闾丘晓岂能例外?王昌龄冤死后不久,时任宰相兼河南节度使的张镐,就为他报了仇。

据《旧唐书·张镐传》记载:757年,张镐奉命平定安史之乱。这年秋天,张镐为解宋州(今河南商丘一带)之围,令亳州刺史闾丘晓率兵救援。但为人傲慢、刚愎自用的闾丘晓,看不起布衣出身的张镐,更怕仗打败了"祸及于己",于是故意拖延时间,按兵不动,结果贻误战机使宋州失陷。最后,张镐以贻误军机罪,处死了闾丘晓。

《新唐书·文苑传》对此有一段极为精彩的记载:临行刑时,闾丘晓露出一副可怜相,乞求张镐说:"有亲,乞贷余命。"意思是家有老母亲需赡养,请饶我一命吧!张镐不愧是宰相之材,一句话就把闾丘晓堵了回去:"王昌龄之亲,欲与谁养?"闾丘晓闻听此言,无言以对了。

王昌龄死时才58岁,如不被害,定有不少新诗佳作问世。闾丘晓因忌才杀了诗人,实在让人痛恨,更令人惋惜。

《全唐诗》对王昌龄诗的评价是"绪密而思清",其诗含蓄、深婉、浑厚、明快,被称为"诗家天子",一说"诗家夫子",也就是诗人中的孔夫子,这些评价都是极高的。

17　王维虎口夺美娘

唐诗中有两首爱情诗特别感人。一首是王维的《相思》(红豆生南国)，另一首是李商隐的《无题》(春蚕到死丝方尽)，都堪称绝唱。陶行知先生说："唯独从心里发出来的，才能打到心的深处。"人们读了这两首诗，感动之余会猜想，诗人写出这么感人的情诗，一定会有刻骨铭心的爱情经历吧！这让你猜对了。王维与妻子崔氏，李商隐与妻子王七小姐(濮阳女孩)都感情甚笃。不幸的是，两人的妻子都是二十九岁英年

早逝，且王维和李商隐又都是妻亡后没有再娶。这在唐代诗人中再也找不到第三个人了。

　　王维(701—761)，字摩诘，太原祁(今山西祁县)人，出身名门贵族，祖上几代做官，家中很富有。王维的祖父是朝廷的协律郎，专管宫中的音乐歌舞，退休后，又在家乡招收了一班弟子排练歌舞，还搭了戏台，整天丝竹之声不绝于耳，来观看演出的人络绎不绝。王维在这样的环境中长大，耳濡目染，怎能不成为音乐高手？

　　王维自幼聪慧，又有良好的家教，成为诗、画、音乐的全才，在中国艺术史上是少有的全能艺术家。他九岁就能写文章，十七岁就写出了名噪一时的《九月九日忆山东兄弟》：

　　　　独在异乡为异客，每逢佳节倍思亲。
　　　　遥知兄弟登高处，遍插茱萸少一人。

　　这是王维在长安待考时写的诗。此诗一出，待考士子争相传抄，其速度不逊于现在的微信，估计连王府皇宫都传到了。铁杆粉丝肯定不少，不要说一般人，皇帝的亲妹妹玉真公主就是一个。

　　可惜王维这次考试失败了。然而，他凭自己的才华，受到了岐王、薛王等王族的赏识，成了诸王爷府的常客。

　　据元代辛文房《唐才子传》记载：岐王李范为帮助王维科考，给他出了个主意，让他把写的好诗抄录几首，再谱一首曲子，带着琵琶和他一起去赴玄宗妹妹玉真公主的宴会。在宴会上，岐王让王维独奏新曲。只听曲调凄切哀婉，宾主皆为之动容。玉真公主问："这是什么曲子？"王维回答："这是我新谱的曲子，名叫《郁轮袍》。"岐王趁机插话："这个王维不仅会谱曲弹琵琶，诗也写得无人可及！"玉真公主更加惊讶，问王维可带有写的诗。王维忙从袖中取出诗稿呈上。玉真公主看后大加赞赏说："这些都是我平时诵读的诗，原以为是古人之作，想不

到竟是你写的啊！"于是把王维请到上座,岐王又说:"如果今年的进士考试能取此人为解头(状元),那真是国家的荣幸啊！"玉真公主当场答应:"让他立考就是了,我当全力推举。"就这样原来已内定的解头张九皋换成了王维,这年王维21岁。

王维在岐王和玉真公主的帮助下,高中解头,受到礼部、吏部的高规格接待;又披红戴花,打马畅游长安大街,岐王特赠银数百两,以表祝贺,还把他介绍给唐玄宗的亲哥哥宁王李宪。王维可算是风光之极。《旧唐书·王维传》记载:"维以诗名盛于开元、天宝间。昆仲宦游两都,凡诸王、驸马、豪右、贵势之门,无不拂席迎之。宁王、薛王,待之如师友。"

三个王爷,一位公主都把王维奉为座上宾,出入王府如入寻常百姓家。王维高中解头后,在宁王府还干了一件打抱不平的事,并因此有了一段初恋。

这宁王三十多岁,是个好色之徒。唐孟棨《本事诗》说:"宁王宪贵盛,宠姬数十人,皆绝艺上色。""(王府)宅左有卖饼者妻,纤白明晰,王一见属目,厚遗其夫取之,宠惜逾等。"卖饼人的妻子姓甄,这甄氏进了王府,尽管穿金戴银、满头珠翠,却没有了笑容。有一次,王维在王府看见一女子在池塘边哭泣,觉得她和王府中其他女人很不一样,就去盘问。甄氏将自己的遭遇告诉了王维,王维听后很是同情,有心帮助她。

中秋节,宁王府大摆宴席,"座客十余人,皆当时名士",王维也在座。宁王命甄氏为客人倒酒,甄氏面带戚容,两眼含泪,在座的人"无不凄异。宁王命赋诗,王右丞维诗先成"(引同上文),其诗题名《息夫人》:

莫为今时宠,能忘旧日恩。看花满眼泪,不共楚王言。

这首诗用了春秋时的一个典故:息夫人是息国君主的妻子,楚王灭了息国,把她据为己有。息夫人在楚国已生了两个孩子,但仍然不忘"旧日恩",几年来没和楚王说过一句话,看花时眼里都满含泪水。

王维借受屈辱又以沉默反抗的息夫人,影射眼前的甄氏,讽喻的意思再明显不过了。宁王不是傻瓜,怎能不明白？当着这么多人揭他的丑行,心里又怎能不恼火？为了证明甄氏是自愿进入王府的,宁王"招饼师使见之,其妻见之,双泪垂颊,若不胜情"(引同上文)。宁王原想甄氏不会舍弃荣华富贵,再回去卖大饼,想不到甄氏见了饼师,竟不忘旧情。在这种情况下,宁王已无法下台,只能放甄氏跟前夫走了。

甄氏获得了自由身与前夫破镜重圆,远离王府重新过起了平常日子。然而,"王解头虎口夺美娘,宁王气得干瞪眼"的消息很快传遍了长安城。王维知道,自己惹祸了。

甄氏夫妻不忘王维的大恩大德,过年时请孤身一人在长安的王维去他家吃年夜饭,王维高兴地去了。甄氏有个妹妹,年方17岁,比姐姐还要漂亮。穷人家没那么多讲究,甄氏让妹妹同桌吃饭,还让她给王维斟酒致谢。小甄氏不敢抬眼看王维,王维却看傻了眼。甄氏夫妇也看出了几分,却也只装没看见。他们心里明白,两家门第悬殊,不敢有此妄想。

除夕夜王维回到住处再也难以入睡,心里想的、眼前晃的全是小甄氏的影子。他想参禅入定,可是心再也定不下来。好不容易熬到天亮,他一头冲出门,冒着漫天大雪,跑了十几里路,敲开饼师家的门,劈头一句话就问:"小妹可否婚配？"得到"还没有"的答复后,王维当即表示要娶小甄氏为妻！

甄氏夫妇心里却犯嘀咕,这个年轻人该不是心血来潮,一时冲动吧！两家门第如此悬殊,王维母亲怎会同意?王维当场保证,只要小妹愿意,姐姐、姐夫能做主,他会禀告母亲同意这门亲事。甄氏父母已经亡故,又没有兄长,妹妹的亲事,当姐姐的她完全可以做主。

三人在外间屋谈论亲事,小甄氏在里间听得真真切切,心中怦怦乱跳。她早就从姐姐、姐夫那听说了王维的大名,今科进士解头,生得一表人才,更有侠肝义胆,把姐姐救出虎口。要问她愿不愿意,那还不是提笔写个"串"字,双"中"!

王维也不是随便应承。他相信,善良、明理又疼儿子的母亲,一定会顺从他的选择。

婚事就这样初步定了下来。一对情侣坠入爱河,又是新春喜庆时节,两人逛灯市,看烟火,观狮舞……人山人海中,手手相牵,情意缠绵。王维也已写好了信,等年后弟弟回家时带给母亲,请母亲同意这桩亲事。

那时通信不便,书信只能靠人送达。过了年节,王维的信还没捎到家,一封家书却送到了长安。王维拆书一看,立时傻了眼。这是母亲的家书,信中说已给他定了一门亲事,姑娘姓崔,品貌俱佳,也是官宦人家,门当户对,母亲已正式向崔家下了聘礼。

还有什么可说的,当时儿女的亲事凭的就是父母之命、媒妁之言。王维这样一个孝子,不可能违背母命。一切都木已成舟,无可挽回。王维心中叫苦,然而更苦的是甄姑娘。小甄氏痛哭几天之后,决定离开长安这个伤心之地。甄氏夫妇送妹妹回老家襄阳,王维也去送伤心的恋人。临别送给甄姑娘一卷绢帛,上面有王维昨夜写的一首诗:

红豆生南国,春来发几枝?愿君多采撷,此物最相思。

灞桥一别,天各一方,两人从此没有再相见。小甄氏没能嫁给王维是她一生的遗憾。而《相思》一诗很快就传遍长安。后经著名作曲家李龟年谱曲,唱遍了全国,成了当时最流行歌曲,并一直唱到了今天。

几个月后,王维回老家当了新郎,闷闷不乐地进了洞房。当他按规矩掀起新娘的盖头时,惊讶地发现,母亲信中说的"品貌俱佳"一点都没夸张。更为重要的是,崔姑娘在闺中早已闻知王维的人品和诗名,其爱慕之心不亚于小甄氏,而且她能文能琴,善良贤惠。

崔氏解诗文,通音乐,信佛参禅,与王维成了真正的知己。王维对妻子的爱很专一,像他这样的豪门士族,又当着高官,有个三妻四妾很正常。但王维家里有使女,无侍妾。崔氏很感动,给娘家人写信说,能嫁给王郎真是几世修来的福。

王维当高官,崔氏不矜持;王维无故被贬济州,她无怨言;丈夫受酒鬼刺史的气,她宽慰丈夫;丈夫辞官,她心甘情愿吃苦受穷。王维辞官没了俸禄,尽管家里富有,他也不愿花家里的钱,而是自谋生路。王维辞官后一家人住在淇上,所有家务全靠崔氏一人操劳。她系围裙,下厨房,完全是农家主妇模样。

后来在张九龄的力荐下,王维回到了京城。崔氏怀有身孕,即将临产。因胎位不正,胎儿巨大,竟遭遇难产。王维在屋外急得团团转,一再叮嘱郎中,如有危险要先设法保住大人。弟弟王缙让他三思,气得王维骂弟弟无情无义。胎儿终于生下来了,是个儿子,全家皆大欢喜。可崔氏因失血过多,差点丢了性命。

王维请了长假,在家精心照顾妻子。这时中秋节到了,宁王、岐王都邀请王维前去助兴,王维都称病婉拒,并对弟弟说除非皇帝下诏,其他概不从命!

宁王因甄氏的事,对王维耿耿于怀,这次请不动王维,更是生气,就派管家去看个究竟。

这管家鬼头鬼脑混入王宅,看见王维正和女儿在院中嬉戏,回去就报告了宁王。宁王大怒,心想大胆王维,竟敢连王爷都不放在眼里,于是上殿奏了一本,一份苦差就派给了王维——筹备来年东巡洛阳事宜。对皇帝来说,这真是一件可有可无的事;对王维来说,却与妻子生死攸关。王维这一走就得几个月。妻子能安然无恙吗?可是圣命难违,他不得不择日动身。

王维在洛阳忙了一阵,已经到了冬天。他时时挂念着妻子的安危。忽然一日,驿卒快马送来一封家信,王维拆信一看,脱口叫声:"娘子不好!"什么也没交代,夺过驿卒的快马就往长安赶。待王维赶到家,妻子已奄奄一息。九岁的女儿,扯着他的衣襟痛哭不止。王维扑到病床前,声嘶力竭地呼叫:"娘子,我来晚了!"

王维立即请来最好的医生,用最好的药物抢救,日夜守护在病榻前。在王维的悉心照料下,妻子又奇迹般地活了七天。在第七天,崔氏的精神似乎比往日清醒。她把王维叫到床前,嘱咐道:"为了一双儿女,我走后,一定要续弦娶个良家女儿……"王维没等崔氏把话说完,就咬破手指,把血滴在崔氏的手心里,说:"娘子别说了!我这辈子只要娘子一人,你若走了,我只为你念佛祈祷,绝不再娶!"

崔氏拼尽力气,说出了最后一句话:"夫君!你这是何苦……"

崔氏撒手人寰,年仅29岁。王维撒开妻子逐渐变冷的手,扑到佛像前,为妻子祈祷超生。

"驻景恨无千岁药,赠行唯有小乘禅。"苏东坡《悼朝云诗》的诗句,也正是王维此时的心境。

崔氏去世时,王维才33岁,官越做越大,名气也越来越高。如果想续弦,长安、洛阳、蒲州的名媛佳丽,还不是凭他挑,任他先。他的兄弟、朋友、同僚多次苦劝他再娶,王维都充耳不闻。

《旧唐书·王维传》说:"(王维)退朝之后,焚香独坐,以禅诵为事。妻亡不再娶,三十年孤居一室,屏绝尘累。"

王摩诘呀王摩诘,你心怀正义,虎口夺美娘的义举,怎能让人不钦佩!你对妻子这种情分,这份执着,又怎能让人不敬重!

历代诗人轶事

18　王维、李白的日本诗友

在唐代这个中日交流的鼎盛时期,有两个人不应该被忘记,一个是中国的鉴真大师,一个是日本遣唐留学生阿倍仲麻吕。

阿倍仲麻吕(698—770),出生于日本奈良附近一个中等贵族家庭。父亲阿倍船守,担任中务大铺(正五位上)。阿倍仲麻吕天资聪敏,自幼勤奋好学,尤其羡慕唐朝文化,酷爱汉家文学。

8世纪初,中国正值唐朝开元盛世,社会安定,经济繁荣,文化昌盛。而日本则刚刚完成由奴隶社会向封建社会的转变,百业待兴。日本朝廷为了建立新的制度,热心学习唐朝先进文化,不断派遣唐使和遣唐留学生来中国。

717年3月,以多治比县守押使为首的日本第九次遣唐使团一行557人,分乘四艘船向中国进发。阿倍仲麻吕就是其中的遣唐留学生。

当时航海技术落后,从日本到中国,旅程十分艰险,不幸丧生的事随时都可能发生。多治比县守等一行战恶风,顶逆浪,终于到达日夜向往的中国大陆。当他们到达唐都长安时,已是"秋风吹渭水,落叶满长安"的时节了。

唐开元五年(717年)10月3日,玄宗皇帝诏慰日本大使,16日由中书省举行欢迎宴会,19日参谒孔庙。朝觐以后,多治比县守大使于10月22日率众回国。留学生留在唐朝,就学深造。唐代的教育,大学设有国子学、太学和四门学三类学校。阿倍仲麻吕十分荣幸地入国子监太学,攻读礼记、周礼、礼仪、诗经、左传等经典。他天资聪敏,勤奋好学,成绩优异。太学结业后,他参加科举考试,荣获进士。在学者云集、俊秀如林的长安,作为一个外国人能获此殊荣,实在难得。酷爱中国文化的阿倍仲麻吕考中进士后,决心留在长安继续深造。当年还有很多日本留学生,像阿倍仲麻吕一样滞留长安不归。因为那时的唐朝实在太强大、太先进了。

由于他才能出众,得到玄宗皇帝的赏识,科举后不久就被挽留为唐仕官。玄宗皇帝还赐给他一个中国名字:朝(晁)衡,把仲麻吕改为字。晁衡先任左春坊司经局校书(正七品下),负责校订经史子集四库书籍。这是一个被人羡慕、很有前途的职务。所以诗人储光羲曾用"朝生美无度,高驾仕春坊"的诗句夸赞他。

晁衡不断受到朝廷的破格提拔,曾升为门下省左补阙,在宫中经常有和皇帝直接接触的机会。旋又晋升为秘书监兼卫尉卿。秘书监是秘书省的长官,职掌国家经籍图书之事,相当于现代的国家图书馆馆长。阿倍仲麻吕担任这一职务,使他有机会接触长安各界学者名流。因此,他和唐代著名诗人李白、王维、储光羲、赵晔、包佶等都有密切交往,互相赠答诗文。

仲麻吕和李白、王维更是知心的诗友。李白、王维同岁,比仲麻吕小三岁。他们属于同龄人,所以交情更为深厚。仲麻吕和这些著名诗人的相交,是他一生中最值得回忆的事。

唐朝是诗的朝代,生活中充满了诗意,人们往往以诗叙事,以诗抒情,以诗议论,以诗会友,而且能以诗成名、以诗取仕。仲麻吕生活在这样的环境中,再加上他对汉文化的热爱,又有那么多诗人朋友的耳濡目染,想不成为诗人都难!

唐开元二十二年(734年),仲麻吕入唐已经17年,因思乡心切,向朝廷提出归国探亲的要求。由于玄宗皇帝的挽留,他没能实现自己的愿望。于是他十分感慨地写了一首五言诗:

慕义名空在,输忠孝不全。报恩无有日,归国定何年?

唐天宝十一年(752年)岁末,以藤原清河大使为首的日本第11次遣唐使团到达长安。这年仲麻吕已56岁,在唐度过了37年异国生涯。尽管他备受殊遇,荣达公卿,但怀国思乡之情却与日俱增。日本遣唐副使吉备真备是当年和仲麻吕同时入唐留学的好友,两人久别重逢,自然不胜感慨,也再次激起了仲麻吕的回乡之念,因而再次向朝廷申请归国。唐玄宗见仲麻吕赤诚仕唐三十余年,家中尚有高堂,就同意了他的要求,还特命他以皇帝特派大使的资格,伴送日本大使回国。

任命一个外国人为中国皇帝的使臣,说明唐玄宗对他是何等的信任和器重。仲麻吕获准回国的消息传出后,长安素与仲麻吕交好的诗友无不依依难舍。他们怀着深深的惜别之情,作诗为他赠别。

王维写下的《送秘书晁监还日本国》表达了这种深厚的友情:

积水不可极,安知沧海东。九州何处远?万里若乘空。
向国惟看日,归帆但信风。鳌身映天黑,鱼眼射波红。
乡树扶桑外,主人孤岛中。别离方异域,音信若为通。

王维还为此诗写了序,热情赞颂了仲麻吕的高尚德行及其为中日友好所做出的贡献。阿倍仲麻吕也以十分激动的心情写了《衔命将还国作》的诗篇答谢。其诗曰:

衔命将辞国,非才忝侍臣。天中恋明主,海外忆慈亲。
伏奏违金阙,骖去玉津。蓬莱乡路远,若木故园林。
西望怀恩日,东归感义辰。平生一宝剑,留赠结交人。

仲麻吕在诗中抒发了他留恋中国、惜别故人和感戴皇帝恩泽的真挚感情,意境深远,感人至深。

753年6月,阿倍仲麻吕随遣唐大使藤原清河等一行辞别长安,南下扬州。10月15日,他会见了鉴真大师并邀其一同东渡。11月15日,他们在黄泗浦分乘四艘船起航回国。是夜皓月当空,月光洒满大江,长天秋水,江天一色。阿倍仲麻吕仰视海天,心潮澎湃,作《望月望乡》诗一首:

翘首望东天,神驰奈良边。三笠山顶上,想又皎月圆。

这是一首思乡诗,充分反映了仲麻吕久别思归的怀乡深情。日本画家秋山为此诗作了一幅画《望月》。这首诗在日本家喻户晓,广为传诵,后来入选《全唐诗》。

然而,不幸的是,仲麻吕一行的归帆在海上遇到了风暴。仲麻吕和藤原清河大使所乘的船与其他三艘船失去了联系,被风暴吹到越南皮州海岸。登陆后全船一百七十多人,绝大多数惨遭当地人杀害,只有仲麻吕和藤原大使等十余人幸存。

仲麻吕等在海上遇难的消息传来,长安朝野无不为之悲切、惋惜。那时仲麻吕的好友、大诗人李白早已被"赐金放还",离开长安了。当他在外地听到了仲麻吕遇难的消息后,十分悲痛,立刻挥泪写下了《哭晁卿衡》的著名诗篇:

日本晁卿辞帝都,征帆一片绕蓬壶。
明月不归沉碧海,白云愁色满苍梧。

诗中李白把仲麻吕比作洁白如玉的明月,把他的遇难比作明月沉大海,所以人哭天愁。万里长空的白云,霎时间也变得灰暗阴沉。此诗感情充沛,情意深厚,生动地表明了他们两人的深厚友谊。

唐天宝十四年(755年)6月,仲麻吕和藤原清河等人历经艰险,辗转跋涉,终于再度回到了长安。仲麻吕的故旧朋友为他脱险归来,不胜庆幸。仲麻吕回到长安后看到李白为他写的诗,百感交集,当即写下了著名诗篇《望乡》:

卅年长安住,归不到蓬壶。一片望乡情,尽付水天处。
魂兮归来了,感君痛哭吾。我更为君哭,不得长安住。

李白和仲麻吕写的这两首诗,成为中日友谊史上传诵千年的名作。然而,不久以后,就爆发了"安史之乱"。已经58岁,忠心耿耿的仲麻吕又伴随玄宗皇帝避难于川蜀。几年以后,叛乱平定,仲麻吕又陪着唐玄宗回到长安。后又任肃宗、代宗两朝,备受殊遇,荣达公爵。唐大历五年(770年),阿倍仲麻吕卒于长安,终年73岁。唐代宗为了表彰他的功绩,追赠他为潞州大都督(从二品)。

为纪念仲麻吕的业绩,中日两国人民分别在奈良和西安建立了阿倍仲麻吕纪念碑。西安的纪念碑是1990年建在西安兴庆宫遗址公园的,这也是阿倍仲麻吕仕唐期间经常出入的地方。诗碑上的日文碑文由日本书道院院长田中冻云执笔,中文碑文由中国书法家协会代主席沈鹏所书,著名书法家赵朴初为诗碑题写了碑额。两侧分别是李白的《哭晁卿衡》诗和阿倍仲麻吕的《望月望乡》诗,供人瞻仰和追怀。

阿倍仲麻吕入唐54年,为中日两国友谊和文化交流做出了杰出贡献。他和王维、李白两位大诗人的友谊,也成为中外文学史上的一段佳话。

19　崔颢题诗，李白搁笔

黄鹤楼号称天下第一楼，始建于三国时期。到了唐代，这一天下名楼更成为迁客骚人、文人雅士流连忘返的胜地，他们在这里也留下了许多不朽的传世佳作。其中最负盛名的当属唐代崔颢的《黄鹤楼》诗。崔颢（704—754），唐玄宗天宝年间为司勋员外郎，人称崔司勋。他从边地归来游武昌时，在黄鹤楼上写下了一首七律《黄鹤楼》：

> 昔人已乘黄鹤去，此地空余黄鹤楼。
> 黄鹤一去不复返，白云千载空悠悠。
> 晴川历历汉阳树，芳草萋萋鹦鹉洲。
> 日暮乡关何处是，烟波江上使人愁。

此诗从古代仙人子安乘黄鹤过此的传说落笔，然后生发开去，以广阔的空间和悠久的历史，烘托出天长地久、世事苍茫之感，同时流露出作者对古人成仙得道的羡慕和自己空有报国之志却事业无成的失落感。当诗人把眼光转向近处的景色时，又不免勾起浓浓的乡愁。这种先放后收的写法，把想象和现实两种境界结合得恰到好处。

此诗是一首七律，但又不完全合乎格律。此诗的前四句好像是随口说出，顺势而下。"黄鹤"一词三次出现，颔联也不对仗，第三句几乎全用仄声，"空悠悠"又是"三平调"，都是格律诗所忌讳的。是诗人不懂格律吗？当然不是，看来诗人是知之而不顾。正如《红楼梦》中黛玉教香菱作诗时所说的："若是果有了奇句，连平仄虚实不对都使得的。"在这首诗里，崔颢正是依据以立意为要，"不以词害意"的原则写作的。此诗前半首用散调变格，后半首又整饬归正，是一首别致的七律。沈德潜《唐诗别裁》评价此诗："意得象先，神行语外，纵笔写去，遂擅千古之奇。"严羽的《沧浪诗话》更说："唐人七言律诗，当以崔颢《黄鹤楼》为第一。"难怪连大诗人李白都服了。

据元人辛文房《唐才子传》记载：李白登黄鹤楼本欲赋诗，因见崔颢此作，为之敛手，说："眼前有景道不得，崔颢题诗在上头。"然而，李白心中还是有点不服气，后来曾两次赋诗，要与崔颢的《黄鹤楼》一比高下。

第一次写了一首《鹦鹉洲》：

> 鹦鹉来过吴江水,江上洲传鹦鹉名。
> 鹦鹉西飞陇山去,芳洲之树何青青。
> 烟开兰叶香风暖,岸夹桃花锦浪生。
> 迁客此时徒极目,长洲孤月向谁明。

李白的这首诗,前四句与崔颢的诗如出一辙,模仿的痕迹太明显,所以出来以后没有引起多大反响。李白不甘心,甚至可以说是耿耿于怀。直至多年后,"安史之乱"爆发,李白当了永王李璘的僚佐,被唐肃宗以"附逆"罪流放夜郎,在遇赦返回时,途经金陵凤凰台,终于又写出了《登金陵凤凰台》一诗:

> 凤凰台上凤凰游,凤去台空江自流。
> 吴宫花草埋幽径,晋代衣冠成古丘。
> 三山半落青天外,二水中分白鹭洲。
> 总为浮云能蔽日,长安不见使人愁。

到底是大诗人,李白这首诗确实写得很棒。诗的一、二句写凤凰台的传说,十四字中连用了三个"凤"字,却不嫌重复,而且流畅明快,极其优美。"凤凰台"在金陵的凤凰山上,据说凤凰曾落于此山。在封建时代,凤凰乃祥瑞之鸟,南朝刘宋永嘉年间乃筑台,山和台由此得名。如今凤去台空、繁华一时的六朝,也一去不复返了,眼前只有长江水依旧东流。三、四句进一步发挥,三国的东吴和东晋都建都于金陵,如今繁华的宫殿已被荒草覆盖,一代风流人物也进入了古丘。一时的煊赫,如过眼云烟,没留下任何痕迹。诗人用二十八个字,概括了朝代的兴废变迁,还发出了由衷的感慨,语言十分精练。

诗人并没有让自己的感情沉浸在对历史的凭吊之中,接着又把目光投向了大自然。颈联"三山半落青天外,二水中分白鹭洲",气象壮丽,对仗工整,是难得的佳句。在诗的尾联,诗人的思绪又返回到现实。"安史之乱"后,繁华一时的大唐已一蹶不振,长安帝都是国家的象征,如今皇帝被宦官、奸邪包围胁迫,而自己空怀"济苍生,安社稷"的愿望,却报国无门,怎能不"长安不见使人愁"呢!

李白的这首登临怀古诗,把历史典故、眼前景物、自己感受,融合在一起,抒发了忧国伤时的感情,和崔颢的《黄鹤楼》相比,毫不逊色。就算是李白与崔颢赌气,也终于赌出了一首好诗,使唐诗多了一首佳作。

20　李白与汪伦的友情

　　　　李白乘舟将欲行,忽闻岸上踏歌声。
　　　　桃花潭水深千尺,不及汪伦送我情。

　　这是李白写的一首非常有名的赠别诗《赠汪伦》。

　　读了这首诗人们会想,汪伦是个什么人？他和李白又有怎样的故事。

　　汪伦,安徽黟县(今安徽黄山市)人,曾任泾县县令。卸任后因留恋桃花潭的环境,就把家搬到了桃花潭附近。汪伦生性豪爽,喜欢结交名士,经常仗义疏财,慷慨解囊,一掷千金而不惜。当时,李白在诗坛上名声远扬,汪伦非常钦慕,希望有机会一睹诗仙的风采。后来,汪伦听说李白南下居住在其叔父李阳冰家,觉得这是难得的机会,于是写信邀请他。清人袁枚的《随园诗话》(卷六《补遗》第十一)是这样记载的:唐时汪伦者,泾川豪士也,闻李白将至,修书迎之。诡云:"先生好游乎？此地有十里桃花。先生好饮乎？此地有万家酒店。"李欣然至,乃告云:"桃花者,潭水名也,并无桃花。万家者,店主人姓万也,并无万家酒店。"李大笑。款留数日,赠名马八匹,官锦十端,而亲送之。李感其意作《桃花潭绝句》一首。

　　原来李白是被汪伦"忽悠"到桃花潭去的。可是,李白听了汪伦的话以后,并不认为自己是被汪伦忽悠了,反而被汪伦的盛情所感动,所以"大笑,款留数日"。汪伦每日以美酒款待,适逢春季,桃花盛开,两人又同游了桃花潭。临别,汪伦送给李白名马八匹,官锦十段,又带人踏歌为李白送行。李白感其意,作《赠汪伦》诗,充分表达了诗人和汪伦的深情厚谊,成为友人相送的绝唱。

　　到底是大诗人,即使是临别即兴写的一首小诗也不同凡响,特别是后两句"桃花潭水深千尺,不及汪伦送我情",没用一般的比喻,而用了"比物",形象地表达了真挚纯洁的友情。清人沈德潜《唐诗别裁》就说:"若兑汪伦之情比于潭水千尺,便是凡语。妙境只在一转换间。"确实,此诗妙就妙在"不及"二字,好就好在不用比喻而采用"比物",既生动形象,又空灵而有余味,自然而情真。

　　汪伦此举也很值,不仅和大诗人李白成了好朋友,其名字也和这首名诗一起流传开来。

21 李白醉赋《清平调》

李白是盛唐诗坛的代表诗人,又是我国文学史上,继屈原之后又一伟大的浪漫主义诗人。

唐代从贞观到开元的一百多年,国家迅速繁荣强大起来。再加上当时的政治比较清明,因此激发了文人对功名事业的种种幻想。文人想要实现自己的理想,就必须进入仕途,李白当然也不例外。他终其一生要实现的梦,就是《行路难》一诗中写的:"长风破浪会有时,直挂云帆济沧海。"

李白是个集诗人、游侠、隐士、道人、策士的气质于一身的复杂而又充满矛盾的人物。他一方面接受了儒家"达则兼济天下"的思想,认为"苟无济世心,独善亦何益";另一方面又信奉道教的"遗世独立",追求绝对自由。他一方面蔑视权贵,曾发出"安能摧眉折腰事权贵,使我不得开心颜"的呼喊;另一方面又极想成为"权贵"中的一员,过一把当官的瘾,却又耻于与博宠弄权的杨贵妃、屠杀邀功的哥舒翰、斗鸡媚上的幸臣为伍。

在求仕的道路上也可看出李白的与众不同。他因"不屈己"的性格,没有参加科举考试,而是选择了漫游与隐遁的道路。

他先隐居到终南山,曾作《下终南山过斛斯山人宿置酒》:

暮从碧山下,山月随人归。却顾所来径,苍苍横翠微。

相携及田家,童稚开荆扉。绿竹入幽径,青萝拂行衣。

欢言得所憩,美酒聊共挥。长歌吟松风,曲尽河星稀。

我醉君复乐,陶然共忘机。

这是李白往来终南山时写的诗。看来李白也是"隐"而不"遁",隔三岔五假借打油买盐的理由,到长安城里逛一圈,一来看看熟人,喝上两盅,寻点乐趣;二来看看朝中有什么动静,更重要的是拜谒名流,推销自己。

据《唐摭言》载:"李太白始自西蜀至京,名未甚振,因以所业挚谒贺知章。知章览《蜀道难》一篇,扬眉谓之曰:公非人世之人,可不是太白金星耶?"连声称赏数次,竟把李白称为谪仙人。于是解金龟换酒,醉而归。李白也从此有了"谪仙"的大名,而且这名字后来竟传到了玉真公主的耳朵里。

贺知章虽然没给李白什么官职,可送给他的"谪仙"称号,比后来唐玄宗赐给他的"供奉翰林"含金量要高得多。

李白后来又和元丹丘、孔巢父、道士吴筠等先后隐居嵩山、徂徕山和剡中。天宝元年（742年），42岁的李白，终于盼来了机会。由吴筠推荐，玉真公主帮忙，唐玄宗下诏，征李白赴长安。接到诏书的李白，兴奋的心情绝不亚于《儒林外史》里中举的范进，当即挥笔写下《南陵别儿童入京》一诗：

    白酒新熟山中归，黄鸡啄黍秋正肥。
    呼童烹鸡酌白酒，儿女嬉笑牵人衣。
    高歌取醉欲自慰，起舞落日争光辉。
    游说万乘苦不早，著鞭跨马涉远道。
    会稽愚妇轻买臣，余亦辞家西入秦。
    仰天大笑出门去，我辈岂是蓬蒿人。

诗人觉得自己追求半生的"申管晏之谈，谋帝王之术，奋其智能，愿为辅弼，使寰区大定，海县清一"的理想，终于有了实现的机会，怎能不兴奋？"仰天大笑出门去"，多么得意的神态，"我辈岂是蓬蒿人"，何等自负的心理。这是诗人一生中最快意的时刻，此后再也没有出现过。

李白初到朝廷，受到很高的礼遇。玄宗召见时"降辇步迎"，赐给李白食品并亲自为他调羹。这是多么大的荣耀啊！诗人飘飘然以为真的遇到了圣主明君，自己满脑子的绝妙好诗，一肚子的治国良策，满腔的报国热情，可有了施展的机会。

只可惜如今的唐玄宗已不是任用姚崇、宋璟等贤相，开启"开元盛世"，励精图治的唐玄宗了。此时的他以为大功告成，把政事全推给了奸相李林甫，自己一心去享福了。他甚至霸占了自己的儿媳妇杨贵妃，整日沉湎于酒色之中。

唐玄宗看中的是李白的才情，封他个供奉翰林就是让他当一个点缀升平、调节宫廷生活的御用文人，好在宫中侍宴时吟诗作赋，佐酒助兴。根本没有参与朝政的份，这让李白很郁闷。李白渐渐地对这种"文学侍从"的生活感到厌倦，于是经常沉饮酒肆，后来干脆与贺知章、汝阳王李琎、李适之、崔宗之、苏晋、张旭、焦遂结为"八仙"之游，纵酒狂饮，喝醉了就卧于市上酒家，常常害得内侍们四处寻找。杜甫曾写过一首《饮中八仙歌》，描述八人不同的醉态，其对李白的描写为：

    李白一斗诗百篇，长安市上酒家眠，
    天子呼来不上船，自称臣是酒中仙。

这一日，李白又醉卧市上，忽觉冷水沃面，睁眼一看，宫中乐师李龟年正手持金花笺站在面前。原来，当时正值牡丹盛开，宫中兴庆池东沉香亭前，玄宗亲命移植的红、紫、浅红、通白四色牡丹次第开放。玄宗与杨妃前往赏花，李龟年照例率领梨园弟子，前去歌唱助兴。谁知玄宗却说："赏名花，对妃子，焉用旧乐词为？"于是命李龟年持金笺宣召李白。李龟年赶到长安大街有名的酒楼寻觅，果然李白正和几个文人畅饮，已经喝得酩酊大醉。李龟年只好叫随从把李白拖到马上，到了宫门前，又用几人左扶右持，推到唐玄宗面前。唐玄宗见李白一醉如泥，便叫待臣搀到玉床上休息，吩咐端来醒酒汤。杨贵妃还叫人用冷水喷其面解酒。醉中的李白躺在玉床上把脚伸向高力士，要他脱靴。高力士无奈，只好憋着一肚子气蹲下来为他脱。忙乱一阵后,李白才从醉梦中醒来。唐玄宗叫他快作诗助兴,李白微微一笑,拿起笔来,不到一炷香工夫,已经写成了《清平调》三首:

其一
云想衣裳花想容,春风拂槛露华浓。
若非群玉山头见,会向瑶台月下逢。

其二
一枝红艳露凝香,云雨巫山枉断肠。
借问汉宫谁得似?可怜飞燕倚新妆。

其三
名花倾国两相欢,长得君王带笑看。
解释春风无限恨,沉香亭北倚阑干。

　　三首诗皆既咏牡丹,又赞杨贵妃,没想到因这三首诗竟得罪了贵妃。诗中李白用"可怜飞燕倚新妆"来夸赞杨贵妃的美貌,她本来很高兴。可是高力士觉得李白在御前让其脱靴是羞辱了他,就对杨贵妃进谗言说:"以飞燕指妃子,是贱之甚矣!"因为赵飞燕是个出身微贱,得势后又骄纵放荡,最后被废自杀的女人。杨贵妃听此一说,十分生气。据说后来玄宗几次想给李白封官,还曾经答应让他做中书舍人,皆因杨贵妃的阻挠而作罢。李白让高力士脱靴的事,《新唐书》《旧唐书》里均有记载,应该不是杜撰的。

　　两年以后,天宝三年(744年),李白即被"赐金放归",结束了他的文学侍从生涯。他追求了大半生,想步入仕途,一展抱负的理想也就此破灭。但是他的三首《清平调》以及围绕着这三首诗的传奇故事,却一直流传到今天。

22　高适改诗成名句

高适是唐代著名的边塞诗人,他的《燕歌行》是唐代边塞诗中的杰作。元代吴师道评价他:"高适才高,颇有雄气,其诗不习而作,虽乏小巧,终是大才。"(《吴礼部诗话》)

高适的前半生落魄不偶,闲散困顿。直到49岁他才因宋州刺史张九皋的推荐,中"有道科"。然而,他中第后只得了个封丘县尉,一个从九品的卑微小官。抱负不凡的高适难以接受,所以,上任不久就留下一首《封丘作》,挂印辞职,到边塞谋求发展。

他这一走,不仅成了著名的边塞诗人,也迎来了仕途生涯的转折。安史之乱爆发后,他先后受到玄宗、肃宗的信任和重用,曾担任彭州刺史、蜀州刺史、淮南节度使、剑南节度使,最后官至左散骑常侍(世称高常侍),加银青光禄大夫,封渤海县侯。《旧唐书·高适传》说:"有唐以来,诗人之达者,惟适而已。"

高适能走到这一步,除了客观因素和他的"才高""雄气",也与他的刻苦认真有关。从他"改诗"的小故事就可以看出。

据记载,高适曾在浙江一带做官,对于"天下伟观"的钱塘江潮也是心向往之。有一次,高适赴台州视察,路经杭州清风岭,借住在山间的寺庙里。此时秋高气爽,正是观潮的季节。傍晚,高适到岭上散步,只见岭上遍布松柏。他在林下穿行,松柏枝叶上的露珠沾湿了衣衫,也带来了丝丝凉意。他登上山顶,只见江水环绕山岭流过,在月光映照下,幽幽闪亮,景象优美。于是诗兴大发,回到住处就在僧房里写下了一首诗:

绝岭秋风已自凉,鹤翻松露湿衣裳。
前村月落一江水,僧在翠微角竹房。

第二天,高适离开了清风岭,继续巡察,途经钱塘江时,恰逢落月西沉,仔细看江面上,潮水随风而退,只留半江之水。联想到昨夜自己的诗句"前村月落一江水",显然不符合实际情况,应改为"前村月落半江水"才对。但是因要去台州,只能待巡察过后,才能再回清风岭修改题诗了。一个月后,高适办完了公事,便匆匆赶到清风岭去改题诗。当他到题诗处提笔准备改诗时,却发现诗已被人改成"前村月落半江水"了,忙问修改的人是谁。方丈告诉他,在他去后不久,有一人来到本寺,看到题诗,连声赞叹,但惋惜诗中"一江水"的"一"字用得不准确,不如用"半"字好,便改了诗句。高适一听大惊,连忙问那人姓名。和尚说那人自称是义乌骆宾王。高适听后更为惊讶。骆宾王是唐初四杰之一,而且已经去世多年,怎么可能来到这里为他改诗?

　　现在看,也许是那人假托"骆宾王"的名字,也有可能是重名重姓。但有一点应该肯定,从这个小故事可以看出,高适写诗非常认真,绝不是"不习而能",所以才成为著名诗人的。

23　一首诗"绣"出牢笼

俗话说:"后宫粉黛三千。"实际上,历代皇帝后宫宫女的人数都远远超过了这个数。唐代的宫女数量最少也在万人以上。唐玄宗时,宫女的数量最多时曾达六万之众。

宫女的人数如此庞大,她们在后宫的日常生活又是怎样呢?按照地位不同,唐代宫女大致分为两类:一类是有品级的宫中女官,人数很少;另一类是没有品级的普通宫女,占据了绝大多数,她们从事低下的体力劳动,很少有机会接触等级较高的妃嫔,更无缘见到皇帝,可以说是"不识君王到死时"。

这些宫女大都是从民间优中选优,海选采聘而来。她们出身于良家,有才有貌,品德素质较高,其中的佼佼者有晋升为女官的可能。大部分宫女都在宫中日复一日的辛苦劳作中逐渐老去。

这些宫女的悲惨命运,引起了一些诗人的关注和同情,白居易发声了。他在做左拾遗期间,上了一道《请拣放后宫人状》的奏章,为配合奏章,又写了《上阳人》一诗,反映了一些老宫女的悲惨遭遇,揭露了这许多人"见怪不怪"的摧残女性的悲剧。诗一开头就说:

　　上阳人,上阳人,红颜暗老白发新。
　　绿衣监使守宫门,一闭上阳多少春。
　　玄宗末岁初选入,入时十六今六十。
　　同时采择百余人,零落年深残此身。

"入时十六今六十",待到青春逝去、娇颜不再,她们便只能在尼姑庵中与古卷青灯共度余生,或被发配到帝王陵寝侍奉先王遗骨。所以,绝大多数宫女,一旦选入宫中,无异于打入牢笼,不但和家人骨肉分离,而且终生难得自由。

在唐诗中不少反映宫女生活的诗里,最著名的当属诗人张祜写的《宫词》:

　　故国三千里,深宫二十年。
　　一声何满子,双泪落君前。

"故国"就是故乡家园;"三千里"是说离家之远;"二十年"是写困居之久;"何满子"为唐教坊曲名,曲调悲绝;"一声"是情绪的触发点;"双泪"写宫女悲凄感情倾泻而出。这首诗将宫女的孤独寂寥的惨状表达到了极致。白居易曾说它"一曲四词歌八叠,从头便是断肠声"。唐武宗年间,有一位才人,在武宗面前唱这首歌的时候,竟然真的肠断而死!可见此诗

— 63 —

的影响之大。

宫中的绝大多数宫女都逃脱不了断肠才人的悲惨命运。只有极个别的宫女,以偶然的机遇,逃出了皇宫这座"牢笼"。唐玄宗时就出了下面这样一件事。

有一年天气转冷了,唐玄宗为了显示皇恩浩荡,要为戍边将士送去一批棉战袍,就下了一道圣旨:每个宫女赶制一件战袍。有一位宫女在昏暗的灯光下缝制战袍时,满腔悲苦涌上心头,想到自己入宫多年,受宠无望,逃出宫门更是想都别想,怕只能葬身在这牢笼一般的宫墙角落里了。她想着自己悲惨的一生,又想到远离家乡戍边的战士,比自己的命运也好不到哪儿去,可以说"同是天涯沦落人"。她为了发泄心中的愁怨,就在战袍里偷偷绣上了一首五言诗:

> 沙场征戍客,寒苦若为眠。
> 战袍经手作,知落阿谁边?
> 蓄意多添线,含情更着绵。
> 今生已过也,愿结后生缘。

这首诗既表达了对戍边战士艰苦、孤独生活的深切同情,也有对自身不幸的悲叹,还表达了"愿结后生缘"的愿望。

宫女们赶制的战袍被送到了边塞,有一个士兵得到了这件绣诗的战袍。这个士兵是个老实憨厚的人,不敢隐瞒,就报告了主帅。主帅觉得事关重大,竟把战袍飞送回了朝廷。玄宗看了战袍上绣的诗,命令太监把宫女召集起来,查问是谁在战袍里绣了诗,吓得宫女们乱成一团。可那位绣诗的宫女,抱着一死的决心,不等查问,自己挺身而出,任凭皇帝处置。

宫女的才气和勇气,打动了唐玄宗,他不但没有龙颜大怒,还大发慈悲,对这个宫女说:"朕不让你'结后生缘'了,今天就放你出宫,和那个得到绣诗战袍的士兵,结成今生良缘!"于是,这个开元宫女,因一首《袍中诗》侥幸飞出了牢笼。

这个故事至少说明了两点:其一,即使是唐朝开元盛世,为数众多的宫女的命运也是十分悲惨的;其二,唐朝真是一个诗的朝代,可说是"全民皆诗"!一个普通宫女都写出了这么好的诗,称得起是位诗人,可惜的是没能留下名字。

24　杜甫的大爱情怀

杜甫(712—770),字子美,祖籍襄阳,后迁居河南巩县(今巩义市),是我国文学史上伟大的现实主义诗人。他所生活的年代,正是唐朝由盛而衰、急剧转变的时期。杜甫经历了开元盛世,也经历了安史之乱。国家的动荡把杜甫卷入了生活的底层。他目睹了叛军的屠杀焚掠,曾带领全家和难民一起逃难,亲身感受了国亡家破的痛苦。所以,他的诗歌反映了社会现实,具有鲜明的时代色彩和强烈的政治倾向,充溢着热爱祖国、热爱人民、不惜自我牺牲的崇高精神。因此,自唐以来他的诗就被公认为"诗史"。

杜甫的思想,渊源于儒家,但是有所继承,有所批判,更有所发扬。儒家主张"穷则独善其身,达则兼济天下",而杜甫是不管穷与达,都要"兼济天下";儒家说"不在其位,不谋其政",而杜甫是不管在不在位,都要"谋其政"。如他曾被叛军抓住,因为官职太小,侥幸逃出长安。他没顾上先去看一看家人的安危,而是直奔肃宗行在凤翔。"麻鞋见天子,衣袖露两肘",连皇帝和朝中的大臣都被杜甫的忠诚感动了。

杜甫对人民的同情更是达到了忘我的高度。如杜甫探家时"入门闻号啕,幼子饥已卒"。他的小儿子因为没饭吃,活活饿死了。邻居都"里巷亦呜咽",而杜甫却"吾宁舍一哀",想到的是"默思失业徒,因念远戍卒"。当他的茅屋为秋风所破时,却发出了"安得广厦千万间,大庇天下寒士俱欢颜,风雨不动安如山"的宏愿。

白居易也关心人民的疾苦,在《新制布裘》诗中说:"安得万里裘,盖裹周四垠。稳暖皆如我,天下无寒人。"黄彻的《䂬溪诗话》把杜甫和白居易做了比较,说白居易是"推身利以利人",不及杜甫的"宁苦身以利人",这评价是公允的。

杜甫的大爱情怀,表现在许多细微之处。他的诗《又呈吴郎》记述的寡妇扑枣的故事就很感人。

杜甫的后半生一直颠沛流离,好不容易在成都遇到了好朋友剑南西川节度使裴冕,后任又是严武,还有彭州刺史高适,这三人帮杜甫在成都建了草堂,让他过了几年安稳日子。然而,永泰元年(765年)四月,时任剑南节度使的严武暴病身亡。杜甫失去了政治上和经济上的依靠,一个月后即踏上了回乡之路。因为旅途劳顿,杜甫生了重病,不得不在途中滞留养病,第二年才赶到夔州(今奉节县)。杜甫很幸运,在这里又遇见了好朋友——时任夔州都督的柏茂林。柏茂林给了杜甫一所草堂,把杜甫一家人安顿了下来,还给杜甫安排了管理公田

— 65 —

的工作,有了一份稳定的收入。这对贫病交加的杜甫一家人真是雪中送炭,全家在这里住了一年零九个月。

杜甫居住的草屋前有几棵枣树。一个秋天的深夜,妻子杨氏忽然用胳膊推醒了他,轻轻地对他说:"你听,外边有响动。"

杜甫侧耳听了一会儿,果然听到草堂外有动静。于是,他悄悄将帘子拉开,见枣树下依稀有个人影在晃动。杜甫轻轻地走了过去,仔细一看,原来是一个老妇人在用竹竿打树上的枣子。这老妇人每打落几个枣子,便捡起连忙塞进嘴里,看样子真是没吃饭,饿极了。杜甫也就没有惊动她,折身回到了屋内。

杨氏问:"有人吗?"

"有个老妇人在打枣子。"

这个杨氏也极其贤惠善良,就说:"这么深更半夜来打枣子吃,怕是饿坏了!桌上还有一碗菜粥,我去端给她充充饥吧。"

杨氏边说边端起碗往外走。杜甫也跟了出来。

那老妇人见有人来了,扔下竹竿,跌跌撞撞地朝外跑。杨氏轻声唤她:"老嫂子,请留步!"

老妇人喘着气停下了脚步。惨淡的月光下,杜甫见老妇人瘦骨嶙峋,衣不蔽体。杨氏把一碗菜粥递了过去,让老妇人吃了。老妇人顿感一阵温暖,望着杜甫夫妇,老泪纵横……

杜甫问起老妇人的身世,老妇人哭道:"我就在草堂西边那间草棚子里住。丈夫和儿子被官军拉去当苦力,至今不知死活……现如今我无依无靠,只有靠挖野菜糊口度日。这几天挖不到野菜,饿得实在不行了,才来偷枣子……"

杜甫说:"老嫂子,快别说'偷'字了,这枣你要吃就打吧!"

杨氏也关切地说:"以后你白天来打吧,半夜三更的,可不要跌倒了。"

老妇人千恩万谢地离去了。后来再来打枣,杜甫从不干涉。

不久,杜甫搬到了十几里路远的东庄去住,把草堂让给了一位名叫吴南卿的亲戚住。临走,杜甫还嘱咐吴南卿,邻居有个穷苦的老妇人,常来打点枣吃,可不要难为她。

谁知杜甫走后,吴南卿没有按杜甫的嘱托办,反在草屋周围扎上了高高的篱笆,老妇人再也进不去打枣了。

杜甫得知此事后,特意给他这位亲戚写了《又呈吴郎》一诗:

　　堂前扑枣任西邻,无食无儿一妇人。
　　不为困穷宁有此?只缘恐惧转须亲。
　　即防远客虽多事,便插疏篱却认真。
　　已诉征求贫到骨,正思戎马泪盈中。

杜甫这首诗写得的确好。先说称呼,吴南卿的辈分比杜甫低,以前杜甫曾给他写过一首诗《简吴郎司法》。"简"就是书简、写信的意思。这首诗的题目是"又呈吴郎",有意用了一个和对方身份不大相称的"呈"字,是为了让吴南卿更容易接受。

诗的一、二句开门见山,说自己任凭邻妇扑枣,只因这是一个没饭吃又没儿女的贫妇人。对于这样一个无依无靠的穷苦人,我们怎能不让她打点枣呢?

三、四句云:"不为困穷宁有此?只缘恐惧转须亲。""此"指扑枣,如果不是穷得万般无奈,怎会偷打别人家的枣呢?正是由于她扑枣总是怀着恐惧心理,所以我们不但不该干涉,还应该表示亲善一点,好让她安心扑枣。

五、六句说得更委婉:"即防远客虽多事,便插疏篱却认真。""远客"指吴郎,"多事"是说老妇人多心。她本来就提心吊胆,你没表示亲善也就罢了,为什么还要插上篱笆呢?这就难怪她多心担忧了。把话说得这么委婉,也是为了让对方容易接受劝告。

最后两句"已诉征求贫到骨,正思戎马泪盈巾"是全诗的高潮,指出了人民陷入苦难的根源是社会的黑暗和持续了十多年的战乱,即所谓"戎马"。进一步提醒吴郎,陷入苦难的绝不仅是寡妇一人,我们不也是漂泊在异乡吗?所以要看得远一点,想得开一点,何必为几个枣子斤斤计较呢?

据说吴南卿读了诗后顿觉羞愧不已,忙叫人拆除篱笆,并亲自去向老妇人赔礼道歉。

从这个故事和《又呈吴郎》这首诗,我们可以看到杜甫的良苦用心和他关心体谅穷苦百姓的大爱情怀。难怪陕西流传着这样的民歌:"唐朝诗圣有杜甫,能知百姓苦中苦!"

25　夜半钟声引争议

唐代有位诗人，留下的诗并不多，但一首《枫桥夜泊》却写红了一座寺院，和苏州寒山寺一起流传千年。这个诗人就是张继。更让张继想不到的是，他的一句"夜半钟声到客船"，竟引发了争议，而且延续了几百年。

张继，生卒年不详，字懿孙，襄州（今湖北襄阳）人。关于他的生平，仅知他是天宝十二年（753年）进士，后来做过检校祠部员外郎、盐铁判官等小官。大历末年，张继上任盐铁判官仅一年多即病逝于任上。其友人刘长卿作悼诗《哭张员外继》："世难愁归路，家贫缓葬期。"可见他为官的清廉正直。张继的诗爽朗激越，不事雕琢，比兴幽深，以事切理，对后世很有影响。可惜流传下来的诗不到50首，最著名的就是《枫桥夜泊》了。

安史之乱爆发。因为当时江南局势比较安定，不少文士纷纷逃到今江苏、浙江一带避乱。张继也随着难民逃到江南。一个秋天的夜晚，诗人泊舟苏州城外的枫桥。江南水乡秋夜幽美的景色，吸引着这位怀着旅愁乡思的游子，使他领略到一种情味隽永的诗意美，于是写下了这首意境清远的《枫桥夜泊》：

月落乌啼霜满天，江枫渔火对愁眠。
姑苏城外寒山寺，夜半钟声到客船。

这首七绝以一个"愁"字统领。前两句把落月、啼乌、江枫、渔火、满天霜、不眠人等意象融合在一起，造成一种意韵浓郁的情境。后两句写城、寺、船、钟声，又是一种空灵旷远的境界。入夜月落，本难见物，却有渔火醒目，寒霜可感；夜半寂静，却闻乌啼、钟声。如此明灭对照，声响与静谧相衬的幽寂清远意境，把一缕淡淡的乡愁渲染得朦胧隽永，飘忽在姑苏城的夜空中，为那里的一桥、一水、一寺、一城平添了千古风情，吸引着古往今来数不清的寻梦人。

这首小诗短短28个字，既描写了江南水乡秋夜幽美的景色，又表达了诗人旅途中孤寂忧愁的思想感情，可以说是大历诗歌中最著名之作。然而，张继写得这么好的一首诗，到了宋代却受到大文豪欧阳修的批评。他在《六一诗话》中说："诗人贪求好句而理有不通，亦语病也……唐人（张继）有云'姑苏城外寒山寺，夜半钟声到客船'，说者亦云句则佳矣，其如三更不是打钟时。"意思是说：有的诗人为了贪求好句，以至于道理上说不通，这是写诗的毛病啊！如唐人张继的诗句"姑苏城外寒山寺，夜半钟声到客船"，句子虽好，但哪有三更半夜打钟的道理？

那时的佛寺确实大多是除夕夜半敲钟，用来辞旧迎新的。平时半夜打钟真的不多。欧阳修又是宋代文坛领袖，他的话一出，立刻引起了诗坛的热议。有人查资料、翻典籍，还有人特地到实地查访，才知道苏州和邻近地区的佛寺，在唐宋时代确有半夜打钟的习俗，叫作"分夜钟"或"无常钟"，这些早在《南史》中已有记载。

写夜半钟声的诗人也不只张继一人。唐人于鹄有"定知别后家中伴，遥听猴山半夜钟。"的诗句，白居易写过"新秋松影下，半夜钟声后"的诗句，温庭筠也留下了"悠然旅榜频回首，无复松窗半夜钟"的诗句。到了宋代，寒山寺还保留着半夜打钟的习俗。当时诗人孙觌就写有绝句《过枫桥寺》：

　　白首重来一梦中，青山不改旧时容。
　　乌啼月落桥边寺，倚枕犹闻半夜钟。

事实证明，不是张继的诗不合事理，而是欧阳修的批评没有道理。可见，即使是学识渊博的大文豪，遇到疑问，也不能凭"想当然"下结论，而应该先做调查研究，把事情搞清楚了再做判断。

26　韩翃以诗得官

韩翃(hóng),生卒年不详,字君平,南阳(今河南南阳邓州市)人,唐代诗人,诗风华丽,是"大历十才子"之一。韩翃于天宝十三年(754年)中进士,但仕途并不顺利,他考中进士不久安史之乱爆发,长期为节度使幕僚,后又托病闲居在家。唐德宗即位后,韩翃得到重用,却是因为他写的一首诗《寒食》。

唐德宗即位后,觉得没有一个称心的人为他起草文书,要中书省推荐一个人。中书省先后推荐了两个人,皇帝都不满意,只好请德宗自己挑选。德宗批示了仨字:"与韩翃。"中书省一查,当朝有两个韩翃,一个是江淮刺史韩翃,另一个是宣武节度使幕僚韩翃。中书省只得报奏皇上,请示要哪个韩翃。德宗就在奏折上写了一首诗:

　　春城无处不飞花,寒食东风御柳斜。
　　日暮汉宫传蜡烛,轻烟散入五侯家。

在诗后面又批了四个字:"与此韩翃!"这首诗正是韩翃写的《寒食》。就这样多年失意的诗人,担任了"驾部郎中知制诰"的显职。此事成为流传一时的佳话。

从这件事也可以看出,韩翃的《寒食》一诗,在当时的影响很大,广为传诵。在《唐音癸笺》里,如此描写这一盛况:他的诗"韩员外(翃)诗匠,意近于史,兴致繁富,一篇一咏,朝士珍之。"不仅皇帝喜爱,一般朝士也口口相传,珍爱有加。

这首诗为什么如此受欢迎呢?首先看题目,"寒食"是中国古代一个传统节日,即清明节的前两天。相传春秋时代,晋国公子重耳逃亡在外,极其艰苦,逃亡途中饿得走不动路。跟随他的介子推,不惜从自己的腿上割下一块肉熬汤让他充饥。后来,重耳回到晋国,做了国君(即晋文公),封赏有功之臣,唯独忘了介子推。介子推没说一句话,带着母亲隐居到绵山。晋文公知道后,多次派人上山去请,介子推就是不肯出来接受封赏。晋文公无计可施,有人给他出了个馊主意:放火烧山,逼其下山。谁知介子推背着母亲抱着一棵树,被烧死在山上。晋文公非常后悔,为了纪念介子推,就下令将绵山改名为介山。同时下令在介子推遇难的这天"寒食禁火",即举国上下不许烧火做饭,只能吃冷食,故名寒食。

由于寒食节正当暮春时节,景物宜人,自唐至宋,便成为人们游春的节日。宋人就说过:"人间佳节唯寒食。"可见影响之大。

韩翃诗的前两句描绘了寒食节京城长安的迷人风光,把春日的长安称为"春城",不又用语新颖,而且富有美感。诗人写春景抓住了"无处不飞花"的典型画面。不说"开花""落花",而说"飞花",一个"飞"字用得十分精当。不说"处处",而说"无处不",双重否定加强了肯定的语气,烘托出全城沉浸于浓郁春意之中的情景。接着写皇城春景,只剪取了春风拂"御柳"的镜头,别出心裁。

诗的后两句,由"日暮"转入夜景描写。"汉宫传蜡烛",一是显示皇恩,二是让大臣们学习介子推,不邀功,不求赏,忠心耿耿地为朝廷办事。

然而,家家禁火而皇宫却派人传烛送火,已经包含了特权的意味。能够享受到这种特权的,则是"五侯"之家。这就使人联想到中唐以后宦官专权,使得朝政日趋腐败的弊端。诗虽然写得含蓄,却更富于情韵,比直接讽刺更高一筹。此诗能千古传诵,这也是重要原因。唐代诗人窦叔向也写过一首"寒食传烛"的诗《寒食日恩赐火》:

　　恩光及小臣,华烛忽惊春。
　　电影随中使,星辉拂路人。
　　幸因榆柳暖,一照草茅贫。

这首诗也有可取之处,但与韩翃的《寒食》相比就显得逊色了。唐德宗喜爱韩翃的诗并委之以重任,也可说是选人得当。

27　孟郊的浓浓亲情

孟郊(751—814),字东野,唐代著名诗人。湖州武康(今浙江德清县)人,祖籍平昌(今山东德州临邑县)。先世居洛阳(今河南洛阳),后隐居嵩山。

孟郊两试进士不第,46岁时才中进士,50岁担任了溧阳县尉。孟郊由于不能舒展自己的抱负,遂放迹林泉间,徘徊赋诗,以致公务多废。县令找了一个"假尉",代替他处理公务,却要分他一半俸禄。后来孟郊干脆辞了官,56岁时才做河南水陆转运从事、试协律郎等小官,贫寒至死。

孟郊的诗当时已很有名。他对大历以来平庸浮艳的诗风很不满意,曾批评说:"天宝太白殁,六义已消歇。大哉国风本,丧而王泽竭。先生今复生,斯文信难缺。"(《读张碧集》)诗中的"先生"当指韩愈。韩愈很推崇孟郊的诗,曾作《送孟东野序》一文。当时人已有"孟诗韩笔"的称誉。孟郊在诗中也曾说:"诗骨耸东野,诗涛涌退之。"可见当时两人已是志同道合的好朋友。

孟郊的许多诗反映了社会现实,如《长安早春》《长安道》讽刺了豪门贵族骄奢闲逸的生活;《贫女词》《织妇辞》对劳动妇女深表同情,发出了"如何织纨素,自着褴褛衣?"的质问;《寒地百姓吟》则把贫苦百姓寒夜的痛苦呼号和富豪人家终宵宴饮的生活做了鲜明的对照。由于孟郊诗多写世态炎凉、民间苦难,又以苦吟闻名,故有"诗囚"之称。这个名号是金代诗人元好问送给他的。元好问的《论诗三十首》第十八首里说:"东野穷愁死不休,高天厚地一诗囚。"孟郊与另一个也以"苦吟"著名的贾岛并称"郊寒岛瘦"。但是,贾岛的诗,无论思想内容还是艺术成就都远不及孟郊。

孟郊穷愁一生,饱尝世态炎凉,所以愈觉亲情之可贵。然而不幸的是,人生"三大悲",他都经历了。

孟郊年幼时父亲就去世了,这是他人生的第一大悲。

孟郊和他的第一个妻子感情特别好。人们常说:"贫贱夫妻百事哀。"其实,家贫才能见真心,相濡以沫意尤深。因为家贫,孟郊不得不经常出外打拼,再加上参加科举考试,一走就是累月经年,恩爱夫妻也是聚少离多,孟郊为此写下了《结爱》一诗:

历代诗人轶事

> 心心复心心,结爱务在深。一度欲离别,千回结衣襟。
> 结妾独守志,结君早归意。始知结衣裳,不如结心肠。
> 坐结行亦结,结尽百年月。

丈夫要离家远出,妻子为他做衣裳,"一度欲离别,千回结衣襟",把满腔别怨和惦记都"结"在衣服里了。孟郊还写过一首《古怨别》:

> 飒飒秋风生,愁人怨离别。含情两相向,欲语气先咽。
> 心曲千万端,悲来却难说。别后唯所思,天涯共明月。

虽未点明是写与妻子的别离之怨,但肯定融入了与妻子难以割舍的感情,如果是为古人担忧,不可能写得如此深切动人。诗中"含情两相向,欲语气先咽"被宋代柳永化用到自己的词里,写出了"执手相看泪眼,竟无语凝噎"的名句(《雨霖铃》)。不幸的是,孟郊的这位妻子在他中年时就撒手人寰。这是孟郊的第二大悲。

孟郊还有第三大悲。他的这位妻子给他生了一个儿子,可说是妻子逝世后留给他的最大安慰。可是这个孩子十来岁时又不幸夭折。爱妻、爱子相继去世,孟郊心中之痛可想而知。他含泪写下了《悼幼子》一诗:

> 一闭黄蒿门,不闻白日事。生气散成风,枯骸化为地。
> 负我十年恩,欠尔千行泪。洒之北原上,不待秋风至。

苏轼说孟郊的诗是"诗从肺腑出,出辄愁肺腑"(《读孟郊诗二首》)。我想读者读了这样的诗,也会潸然泪下的。

说孟郊的浓浓亲情,不能不说他那首广为传诵的《游子吟》:

> 慈母手中线,游子身上衣。
> 临行密密缝,意恐迟迟归。
> 谁言寸草心,报得三春晖。

这首诗亲切而真淳地吟颂了一种普通而伟大的人性之美——母爱,因而引起了无数读者的共鸣,千百年来一直脍炙人口。

深挚的母爱,无时无刻不在沐浴着儿女们。然而对孟郊这个常年颠沛流离、居无定所的游子来说,最值得回忆的,莫过于母子分离的时刻了。此诗描写的就是这种时候,慈母缝衣的普通场景,表现的却是诗人深沉的内心情感。开头两句"慈母手中线,游子身上衣",这两件最普通的东西,却蕴含了母子相依为命的骨肉深情。紧接两句把笔墨集中在慈母身上。游子临行前的时刻,老母亲一针一线为他缝衣,针针线线都是那样细密,是怕儿子迟迟难归,故而要把衣衫缝制得更结实一点。其实,老人的内心何尝不是切盼儿子早些平安归来呢!慈母的一片深笃之情,正是从日常生活中最细微的地方流露出来,朴素自然,亲切感人。这里既没有言语,也没有眼泪,然而一片爱的纯情从这常见的场景中充溢而出,拨动了每一个读者的心弦,唤起普天下儿女们亲切的联想和深挚的忆念。

最后两句,以当事者的直觉,翻出深意:"谁言寸草心,报得三春晖。""谁言"有些刊本作"谁知"或"谁将",其实按诗意还是"谁言"为好。诗人发出反问,意味尤为深长。这两句是前四句的升华,以通俗形象的比兴,巨细悬殊的对比,寄托了赤子炽烈的情意:对于春天阳光般厚博的母爱,区区小草似的儿女心怎能报答于万一呢?真有"欲报之德,昊天罔极"之意。

— 73 —

这是一首母爱的颂歌,在宦途失意的境况下,诗人饱尝世态炎凉,穷愁终身,故愈觉亲情之可贵。

孟郊一生窘困潦倒,好不容易考上进士,任溧阳县尉后,做的第一件事就是把母亲接来奉养。他在差人接母亲时,专门写了一首诗,就是《游子吟》。题下作者自注:"迎母溧上作。"由此可见孟郊真是一个孝子。他对妻子、儿子的深情和对母亲的孝心,他抒写母爱的颂歌——《游子吟》给人们留下了深深的印象,历久而不衰。

28　桃花依旧笑春风

唐代有个诗人名叫崔护,史书上对他的记载只有两句话:"崔护字殷功,博陵(今河北定州)人。生卒年不详,贞元十二年(796年)登第。"这记载真是少得可怜,说明崔护在当时并不是著名诗人。他留下的诗也不多,但是有一首诗流传甚广,直到今天还为人们传诵。这就是他的《题都城南庄》:

去年今日此门中,人面桃花相映红。

人面不知何处去?桃花依旧笑春风。

唐代诗人张若虚的《春江花月夜》写得多美,被闻一多先生称赞为"以孤篇压倒全唐",是"诗中的诗","顶峰上的顶峰",可是《唐诗三百首》竟然不选。崔护的《题都城南庄》也是同样的命运,没能入选《唐诗三百首》。但是,俗话说"是金子总会发光",无论是被称为"顶峰上的顶峰"的《春江花月夜》,还是情景交融、相映成辉的《题都城南庄》,至今都闪烁着熠熠耀眼的光辉,让人们爱不释手。

《题都城南庄》之所以广为流传,不仅是因为诗写得美,还因为这首诗背后有一段颇为传奇动人的爱情故事。唐代孟棨《本事诗·情感》详细记载了这件事:

博陵崔护,姿质甚美,而孤洁寡合。举进士第。清明日,独游都城南,得居人庄。一亩之宫,花木丛萃,寂若无人。扣门久之,有女子自门隙窥之,问曰:"谁耶?"以姓字对,曰:"寻春独行,酒渴求饮。"女入,以杯水至。开门设床命坐。独倚小桃斜柯伫立,而意属殊厚,妖姿媚态,绰有余妍。崔以言挑之,不对,目注者久之。崔辞去,送至门,如不胜情而入。崔亦眷盼而归,嗣后绝不复至。及来岁清明日,忽思之,情不可抑,径往寻之。门墙如故,而已锁扃之。因题诗于左扉曰:"去年今日此门中,人面桃花相映红。人面不知何处去?桃花依旧笑春风。"后数日,偶至都城南,复往寻之。闻其中有哭声,扣门问之,有老父出曰:"君非崔护耶?"曰:"是也。"又哭曰:"君杀吾女。"护惊起,莫知所答。老父曰:"吾女笄年知书,未适人,自去年以来,常恍惚若有所失。比日与之出,及归,见左扉有字。读之,入门而病,遂绝食数日而死。吾老矣,此女所以不嫁者,将求君子以托吾身,今不幸而殒,得非君杀之耶?"又持大哭。崔亦感恸,请入哭之。尚俨然在床。崔举其首,枕其股,哭而祝曰:"某在斯,某在斯。"须臾开目,半日复活矣。父大喜,遂以女归之。

《本事诗》的大意是博陵书生崔护,文才、姿态、气质都很好,一次进京参加进士考试,没有考中。他清明时节到城南游春，见一处庄园，园内桃花盛开，草木青翠。他想进去观赏，园中却寂静无人。他敲了敲门，有一位少女从门缝向外看，问道："谁呀？"崔护答道："我名叫崔护，是一个游春踏青的人，因口渴了，想讨杯水喝。"女子听后，从屋里端了一杯水出来，把院门打开，放了一个凳子，让崔护坐下喝水，自己却依着桃树伫立。女子姿容妩媚靓丽，情意深沉含蓄，身后是一树盛开的桃花。这画面简直让崔护看呆了，女子也眉目传情地看着他。崔护主动和女子说话，可女子不肯答话，崔护只得告辞。女子把他送到门外，然后似有憾意地走进院门。崔护也多次回头看望，才依依不舍地离开。两人虽没能说一句话，但已是"心有灵犀一点通"了。

　　第二年清明节，崔护又想起去年的巧遇，抑制不住自己的情感，再次找到了那个庄园。只见院落、围墙、院门以及园内盛开的桃花都和去年一样，只是院门上了锁，园中空无一人。崔护很失望，于是在左边门扇上题写了那首《题都城南庄》的诗，并署上了自己的名字。

　　几天以后，心有不甘的崔护再次来到都城南的这处院落，却听到院内有哭声，惊诧间便敲门询问。一位老汉出来看了看他，问道："你是不是名叫崔护？"回答说："我是。"老汉哭着说："你害死了我的女儿！"崔护非常吃惊，不知如何回答。老汉说："我女儿知书达理，尚未许配人家，从去年以来就经常精神恍惚，好像丢失了什么东西。前几天她和我出门，回来时看见你写的那首诗，回家后就怏怏成病，几天不吃不喝，现在已经死了。我老了，只有一个女儿，原想女儿能嫁一位君子，为我养老，想不到女儿竟这样死了，这不是你害死了她吗！"说完又大哭起来。

　　崔护听后十分悲痛，请求让他进屋哭一哭，送心上人最后一程。得到老人允许，崔护进屋见女子端庄地躺在床上。崔护托起她的头，枕着她的腿，哭喊道："崔护来了，崔护就在这里！"女子好像听到了哭喊声，不一会竟然睁开了眼睛，复活了。老汉大喜，便把女儿嫁给了崔护。

　　这件事是否如《本事诗》记得那么离奇，我们无从考证。但是有两点可以肯定：其一，这首诗写的是崔护的亲身经历，诗中灌注了作者的真情实感，所以才打动人；其二，这首诗是有情节的，即"寻春遇艳"和"重寻不遇"。诗人没把它写成叙事诗，而是写成了抒情诗，从而使诗更具艺术魅力。它已不仅限于叙述一个令人感兴趣的故事，而是写了一种人生体验。读这首诗的人也许没有与诗人相同的经历，但是，往往会有在不经意间偶然遇到某种美好的事物，而再有意去追寻时，却不可复得了——这种人生体验就具有了典型意义。这也许是这首诗千百年来广为流传的原因之一吧。

29 韩愈的半副对联

韩愈(768—824),字退之,河阳(今河南孟州)人。

说起韩愈,真是个值得大书特书的人物。他是个伟大的文学家,诗文创作成就很高,尤其对散文的发展有开拓之功。中唐时期,韩愈发起了"古文运动"。这场运动得到了柳宗元的大力支持,更得到了文学界的广泛响应,从而扭转了六朝以来骈丽文空虚、陈腐的文风。韩、柳也因此名列"唐宋八大家"前两位。

韩愈还是一位教育家。当时社会并不重视教育,学校很破败,老师很穷酸,更不被社会重视,竟然有不少人"皆以从师学习为耻"。韩愈的《师说》就说:"士大夫之族,曰师,曰弟子云者,则群聚而笑之。"但是,韩愈不顾流俗诽谤,大胆为人师,他写下的《师说》《进学解》等文,至今仍是经典教育论文。苏轼也称赞他:"匹夫而为百代师。"(苏轼《潮州韩文公庙碑》)韩愈可说是继孔子之后著名的教育家之一。

韩愈还是一位军事家。有一件事足以证明。元和九年(814年),淮西节度使吴少阳去世,他的儿子吴元济自行宣布为节度使留后,即节度使的继承人,而且拒绝接纳朝廷吊祭使者并发兵在河南舞阳、叶县、鲁山一带烧杀抢粮,已是公开的叛乱。宪宗下令讨伐,可是仗打了四年也没打下来。于是,朝廷对平叛出现了两种意见,一种意见是坚决打,持这种意见的是宰相裴度;另一种意见是谈判求和,弄得宪宗也没了主意。

这时韩愈,给皇帝上了一封奏章《论淮西事宜状》。奏章首先分析了敌我之间的力量对比,指出战则能胜的根据,接着提出了六条克敌制胜的建议。

后人评价《论淮西事宜状》:"可谓料敌如神,非文士纸上谈兵套语"(林文铭《韩文起》)。宪宗皇帝也被这封奏章打动了,这才下决心一战,任命裴度为淮西宣抚招讨处置使,韩愈为行军司马,也就是最高统帅的参谋长。

淮西平叛中的一场关键性战斗"雪夜袭蔡州",正是韩愈根据情报分析,做出判断,请求自带一支精兵,夜袭蔡州城的。裴度觉得韩愈毕竟是文人,所以派了李愬。这一仗活捉了吴元济,使平淮西战争大获全胜。如果裴度派韩愈去,也不见得不成功。后来唐穆宗任命韩愈为兵部侍郎,相当于国防部副部长。这些都说明韩愈真有军事才干。难怪苏轼称赞韩愈"勇夺三军之帅"。

韩愈更是一位关心国家命运与民生疾苦的政治家。

元和十四年（819年），笃信佛教的唐宪宗要举行一次声势浩大的迎佛骨活动。当时所有的文武官员都在随声附和，推波助澜。只有韩愈置生死于度外，勇敢地递上了一封奏折《论佛骨表》。他在用事实说明"迎佛骨"就是一场兴师动众、劳民伤财、自欺欺人、伤风败俗的闹剧以后，大义凛然地说，所谓"佛骨"，不过是一块脏兮兮的朽骨，"今无故取朽秽之物，亲临观之"，"群臣不言其非，御史不举其失，臣实耻之。乞以此骨付之有司，投诸水火，永绝根本，断天下之疑，绝后代之惑……岂不盛哉！岂不快哉！佛如有灵，能作祸祟，凡有殃咎，宜加臣身，上天鉴临，臣不怨悔。"

读到这里，我们不得不叹服，韩愈真有当年魏征的仪范，更为他那一颗光明磊落的忠心所感动。可惜唐宪宗不是当年的李世民，他不仅没被感动，而是被彻底激怒了。他一怒之下就要砍韩愈的脑袋，幸亏裴度等大臣极力说情，才改判贬其为潮州刺史。

潮州距长安有八千里之遥，韩愈已是一大家子人，诏令一下，第二天就得走人，其仓皇紧迫可想而知。年仅12岁的小女儿竟惨死在贬谪途中。当韩愈走到蓝田县时，他的侄孙韩湘赶来送行。寒露结霜，湘子路遥送叔祖；冻云迷岭，韩公雪拥过蓝关。此时的韩愈悲歌当哭，写下了那首著名的《左迁至蓝关示侄孙湘》。

韩愈走了一百天才到潮州。这里的荒蛮、落后、愚昧使他大为吃惊。唐朝早已是封建社会，而这里却蓄奴成风；人有了病不去求医，而是求神拜佛；气候条件不错，农耕方式却很原始；文化十分落后，很少有学校。此外还有鳄鱼为害。

韩愈面对如此恶劣的环境，联想到自己的遭遇，既悲愤填膺，又深感责任重大，于是他挥笔写下了一行字：

恶山恶水恶环境，韩退之！退之！

这是一副对联的上联，意思是面对如此恶劣的环境，韩退之啊韩退之！你能畏难而退吗？韩愈当时没写下联，他是要等到治理好潮州以后再补写下联的。面对重重困难，韩愈没有"退之"，而是把自己的伤痛放在一边，全身心地投入到对潮州的治理之中。

韩愈做的第一件事就是除鳄鱼之害。接着又兴修水利，推广先进的耕作技术，下令赎放奴婢，建学校，请先生，还"正音为潮人语"，大力兴办教育。"有人研究，韩愈之前，潮州只有进士三名，韩愈之后，到南宋时，登第进士就达一百七十二名。正是他大开教育之功。所以韩祠中有诗曰：'文章随代起，烟瘴几时开。不有韩夫子，人心尚草莱！'"（梁衡《读韩愈》）

韩愈在潮州只待了八个月，又被贬官到袁州去了。不到一年时间，他就为老百姓办了这么多的好事，老百姓是不会忘记他的。为了纪念韩愈，潮州人把潮州的笔架山改名为韩山，把原名为鳄溪的河改名韩江，在江边上又特建了韩公祠。一个罪臣在这里只工作了八个月，就忽然山河易名了。正是：

八月时光一瞬间，除害兴利非等闲。

舍身为民民不忘，一片河山尽姓韩。

韩愈是带着遗憾离开潮州的，也许有一些正在做的事，还没做完；有一些谋划的事，也没来得及做；他上任初写的那副上联，更没写出下联。这半副对联千年以来，无人能对出下联，成了绝联。

光阴荏苒，1949年，神州大地获得解放，国家政务院刚成立，谢觉哉任内务部长。谢老是一位责任心极强、关心民间疾苦的好领导。他上任伊始,就到全国各地视察。有一次,谢觉哉到潮州,参观韩公祠,看到了韩愈当年留下的那半副对联。当晚,他在下榻处读陈望道翻译的《共产党宣言》,愈读愈感到爱不释手,大有豁然开朗之感。这时,他想到了韩愈的那半副对联,顿时灵光一闪,茅塞顿开,提笔写出了下联:

好书好句好文章,谢觉哉!觉哉!

这句下联与上联实词对实词,虚词对虚词,姓名对姓名,对仗工整,堪称一副难得的佳对。所谓"罕世绝对",终于得以完成。韩愈在天之灵如若有知,也该露出欣慰的笑容了。

30　刘禹锡愤书《陋室铭》

刘禹锡（772—842），字梦得，彭城（今徐州）人，祖籍洛阳，自称"家本荥上，籍占洛阳"。唐贞元九年（793年），21岁的刘禹锡进士及第，曾任监察御史，是唐代中晚期著名诗人。他刚直耿介，豪迈不羁，有"诗豪"之称。其诗歌也显示了这种风格，如他的那首不同凡响的《秋词》：

自古逢秋悲寂寥，我言秋日胜春朝。

晴空一鹤排云上，便引诗情到碧霄。

刘禹锡在政治上主张革新，是王叔文政治改革集团的中心人物之一。"永贞革新"失败后，刘禹锡曾被贬到和州（今安徽和县）当了一名通判。通判虽是知县的副职，却由皇帝直接委派，对知县有监督权，并可直接向皇帝报告，一般知县都怕三分。可刘禹锡这个通判却虚有其名，实际上就是让县官看管的犯官。

这个和州知县，对刘禹锡故意刁难。按规定，县里应该给通判在县衙里安排三间三厢房子。可知县嫌刘禹锡碍眼，竟把他撵到城南的江边去住。刘禹锡对此不仅没有怨言，还高兴地在门上贴了一副对联：

面对大江观白帆

身在和州思争辩

知县见刘禹锡不仅不低头，还要和自己"争辩"，很生气，于是又把刘禹锡的住处从城南迁到城北，面积也由原来的三间减少到一间半。新居位于州治历阳德胜河边，刘禹锡看到门前垂柳依依，河水潺潺，见景生情，又在门上写了两句话：

垂柳青青江水边

人在历阳心在京

策知县见后更加气恼，再次把刘禹锡的住房调到县城中部，让他再也看不到河水垂柳，而且只给了一间只能容下一床、一桌、一椅的小屋。

半年时间，刘禹锡看知县三番五次刁难自己，很是生气，于是愤然提笔，写下了那篇超凡脱俗、情趣高雅的《陋室铭》：

山不在高，有仙则名。水不在深，有龙则灵。斯是陋室，惟吾德馨。苔痕上阶绿，草色入帘青。谈笑有鸿儒，往来无白丁。可以调素琴，阅金经。无丝竹之乱耳，无案牍之劳形。南阳诸葛庐，西蜀子云亭。孔子云：何陋之有？

这篇短文写得极有特色。其一是立意高，室以陋为名，而作者并不以陋为耻、为忧，原因是"惟吾德馨"。居室的"陋"与主人的"德"，形成强烈的反衬，所以发出"何陋之有"的感慨。其二是文字凝练，律中有散，骈而有韵，错落有致，朗朗上口。其三，内容上面面俱到，疏而不漏。写院中景，"苔痕上阶绿，草色入帘青"，"上""入"两字，化静为动，炼字精当；写室内人，"谈笑有鸿儒，往来无白丁"。高雅不俗，又进一层；写室内事，"可以调素琴，阅金经。无丝竹之乱耳，无案牍之劳形"，一正一反，相互衬托，表现出作者淡泊名利、"不戚戚于贫贱，不汲汲于富贵"的高尚情操。后面，作者引用了诸葛亮、扬雄的事例，以见古贤人虽身居陋室而功德满天下。最后以孔子的话"何陋之有？"反问作结，戛然而止，使文势振起，余味无穷。

此文一出，迅速传遍天下，著名书法家柳公权亲自书写，刻碑立于室前。那个势利眼县令看了以后，瞠目结舌，无可奈何。正是：

　　　　孟母三迁，留下一段教子有方的佳话；
　　　　梦得三迁，写出一篇千古传诵的美文。

刘禹锡《陋室铭》一文，当作于824—826年和州任上。这座碑刻如果保留到现在，将是价值连城的珍贵文物。可惜因战乱洗劫，室、碑俱毁。现存陋室系清乾隆和州知州宋思仁重建。1902年岭南金保福补书《陋室铭》碑一方。

31　李绅智脱灾祸

其一
春种一粒粟,秋收万颗子。
四海无闲田,农夫犹饿死。

其二
锄禾日当午,汗滴禾下土。
谁知盘中餐,粒粒皆辛苦?

李绅这两首题为《悯农》的诗,生动形象,浅显易懂,没有空洞的说教,却有感人的真情,不断地被人们吟诵、品味。

李绅在科考前,曾拿着自己的诗卷请集贤殿校书郎吕温推荐。吕温读了李绅的这两首《悯农》诗,赞不绝口。曾对朋友齐煦谈起李绅说:"民以食为天,国以农为本,懂得这个道理,方能治理天下,李绅能写出这样的诗,将来必为卿相。"(黄为之、扬廷治《唐宋诗词趣话》)吕温的话没说错,李绅27岁考中进士,后来官至宰相,做了不少悯农、利民的好事。

李绅能写出《悯农》这样的好诗,和他从小受苦有关。李绅(772—846),亳州(今属安徽)人,字公垂,生于乌程(今浙江湖州),成长于润州无锡(今属江苏)。他六岁时父亲去世,由母亲卢氏抚养长大并教读诗书。在成长过程中,他目睹了农民终日劳作,却因受税赋盘剥而不得温饱,心中充满了同情和愤慨,所以才写出了这样感人至深的诗篇。

李绅的《悯农》一诗流传极广,几乎妇孺皆知。然而,他年轻时还有过一段出生入死的经历,就鲜为人知了。

《新唐书·李绅传》记载了这样一段故事:"元和初,(李绅)擢进士第,补国子助教,不乐,辄去。客金陵,李锜爱其才,辟掌书记。锜浸不法,宾客莫敢言,绅数谏,不入;欲去,不许。会使者召锜,称疾,即胁使者为众奏天子,幸得留。锜召绅作疏,坐锜前,绅阳(佯装)怖栗,至不能为字,下笔辄涂去,尽数纸。锜怒骂曰:'何敢尔,不惮死邪?'对曰:'生未尝见金革,今得死为幸。'或言许纵能军中书,绅不足用。召纵至,操书如所欲,即囚绅狱中,锜诛,乃免。或欲以闻,谢曰:'本激于义,非市名也。'"

按记载事情的经过是这样的:元和初年(806年),27岁的李绅考中进士后,补为国子助教,李绅不满意这个职位,就离开京城返回家乡无锡,途中路过镇江时,他顺便谒见了当时担任镇海军节度使的李锜。李锜是皇室宗亲,权势很大,他听说李绅很有才华,为了延揽人才,就把他挽留下来,请他担任自己的书记。年轻的李绅没有从政的经验,又不了解李锜的为人,就答应留了下来。

不料这个李锜骄奢暴虐，劣迹斑斑，而且图谋不轨。这些劣迹后来传到了朝廷。元和二年，宪宗皇帝降下圣旨，召李锜进京，并且任命镇海节度判官王澹为留后，代理他的职务，明摆着是要撤换李锜。李锜心里明白，只要一进京就别想回来了，说不定还会掉脑袋，所以称病不肯进京。李锜手下的没有人敢劝他，只有李绅坚决劝他遵从圣旨进京，如不听劝他就辞职。李锜对此很不满，既不听劝告，也不准李绅辞职。

王澹也许是出于好意，劝李锜别违抗圣命，还为李锜做起进京的准备。这一来惹怒了李锜，认为王澹是急于接班，就诬陷他谋反，把他抓了起来。

按照唐代的规矩，对于有功的军士要定期予以赏赐，碰巧不久就是行赏的日子。凶残成性的李锜，要借机杀掉王澹。为了恐吓颁旨的宦官和不肯屈从的部下，李锜秘密吩咐亲信军士说，王澹要造反，不但要把他当场杀死，还要把他活活吃掉。

颁奖这一天，担任留守的王澹、书记李绅和宣旨的宦官都来到了府衙。赏赐完毕，军士们却不肯离去，看到李锜的眼色后，齐声大叫："王澹要造反！"喊着一齐扑了上去，王澹一时被撕咬得血肉模糊，当场毙命。宦官吓得浑身发抖，军士们对他喊道："你是对皇上复命让李公留任，还是要和王澹一样下场？"宦官连声答应："好说，好说，一切听命！"军士们说："那你就上报天子，让李公留任。"宦官只能点头答应。

李锜见宦官答应，就叫书记代笔写奏章，却找不到李绅了。原来李绅见势不妙，趁乱溜了出去。然而，李锜府也没有藏身之地。李锜找到李绅后，命他以宦官的口气书写奏章，意思是王澹图谋不轨，请求让李锜留任，如果写得好，将给他重金赏赐。李绅不愿写但又不能断然拒绝，于是急中生智，一面提笔书写，一面又装出吓得浑身发抖的样子，哆哆嗦嗦地写出的都是黑墨团，根本不成字形。气得李锜喝道："你想找死吗！"让军士把刀架在李绅脖子上，逼着他写。李绅装出更害怕的样子，写得比原来的更糟。正在危急关头，有人禀报说："有个叫许纵的御史，善写奏章，不如请他来写。"李锜急于完成奏章，就马上派人去请许纵。许纵来后，居然乐于从命，写出的奏章使李锜十分满意。

李锜没立刻杀了李绅，把他关到了监牢里。70天后，李锜叛乱被平定，许纵作为叛贼的同谋，和李锜等人同时被处死。李绅凭智慧、勇气，当然也有偶然的机会，终于躲过了一劫。

事后，尚书李公要为李绅请功，李绅听说后婉言谢绝，并写了一首诗《忆过润州》：

  昔年从宦干戈地，黄绶青春一鲁儒。
  弓犯控弦招武旅，剑当抽匣问狂夫。
  帛书投笔封鱼腹，玄发冲冠捋虎须。
  谈笑谢金何所愧，不为偷买用兵符。

诗中对他这次九死一生的经历，只是轻描淡写地说了几句。而他不肯为叛贼写奏章，不过是为了保全自己的节操，并不是为了得到奖赏和荣誉。李绅的真诚感动了尚书李公，打消了为李绅请功的念头。从这件事上，我们也可看出李绅为人的光明磊落。

32 白居易"居"真不易

白居易(772—846),字乐天,自号香山居士,原籍山西太原,后迁下邽(今陕西渭南市),唐代著名诗人。

白居易天资聪慧,而且勤奋好学。《旧唐书·白居易传》说他"幼聪慧绝人,襟怀宏放"白居易在《与元九书》中曾说起他幼年时的情景:"仆始生六七月时,乳母抱弄于书屏下,有指'无'字

'之'字示仆者。仆虽口未能言,心已默识,后有问此二字者,虽百十其试,而指之不差。"一般人两三岁才记事,可是白居易六七个月就有如此的记忆力,确实极为少见。更难得的是他的刻苦勤奋:"及五六岁便学为诗,九岁谙识音韵。十五六始知有进士,苦节读书。二十以来,昼课赋,夜课书,间又课诗,不遑寝息矣。以至于口舌成疮,手肘成胝。"如此聪慧强记,又是这样刻苦勤奋,想不成才都难。

辛文房《白居易传》记载了这样一件事:"居易字乐天,太原下邽人。弱冠,名未振,观光上国,谒顾况。况,吴人,恃才少所推可,因谑之曰:'长安百物皆贵,居大不易。'及览诗卷,至'离离原上草,一岁一枯荣。野火烧不尽,春风吹又生',乃叹曰:'有句如此,居天下亦不难。老夫前言戏之耳。'"

这件事的大意是:约贞元三年(787年),十六岁的白居易按当时"行卷"的时尚,拿着自己的诗作到京城拜访名人,以求得到推举引荐。当时著作郎顾况,既是著名诗人,又是画家、鉴赏家,名气很大,拜见他的人也很多。凡诗文,他愿意看一眼的,就算不错了;他能认真读一遍,就是上等诗文;对于平庸之作,他则不屑一顾。所以,当时的人们都说:"顾况家的门,是要用'金钥匙'才能打开的'铁门关'。"这一天,白居易拜见顾况,奉上诗卷。顾况瞥了一眼,只见上面赫然写着七个大字:"太原白居易诗稿",于是不无嘲谑地说道:"现在长安的米价贵得很,'居'下来可是很不'易'呀!"

顾况看眼前这个初出茅庐的羸弱少年默不作声,就翻开了诗卷,读第一首,便觉手眼不凡;再看第二首,已觉得很有韵味;接着读下去,神色也越来越庄重。待读到《赋得古原草送别》一诗时,他竟情不自禁地捧着诗卷,朗声诵读起来:

> 离离原上草，一岁一枯荣。野火烧不尽，春风吹又生。
> 远芳侵古道，晴翠接荒城，又送王孙去，萋萋满别情。

白居易十六岁写出的这首诗，确实不错。按科场考试的规定，"赋得"诗往往限题、限韵、限时，对仗还要精工，是很难写好的。白居易这首诗既有咏物的具体内容——原上草，又体现了送别的含义。他巧妙地化用了《楚辞·招隐士》的诗句："王孙游兮不归，春草生兮萋萋。"前两联写"原上草"生生不息的顽强生命力。后两联的"远芳""晴翠"，从草转入送别，似乎每一茎草叶都饱含别情，真的是"离恨恰如春草，更行更远还生"（李煜《清平乐》）。顾况读后感叹地说："能写出这样的诗，'居'在长安还不容易吗？老夫刚才的话，是跟你开玩笑的。"

顾况的话算是说对了。贞元十六年（800年），白居易考中了进士，而且是当年最年轻的进士，授盩厔（今陕西周至县）县尉。他在任上得以了解民生疾苦，写了大量关注民生的诗歌，著名的《观刈麦》就作于此时。在盩厔县，白居易还创作了有名的《长恨歌》，由此声名大振。次年白居易调任进士考官，从小小的盩厔县尉一步跨到皇帝身边，擢升为翰林学士。他的诗更是名倾朝野。尽管"长安米贵"，白居易居住下来已不成问题了。举个例子，当时还没发明冰箱、空调，长安城内的皇亲、贵戚、高官、富人，炎热的夏天多靠冬天储存的冰来消暑。所以，一到夏天，消暑的冰块贵如金玉，而商人们由于仰慕白居易的声名，自愿把一筐筐冰抬上门来。

白居易不仅是才华横溢的诗人，更是忠于职守、耿直不阿的官吏。后来白居易又授左拾遗，是专门向皇帝提意见的官，成了朝中的有名的"刺儿头"。他昂然以天下为己任，"有阙必规，有违必谏。朝廷得失无不察，天下利害无不言"。他"习门累月，揣摩当代之事"，写成《策林》75篇，针对当时执政者各方面存在的弊端，提出了改革意见，大胆直言人民贫困的根源是"官吏之纵欲""君上之不能节俭"，矛头直指皇帝。

他在做左拾遗期间，一方面利用谏官的职位，毫无顾忌地提意见，一方面又利用诗歌配合斗争，凡"难以指言者，辄咏歌之"（《中国文学史》），写出了《秦中吟》十首，《新乐府》五十首。其中的《轻肥》《杜陵叟》《卖炭翁》等诗篇，引起了社会的强烈反响，一时间街头巷尾传抄诵唱，老少关注，妇孺尽知，当然也刺痛了所有权贵豪强们的心。他们不能容忍这个关中汉子在皇帝面前说三道四，更不能容忍他利用诗歌"大放厥词"。他们在寻找时机，要给这个不避权贵、不识时务的"刺儿头"以致命的一击。后来，他们终于找到了机会。

元和六年（811年）白居易母亲意外坠井身亡，白居易回家守孝三年。等他再回到朝廷，因为得罪了权臣，没能再担任左拾遗，改任太子赞善大夫的闲职。不久，长安发生了一桩大案震惊了朝野，轰动了全国。主张剿灭藩镇割据势力的宰相武元衡、裴度，一个被杀，一个被刺成重伤，而且凶手十分嚣张，扬言谁要查案就接着杀谁，谁要追凶，就把谁灭门！一时间京城内外人心惶惶，朝廷上下人人自危。朝中的那些老奸巨猾的大臣们都成了缩头乌龟。这时白居易坐不住了，不顾自己的身份、安危，挺身而出，大声疾呼："岂有国相横尸路隅，不能擒贼？"急请"捕贼以雪国耻"。

朝中的当权者不检讨自己"维稳不力"，破案无功，反而把这件事当成了打击报复白居易的机会。他们竟然指责白居易"以宫官非谏职，不当先谏官而言事"，为了罗织罪名，还说白居易的母亲是看花时落井死的,他却写了《赏花》《新井》两首诗,有伤名教。真是"欲加之罪,何患无辞"。于是白居易被贬为江州司马,逐出了长安城。

看来长安对白居易来说真的是"居大不易"了。不是因为他的诗写得不好,也不是因为他为官不清廉、不正直,更不是因为"长安米贵",而是因为他不够圆滑,不愿随波逐流。其中的根本原因是朝政腐败,皇帝昏庸。

不过,白居易这次被贬江州也有意外收获。他遇到了"同是天涯沦落人"的琵琶女,从而写出了又一名篇《琵琶行》。

33 一首诗让破镜重圆

唐末范摅《云溪友议》记载了这样一个故事:"郊(崔郊)寓居汉上,其姑有婢端丽。郊有阮咸之惑,姑鬻之连帅于公顿,郊思慕无已。其婢因寒食偶出值郊,郊赠诗云云。或写之于垄,公睹诗,令召崔生。及见郊,握手曰:'萧郎是路人,是公作耶?何不早相示也?'遂命婢同归。"

这个故事是说,元和年间秀才崔郊,寓居在汉上姑母家,姑母家有一婢女,生得姿容秀丽,与崔郊相互爱恋。所谓"郊有阮咸之惑",是一个典故。阮咸是晋代竹林七贤之一阮籍的侄子,精通音律,号称"妙达八音"。阮咸与其姑母家一鲜卑族婢女相互爱恋。阮咸在为母亲守丧时,姑母要搬到远处去,起初说要成全这件事,把这位婢女留下,可是,临出发时还是把她带走了。阮咸知道后当即借了客人的驴子,身穿重孝,前去追赶。姑母被他的真情打动,答应了阮咸的请求。两人终于合乘一头驴回来了。用"阮咸之惑"作类比,是说崔郊对婢女的感情之深。可是,崔郊的姑母不如阮咸的姑母,竟把这个婢女卖给了显贵于顿。崔郊念念不忘,思慕不已,可也无可奈何。

一次寒食节,崔郊外出游春,偶然与婢女邂逅。崔郊百感交集,写下了《赠婢》一诗:

公子王孙逐后尘,绿珠垂泪滴罗巾。
侯门一入深如海,从此萧郎是路人。

后来这首诗流传开去,于顿也读到了这首诗并知道了其中原委,就命人召来了崔郊。他见了面握着崔郊的手说:"'萧郎是路人'的诗是你作的吗?为什么不早让我看?"说完就让崔郊把婢女领走了。这件事一时传为诗坛佳话。

此事和这首诗至少说明了两点:其一,在封建社会由于门第悬殊造成的爱情悲剧,绝不是个例。这首诗所反映的现象就具有典型性。"侯门如海"也成了一句成语,被人们广泛应用。其二,这首诗写得确实不错。诗的内容是写自己所爱的人被劫夺的悲哀,表现手法却含而不露,委婉曲折。如用"公子王孙逐后尘"写女子的美貌;用晋代美女绿珠被劫夺后坠楼身死的历史典故,暗示女子被劫夺的不幸命运。诗在用词上也很生动、准确,如"一入""从此"两个关联词,表现了诗人的绝望之情,比直露的表达更哀婉动人,更能激起读者的同情,难怪连于顿都被打动了。

当然,于顿能让崔郊把婢女领走,使两个有情人终于破镜重圆的善行,也值得肯定。

34　多情而不专情的元稹

元稹(779—831),字微之,河南洛阳人。八岁丧父,少经贫贱,但学习非常刻苦。贞元十九年(803年),二十岁的元稹,与大他七岁的白居易同登书判拔萃科,入秘书省任校书郎,从此两人成为志同道合的诗友。他们的文学观点完全一致,共同倡导"新乐府运动",创立了"元白体"。元稹与白居易齐名,时称"元白",两人成了令人称道的模范诗友,应该说元稹对唐诗的发展是有贡献的。但是,在中国古代文人中,元稹的口碑却很差,这是因为他多情而不专情,甚至可以说是一个朝秦暮楚的人。

现在让我们看看元稹的感情经历。

元稹确实是一个风流倜傥、多情浪漫的才子。他早年曾写过传奇《会真记》,又名《莺莺传》。其实,《会真记》就是元稹对自身经历的自述。从宋代赵会时的《侯鲭录》,到鲁迅先生的《中国小说史略》、陈寅恪先生的《元白诗笺证稿》,都持这一观点。鲁迅先生认为《莺莺传》中张生的原型就是元稹本人。崔莺莺也实有其人,即元稹母亲远亲的女儿,名叫崔双文。事实是贞元十五年(799年)前后,元稹在蒲州河中府的普救寺遇见了崔双文,并与之有了恋情。元稹在贞元十八年(802年)曾作《会真诗三十韵》,其中有这样的诗句:"戏调初微拒,柔情已暗通。低鬟蝉影动,回步玉尘蒙。转面流花雪,登床抱绮丛。鸳鸯交颈舞,翡翠合欢笼……"详细记述了他与崔双文相遇并相恋的过程,证明真有其事。之后,金代董解元的《西厢记诸宫调》,元代王实甫的《西厢记》杂剧,都是按照《会真记》(《莺莺传》)改编的,成为中国历史上最著名的爱情剧作之一。然而,故事的结局大不相同,《西厢记诸宫调》和《西厢记》杂剧都是大团圆结局。《莺莺传》却写了一个始乱终弃的偷情故事。书中的张生高中状元之后,遗弃了崔莺莺,为了掩饰自己的忘恩负义,还道貌岸然地发了一番议论,指责崔莺莺是个"水性杨花"的女人。鲁迅先生对此评价说:"《莺莺传》者,元稹以张生自寓,述其亲历之境……篇末文过饰非,遂堕恶趣。"

元稹为了自己的"前程",抛弃了崔双文之后,娶了太子少保京兆尹韦夏卿之女韦丛。韦丛出身名门,长得如花似玉,也通诗赋。元稹二十四岁时与小他四岁的韦丛结婚。当时元稹只是一名穷书生,家里又穷得掉渣。婚后的前几年,元稹忙于应举,先由明经考中举人,而后又考中进士,几乎没有收入,全靠岳父家资助。元和元年(806年),也就是元稹与韦丛成婚的第三年,韦丛的父亲韦夏卿不幸去世。这样一来元稹一家的生活就陷入了困境。好在韦丛是一个能上厅堂也能下厨房的贤惠妻子。她心甘情愿地与元稹过穷苦日子,全心全意地料理家务,体贴入微地照顾丈夫,并为元稹生了五个孩子,却只有一个女儿存活下来。然而,四年以后,就在元稹即将功成名就的时候,韦丛却在穷苦生活中因病去世,时年二十七岁。这段婚姻持续了七年。

元稹与韦丛的感情非常好。韦丛去世后,元稹写了许多怀念妻子的感人至深的诗篇。从至今流传下来的诗来看,元稹至少有16首诗歌是为韦丛而写的,包括《遣悲怀三首》《春遣怀八首》《离思五首》。请看《遣悲怀三首》:

(一)

谢公最小偏怜女,嫁与黔娄百事乖。
顾我无衣搜荩箧,泥他沽酒拔金钗。
野蔬充膳甘长藿,落叶添薪仰古槐。
今日俸钱过十万,与君营奠复营斋。

(二)

昔日戏言身后意,今朝都到眼前来。
衣裳已施行看尽,针线犹存未忍开。
尚想旧情怜婢仆,也曾因梦送钱财。
诚知此恨人人有,贫贱夫妻百事哀。

(三)

闲坐悲君亦自悲,百年都是几多时!
邓攸无子寻知命,潘岳悼亡犹费词。
同穴窅冥何所望?他生缘会更难期!
惟将终夜长开眼,报答平生未展眉。

第一首写妻子生前艰难的生活处境,对丈夫的关爱之情。前两句以东晋宰相谢安最宠爱的侄女谢道韫喻韦丛,以战国时齐国的贫士黔娄比喻自己。意思是出身名门又有才华的韦丛却屈身下嫁给了自己这样的贫士,不得不过上"百事乖"的穷日子。看到我没有替换的衣裳,就翻箱倒柜地去搜寻;为了给我打酒,她不惜拔下头上的金钗换钱。平时家里常用野菜(长藿)当饭,她却毫无怨言;做饭没柴烧,她只能去扫树的落叶。这四句浸透着诗人对妻子的赞叹与怀念。尾联突出抱憾之情,如今自己有了厚俸,却再也不能与妻子共享,只能烧点纸钱寄托自己的哀思了。

第二首写妻子死后的百事哀。人已去世,遗物犹在。为了避免见物思人,他把妻子穿过的衣裳施舍出去,把妻子做的针线活包起来,不忍打开。但尽管这样,他也无法摆脱对妻子的思念。所以尾联说"诚知此恨人人有,贫贱夫妻百事哀",即对于同贫贱共艰难的夫妻来说,心情就更为悲哀了。

第三首承上启下,"悲君"指前两首对妻子的怀念,以"自悲"写自己。诗中引用了邓攸、潘岳的典故。邓攸那么善良,却终身无子,这难道是命运的安排?潘岳《悼亡诗》写得再好,对死者来说也是白费笔墨；寄希望于来生再做夫妻，更是虚无缥缈的幻想。想来想去只有一个办法，那就是"惟将终夜长开眼，报答平生未展眉"了。

《遣悲怀三首》叙事叙得实，抒情抒得真，可说是字字出于肺腑。《唐诗三百首》的编选者蘅塘退士评价这三首诗说："古今悼亡诗充栋，终无能出此三首范围者。"

元稹还为妻子写了《离思五首》，且看第四首：

曾经沧海难为水，除却巫山不是云。
取次花丛懒回顾，半缘修道半缘君。

此诗以"索物以托情"的比兴手法描写了夫妻之间的恩爱，表达了诗人对妻子的怀念之情。首二句"曾经沧海难为水，除却巫山不是云"，是从《孟子·尽心篇》中的"观于海者难为水，游于圣人之门者难为言"变化而来的，不同的是《孟子》中是明喻，元稹的诗是暗喻。元稹这首绝句，取譬极高，抒情极为强烈，"曾经沧海"二句更成为千古名句。

读了元稹的这些诗，我们不得不承认元稹对妻子韦丛怀有一往情深的真情，也不得不佩服元稹是一个抒情高手。然而，遗憾的是元稹对妻子的这份感情，没能持续多久，更没像诗句"取次花丛懒回顾"，表示自己对女色已经没有了眷恋之心，而是不久之后就看上了美女诗人薛涛。

据宋代尤袤《全唐诗话·元稹》记载："稹闻西蜀薛涛有词辩，及为监察使蜀，以御史推鞫，难得见焉。严司空潜知其意，每遣薛往。"意思是元稹听说西蜀有个名叫薛涛的美女，诗词写得很好，于是趁自己任监察使的身份，特意到了成都。可是，去了以后又不能以御史的身份传讯薛涛。当地官员严司空"潜知"元稹的意思，于是让薛涛多次到元稹官府里去。薛涛虽被誉为唐代四大女诗人之首，又曾被西川节度使韦皋称为"校书"，但其身份仍然是歌伎，怎敢不听命？

元稹此次到成都，一见到薛涛就穷追不舍。他极善于揣摩女人的心理，投其所好，送其所需，关怀备至，体贴入微。此时已年近四十岁的薛涛，经过两次婚恋失败，对爱情已经心灰意冷，然而禁不住元稹的感情攻势，心中行将熄灭的爱火，一下又被点燃。她不顾两人近十岁的年龄差距，像瀑布跳崖一样，不怕粉身碎骨，义无反顾地跳进了爱河。薛涛仰慕元稹的才华，倾心元稹的儒雅风度，更坚信一个对亡妻曾写下"曾经沧海难为水，除却巫山不是云"诗句的人，对自己肯定也差不了。然而，薛涛真的错了，元稹无疑是一个海誓山盟的高手，可是他在男女感情上却是一个朝秦暮楚、薄情寡义的小人。

元稹离开成都时，对薛涛信誓旦旦地说："待到任新职后，一定设法为你脱籍，娶你做续弦夫人。"可是在离开薛涛不久，他就纳安仙姬为妾，又与从良妓女刘采春交好，害得刘采春含恨自尽，后又再娶高官裴土自之女裴淑为妻。

元稹为了自己的仕途，还巴结宦官，靠宦官崔潭峻的推荐，一路高升，还当过三个月的宰相。元稹不仅薄情，而且势利。难怪陈寅恪先生在《元白诗笺证稿》中怒形于色地骂元稹："自私自利。综其一生行迹，巧宦固不待言，而巧婚尤为可恶也。"元代的辛文房也说元稹："不矜细行，终累大德。"（《唐才子传》）

元稹作为著名诗人，在文学史上却口碑不好，也就不足为奇了。

35　贾岛苦吟"穷而后工"

唐朝有两个以苦吟著名的诗人孟郊和贾岛。贾岛（779—843），字阆先，范阳（今北京附近）人，早年当过和尚。后人以"郊寒岛瘦"并称他们为"苦吟派"诗人。

什么叫苦吟派呢？就是为了一句诗或是诗中的一个词，不惜耗费心血，花费工夫。贾岛曾作过一首诗《送无可上人》为写诗中的两句"独行潭底影，数息树边身"，竟用了三年时间。诗成之后，他热泪横流，又写

了一首《题诗后》："两句三年得，一吟双泪流。知音如不赏，归卧故山秋。"这不仅仅是高兴，也是他对自己苦吟的感叹。

贾岛作诗为了锤炼字句，往往到了痴迷的程度，为此闹了不少笑话。据《唐才子传·贾岛传》记载："（贾岛）尝跨蹇驴张盖，横截天衢。时秋风正厉，黄叶可扫，遂吟曰：'落叶满长安。'方思属联，杳不可得，忽以'秋风吹渭水'为对，喜不自胜，因唐突大京兆刘栖楚，被系一夕，旦释之。"

说的是贾岛有一次骑着跛驴，打着伞，在长安大道上行走。当时秋风正猛烈地吹着，他看到树上的落叶在路边堆积，于是想起一句诗"落叶满长安"。这是一联诗的下句，却一时难以想出上句。忽然一句"秋风吹渭水"从脑中闪现出来，他高兴得不禁手舞足蹈，以致驴子横穿大道，冲向了京兆尹刘栖楚的车队。卫兵当场把他抓了起来，以"唐突大臣"罪，关押了一夜，天亮才释放。

像这样的事，对贾岛来说已是家常便饭。幸运的是，下一次的"唐突大臣"，不仅留下了"推敲"的佳话，还改变了自己的命运。

后蜀何光远《鉴戒录·贾忤旨》比较详细地记叙了这件事："（贾岛）忽一日于驴上吟得'鸟宿池边树，僧敲月下门'。初欲著'推'字，或欲著'敲'字，炼之未定，遂于驴上作'推'字手势，又作'敲'字手势。不觉行半坊。观者讶之，岛似不见。时韩吏部愈权京尹，意气清严，威振紫陌。经第三队呵唱，岛但手势未已。俄为官者推下驴，拥至尹前，岛方觉悟。顾问欲责之。岛具对：'偶得一联，吟安一字未定，神游诗府，致冲大官，非敢取尤，希垂至鉴。'韩立马良久思之，谓岛曰：'作敲字佳矣。'"

这段话的意思是，有一天贾岛骑着驴在京城的路上走，在驴背上正琢磨两句诗"鸟宿池边树，僧敲月下门"。他想用"推"字，又想用"敲"字，反复思考定不下来，便在驴背上一边吟

诵,一边不停做着"推"和"敲"的动作。路上行人对此感到很惊讶,贾岛竟毫不觉察。当时韩愈是代理京兆尹,正乘车马出巡。贾岛不知不觉,直走到韩愈仪仗队的第三节,还在不停地做"推"与"敲"的手势。于是被韩愈的侍从把他从驴上拉下,推到韩愈的面前,予以责问。贾岛说了他正在酝酿的诗句,对句中是用"推"字,还是用"敲"字一时拿不定主意,竟忘记了回避。韩愈停下车马思考了好一会,对贾岛说,用"敲"字好。贾岛欣然同意。两人于是一起回家,一同谈论作诗的心得,好几天不舍得离开,竟成了好朋友。这件事成为一段佳话,很快在京城传开。

"推敲"一词从此也成为脍炙人口的常用语,用来比喻做文章时斟酌字句,或做事要反复琢磨,为后人经常引用。那么,在贾岛这首诗中为什么用"敲"字比"推"字好呢?让我们看看这首《题李凝幽居》的诗:

闲居少邻并,草径入荒园。鸟宿池边树,僧敲月下门。

过桥分野色,移石动云根。暂去还来此,幽期不负言。

这首诗写的是贾岛当和尚时寻访友人李凝未遇的事,诗中敲门的僧人就是贾岛。首联"闲居少邻并,草径入荒园",写李凝的住处没有邻居,一条小径也被荒草遮掩,突出了一个"幽"字。颔联"鸟宿池边树,僧敲月下门"是贾岛反复推敲的名句。为什么用"敲"字比"推"字好呢?其一,以"响"衬"静",更显环境的清幽;其二,从情理上说,诗人访友是在夜间,怎能看见树上栖息的鸟呢,而用了"敲"字就好理解了。在万籁俱寂的夜晚,轻轻的敲门声惊醒了树上栖息的鸟,飞离了鸟巢。一"敲"字,既以静衬动,又合情入理。套用王国维的一句话,"着一'敲'字而境界全出"。难怪韩愈也说,用"敲"字好了。

贾岛巧遇韩愈,不仅因"推敲"成了名,还在韩愈劝说下还俗,参加科举考试,后来还真考中了进士,眼看锦绣前程在面前铺开。然而,也是命运捉弄人,贾岛高兴了没几天,又因为他的书生气,无意中得罪了当今皇上,一生只当了主簿、司仓那样的小官。

据《唐才子传·贾岛传》记载:"(贾岛)时新及第,寓居法乾无可精舍。一日,宣宗微行至寺,闻钟楼上有吟声,遂登,于岛案上取卷览之,岛不识,因作色,攘臂睆而夺之曰:'郎君鲜醴自足,何会此耶?'帝下楼去。继而觉之,大恐,伏阙待罪,上讶之。他日,乃授遂州长江主簿,后稍迁普州司仓。"

意思是当时贾岛刚考取进士,借住在法乾寺诗僧无可的住所。有一天,唐宣宗李忱微服出行到了法乾寺,听到钟楼上有吟诗的声音,就登上楼去,在贾岛的书案上拿起诗卷看起来。贾岛看这人衣着华美,又随便翻看他的诗卷,很不高兴,就变了脸色,撸起袖子一把夺过诗卷,瞪眼看着宣宗,说:"先生衣着华美,一定生活富足,怎么会懂得作诗这种'穷而后工'的事呢?"

宣宗走后,贾岛才听说刚才上楼那位就是当今天子,心里非常害怕,立刻跑到皇宫阶下,伏地请罪。可是,皇帝连理都没理。不久,圣旨降下,把贾岛这个新科进士派到遂州长江县,当了个主簿,后又转任普州司仓的小官,"穷而后工"去了。贾岛终身贫困,死于普州司仓任上。临死的时候,家里没有一文钱,只有病驴一头,古琴一张,因无钱归葬,就葬在普州(今四川安岳县)岳阳山。当他的死讯传开的时候,人们都爱怜他的诗才而惋惜他命薄!

后来有一个名叫安程锜的诗人到普州任职,曾到贾岛墓前祭奠,并写下《题贾岛墓》

一诗：

　　　　倚恃才难继，昂藏貌不恭。骑驴冲大尹，夺卷忤宣宗。

　　　　驰誉超先辈，居官下我侬。司仓旧曹署，一见一心忡。

　　诗中的"夺卷忤宣宗"说的就是上面的故事。

　　贾岛写诗在锤炼字句上的刻苦认真精神，确实值得肯定。但是，凡事都有个度，如果过度地追求字句的奇崛、精美，忽略了所反映的内容，就会走向反面。从贾岛现存的诗歌来看，也有个别的好诗，如《剑客》：

　　　　十年磨一剑，霜刃未曾试。今日把示君，谁有不平事？

　　描写剑客的豪侠义气，相当动人。其他绝大多数的诗中，不是写自己寂寞的生活境遇，就是回忆早年当和尚时的禅房生活，几乎看不到社会现实的影子。优秀诗人写诗是为了反映生活，而贾岛却是为了生活而写诗。他自己就说："一日不写诗，心源如废井"。（《戏赠友人》）他正是因为缺乏生活体验，专以铸字炼句取胜，所以"诚有警句，视其全篇，意思殊馁"（司空图《与李先生论诗书》转引自《中国文学史》）。贾岛与孟郊虽然齐名，但是因为他们的创作道路不同，所以，贾岛的诗无论思想内容还是艺术成就，都远不如孟郊。

36　神童李贺

唐代诗人骆宾王七岁就咏出"鹅鹅鹅,曲项向天歌。白毛浮绿水,红掌拨清波"的诗,被称为神童。其实,唐代神童远不止骆宾王一人,李贺也是一个。

李贺(790—816),字长吉,河南昌谷(今宜阳县)人。据《新唐书·李贺传》记载:"(李贺)系出郑王后。七岁能辞章,韩愈、皇甫湜始闻未信,过其

家,使贺赋诗,援笔辄就如素构,自目曰高轩过,二人大惊,自是有名。"意思是李贺天才早熟,七岁时便写得一手好诗文,名动京城。当时担任吏部员外郎的大文豪韩愈及侍郎皇甫湜听说后,开始还不大相信,说:"要是古人,那还罢了,而今天居然有这样的奇人,那我们怎么能失之交臂呢?"说罢,二人便联袂去探访个究竟了。二人来到李贺家,李贺梳总角发穿荷叶衣从内室出来,二人让李贺当场作诗。李贺并不惊慌,向两位大人深施一礼,然后便援笔写了一首诗《高轩过》:

华裾织翠青如葱,金环压辔摇玲珑。
马蹄隐耳声隆隆,入门下马气如虹。
东京才子,文章巨公。
二十八宿罗心胸,元精耿耿贯当中。
殿前作赋声摩空,笔补造化天无功。
庞眉书客感秋蓬,谁知死草生华风?
我今垂翅附冥鸿,他日不羞蛇作龙!

这首诗形象地描绘了韩愈、皇甫湜驷马高轩来访自己的声势,又赞美了两位文人"笔补造化"的文才,还表示自己要向他们学习的心愿。二人读后大惊,见李贺诗中所展现出来的那种自信、谦虚和恭敬,当即便惊喜万分地夸赞不已:"天才,天才!果然是名不虚传哪!"遂亲自为李贺束发。在离开时,他们还热忱地邀请李贺到他们府第中做客。经过这次来访,李贺的诗名越发大了。

李贺能成为唐代的著名诗人,不仅因为天资聪慧,更在于他的刻苦好学。《新唐书·李贺传》说他:"每旦日出,骑弱马,从小奚奴,背古锦囊,遇所得,书投囊中。未始先立题然后为诗,如他人牵合程课者。及暮归,足成之。""母使婢探囊中,见所书多,即怒曰:'是儿要呕出

心乃已耳。'"

　　说的是李贺写诗决不凭空臆想,而是注意观察生活,到生活中去发现题材,捕捉灵感。为此他经常骑着一匹瘦马,带着家中的小童子,背着小锦囊,边走边思索。一旦有了好句子或是来了灵感,他便把灵感火花急速记录下来,投进小锦囊里。一到家里,他连饭也来不及吃,从小锦囊里拿出他投进去的断章零句进行整理,并把它们写成一首首令人叫好的诗作。他母亲看到这种情况,心疼地说:"唉,看来我这宝贝儿子写诗非要呕出心、吐出血来才肯罢休呀!"

　　李贺成名了,许多嫉妒李贺的人就恶意中伤他,他们抓住李贺父亲名字"李晋肃"大做文章,说父名中的"晋"字跟进士的"进"同音,这就犯了"家讳",不能参加进士考试。尽管韩愈写了著名的《讳辨》来为之辩解,但李贺还是没能参加科考,只当了一个执掌祭祀的九品小官奉礼郎,一生辛酸、贫困,死时才27岁。

　　李贺是一个很富有创造性的诗人,在短促的生命中,为诗歌开辟了一个新的天地,留下了不少优秀的诗篇。如反映社会现实,描绘采玉工人悲惨命运的《老夫采玉歌》:

　　　　采玉采玉须水碧,琢作步摇徒好色。
　　　　老夫饥寒龙为愁,蓝溪水气无清白。
　　　　夜雨冈头食蓁子,杜鹃口血老夫泪。
　　　　蓝溪之水厌生人,身死千年恨溪水。
　　　　斜山柏风雨如啸,泉脚挂绳青袅袅。
　　　　村寒白屋念娇婴,古台石磴悬肠草。

　　这首诗让人们看到,富人们的享乐竟是用穷苦百姓的死亡换来的!再如歌颂边塞将士英雄气概的《雁门太守行》:

　　　　黑云压城城欲摧,甲光向日金鳞开。
　　　　角声满天秋色里,塞上燕脂凝夜紫。
　　　　半卷红旗临易水,霜重鼓寒声不起。
　　　　报君黄金台上意,提携玉龙为君死。

　　诗歌把战士寒夜出击敌人的情竟,英勇参战的决心,战场的惨烈氛围描写的非常生动。当然,李贺的不少诗发泄了自己怀才不遇的愤懑与不平。如《开愁歌》:"我当二十不得意,一心愁谢如枯兰。衣如飞鹑马如狗,临岐击剑生铜吼。"他在《马诗》里这样写:"此马非凡马,房星本是星。向前敲瘦骨,犹自带铜声。"李贺对"铜"似乎情有独钟,诗中的"铜"字代表了他傲然不屈的骨气。

　　李贺这种悲愤不平的感情有时丕用非现实的幻想来表现,最有名的是《金铜仙人辞汉歌》。李贺在诗的前面写有一小序:魏明帝青龙元年(223年)八月,诏宫官牵车西取汉孝武捧露盘仙人,欲立置前殿。宫官既拆盘,仙人临载,乃潸然泪下。唐诸王孙李长吉遂作《金铜仙人辞汉歌》:

　　　　茂陵刘郎秋风客,夜闻马嘶晓无迹。
　　　　画栏桂树悬秋香,三十六宫土花碧。
　　　　魏官牵车指千里,东关酸风射眸子。

空将汉月出宫门,忆君清泪如铅水。
衰兰送客咸阳道,天若有情天亦老。
携盘独出月荒凉,渭城已远波声小。

金铜仙人是汉武帝建造的,"高二十丈,大十围"(《三辅故事》),矗立在神明台上,手举承露盘,据说可以承接仙人的神水,喝了能长生不老。魏明帝于景初元年(237年),要把它拆离汉宫,运往洛阳。那时既没有起重机,又没有大型运输车辆,要把这样一个庞然大物运往千里之遥的洛阳谈何容易,终因"重不可致"而被留在了霸城。习凿齿的《汉晋春秋》说:"帝徙盘,盘折,声闻数十里,金狄(铜人)或泣,因留霸城。"李贺就是借这件事写成《金铜仙人辞汉歌》的。据朱自清《李贺年谱》,李贺写此诗"大约是元和八年(813年),李贺因病辞去奉礼郎职务,由京返洛途中所作"诗人借金铜仙人辞汉的史事,抒发兴亡之感、家国之痛和身世之悲。全诗设想奇特,深沉感人;形象鲜明,而又变幻多姿;词句奇峭,而又妥帖绵密。充满了浪漫主义色彩,是李贺的代表作品。特别是诗中的"天若有情天亦老"一句,成为传诵千古的名句,后来许多诗人写诗时化用了此句。

如宋代欧阳修的《减字木兰花》:"伤怀离抱,天若有情天亦老。此意如何,细似轻丝渺似波。"宋代孙洙亦的《何满子·秋怨》:"黄叶无风自落,秋云不雨常阴。天若有情天亦老,摇摇幽恨难禁。"元代元好问的《蝶恋花》:"天若有情天亦老,世间原只无情好。"清代程颂万的《玉楼春》:"花开未老人年少,顷刻光阴都过了。坐来虽近远如天,天若有情天亦老。"直到现代毛泽东还在其诗《七律·人民解放军占领南京》中引用此句,写出尾联"天若有情天亦老,人间正道是沧桑"。

史传说"天若有情天亦老"是十四转金句,除李贺之外,还被十三位文人直接引用到自己的文学作品里,文运之气极盛,是华夏文学史上文气最强的七字句,被称为七字句中的"千古第一句"。

宋代司马光还称"天若有情天亦老"为"奇绝无对"。就是说,如果把这句诗作为对联的上联,是没有人能对出下联的"绝对"。过了若干年以后,有一个名叫石延年的诗人,在赠友联中,对出下句"月如无恨月常圆"。不仅词性、声律恰相对仗,而且意境深远,两联相配,自然融为一体。这件事记载在《蓼花州闲录》中。

李贺不仅幼年聪慧,而且有"呕心沥血"的创作态度,在中唐诗坛、乃至整个诗歌史上都可以说是独树一帜的天才诗人。

毛泽东就很喜欢李贺的诗。他在1965年7月21日写给陈毅的信中说:"李贺的诗很值得一读,不知你有兴趣否?"(《毛泽东书信选集》)他对李贺的诗及其历史地位的评价的确是很高的。

37 濮阳人的好女婿——李商隐

君问归期未有期,巴山夜雨涨秋池。
何当共剪西窗烛,却话巴山夜雨时。

李商隐的这首《夜雨寄北》,可以说无人不晓。《万首唐人绝句》把这首诗题作《夜雨寄内》,"内"就是"内人",即妻子。李商隐的妻子是谁呢?这也许就有人不知道了。她是濮阳名宦王茂元最小的女儿——王七小姐。俗话说"一个女婿半个儿",何况李商隐还是倒插门女婿。更难得的是他对妻子王氏一往情深,为此曾写下了许多感人至深的诗歌。最有名的就是这一首了。

李商隐(约813—858),字义山,号玉溪生,又号樊南生。怀州河内(今河南省沁阳)人,从祖父起迁居郑州荥阳。

李商隐是晚唐最杰出的诗人,与杜牧合称"小李杜",与李白、李贺合称"唐诗三李"。这评价可真够高的。

李商隐有绝世才华,更怀有忠君报国的一腔热情。只可惜他生在"夕阳无限好,只是近黄昏"(《乐游原》)的晚唐,大唐已显现出王朝末日的景象,宦官干政、藩镇割据、朋党斗争愈演愈烈。尽管李商隐哪个党都不是,却身不由己地卷入了党争的旋涡,屡遭打击。《旧唐书·李商隐传》称他"为当涂者所薄,名宦不进,坎壈终身"。

李商隐大半生都流落在遥远的他乡,茫然失所,进退失据。大中十年(856年)李商隐为生活所迫,只得又追随盐铁转运使柳仲郢,任盐铁推官。两年之后柳仲郢调走,他又失去了工作,真是靠山山崩,靠树树倾。李商隐回到家乡,不久病逝。唐代崔珏感叹他"虚负凌云万丈才,一生襟抱未曾开"!

李商隐留下了600多首诗,其中"无题"诗是李商隐的独创。他写有"无题"诗15首,仿照《诗经》以开头二字为题的近30首,统称为《无题》诗,其中不少是写爱情的。读了这些诗,人们不禁要问:他是个钟情于爱情的人吗?他又有怎样的爱情经历?

据有关资料介绍,李商隐确实长得五官端正,眉清目秀,风度翩翩。李商隐不仅长得潇洒,诗又写得绝棒,是个典型的风流才子。然而,他清俊而不轻浮,多情而不滥情。在那男权主宰的封建时代,李商隐确实是个少有的注重情义、忠于爱情的人。

李商隐的初恋是在他的恩师令狐楚府里发生的。李商隐拜令狐楚为师后,留在府里读书。令狐楚当时是汴州最大的官,庄邸精美且有豪华园林。府内奴婢如云,就像《红楼梦》里

— 97 —

的贾府,丫鬟分几个等次,头等大丫鬟没有一个不是才貌出众的。其中有个名叫锦瑟的丫鬟,貌美如花,歌喉甜美,瑟又弹得极好。这些都让情窦初开的李商隐动心。锦瑟也钟情于李商隐。可是李商隐自知寄人篱下,而且他也看出,令狐楚的儿子令狐绹非常贪恋锦瑟的娇容丽色,就更不敢冒失。两人只是眉目传情而已,始终没能互诉衷曲。

后来令狐楚调任天平军节度使,聘李商隐入幕府。等他两年后再返回汴州,锦瑟姑娘已经离开了令狐府,大概已嫁为人妇。她临走托人给李商隐留下一条绢带,上书"锦瑟"二字。这段恋情就这样结束了,然而在李商隐的心里留下了刻骨铭心的记忆。他后来写的诗词中多次出现锦瑟二字,不能说是无意为之。

关于锦瑟其人,刘攽《中山诗话》有记载。看来此人不虚。

李商隐两次考试都失败了。再加上令狐楚已调入朝廷,没有了独立的财权和人事权,李商隐失去了依靠,心里很是彷徨。在友人张永的怂恿下,他产生了入山学道的念头。他想,当年李白曾入终南山学道,虽然没有找到神仙,却得了个"谪仙"的美名,终于入朝成了供奉翰林。于是李商隐24岁那年,随张永跑到了济源王屋山,开始了"学仙玉阳东"的仙游生活。玉阳山下有一条玉溪水,他自号玉溪生,以示自己学仙的决心。然而他仙没学成,却又有了一段恋情。

王屋山当时很有名,不少隐士隐居在这里。玉溪对岸就有一座华丽的道观,那是当年为皇帝女儿修建的,名为灵都观。唐代女子丈夫死了,她们往往选择出家。宪宗、穆宗、敬宗、文宗的女儿均有出家者。当时是穆宗女儿义昌公主住在灵都观里。

李商隐居住的清都观与灵都观临近。每年七月十五中元节,灵都观都要设道场。义昌公主邀请清都观的道士也来参加。在道士白云夫的引荐下,李商隐进入了灵都观,认识了公主身边的侍婢宋华阳道姑。

李商隐的风度、谈吐、文才不仅让义昌公主怦然心动,更让身边的宋华阳一见倾心。当道姑不比宫女,行动比较自由。如果有了如意郎君,也可以嫁人。当然这要有公主的应允。

"易求无价宝,难得有心郎。"这是宋道姑读过的女诗人鱼玄机的诗句。她认为今秋不期而遇的李商隐,就是她的有心郎。

宋道姑是义昌公主的贴心侍婢,貌美出众,能歌善舞。她在侑酒过程中不免向李商隐暗送秋波。李商隐也怦然心动。只因公主居住的灵都观戒备森严,两人只能像牛郎织女一样隔银河而相思。好在有好友白云夫相助,以"买药问安"为由出入灵都观,为李商隐传递情诗。其中就有一首《银河吹笙》:

> 怅望银河吹玉笙,楼寒院冷接平明。
> 重衾幽梦他年断,别树羁雌昨夜惊。
> 月榭故香因雨发,风帘残烛隔霜清。
> 不须浪作缑山意,湘瑟秦箫自有情。

诗中写在天色欲明未明时分,彻夜未眠的诗人,眼望夜空中的银河,往昔宴饮时的笙歌似乎又传入耳中。然而黎明前的寒意,让诗人意识到,这不过是一场幽梦。那别树羁留的雌鸟,引发一阵阵心惊。一切都像幻影一样消失了,只剩下眼前的风帘飘拂、残烛摇影,只能借助神话传说的遐想,寄托自己缅怀的一片深情。

这首情诗深深打动了宋道姑。她竟然不顾一切，冲破牢笼，跑到清都观，与李商隐会面。

然而这事让义昌公主知道了。公主既妒且恨，抡起大棒，打散鸳鸯，执行家法，把宋道姑囚禁在灵都观。宋道姑绝食抗命，以死抗争。然而，义昌公主更有狠招，竟以她的两个妹妹的生命相威胁。宋道姑姐妹三人都是女官，命都在义昌公主手里攥着。宋道姑不能让妹妹因自己无辜丧命，只能屈从。义昌公主何义之有？

宋道姑被侍卫从清都观抓走时，李商隐不畏侍卫的利剑冲了上去，白云夫拼命拦住了他。眼看马车转过了山道，路上只留下飘飞的黄叶，李商隐的心都碎了，随后作了一首震撼人心的《无题》：

相见时难别亦难，东风无力百花残。
春蚕到死丝方尽，蜡炬成灰泪始干。
晓镜但愁云鬓改，夜吟应觉月光寒。
蓬山此去无多路，青鸟殷勤为探看。

李商隐知道，今此一别将成永诀。今后要想知道彼此的消息，只能寄希望于西王母跟前的青鸟了。

玉阳山李商隐是待不下去了，学道成仙成了一句空话，不期而遇的恋情也以失败告终，于是在道观的墙上留诗一首下了山：

代应

沟水分流西复东，九秋霜月五更风。
离鸾别凤今何在，十二玉楼空更空。

李商隐回到洛阳家里，准备来年的考试。可是他忘不了玉阳山那段短暂而又刻骨的爱情，写下了不少诗。其中就有名篇《无题》：

飒飒东风细雨来，芙蓉塘外有轻雷。
金蟾啮锁烧香入，玉虎牵丝汲井回。
贾氏窥帘韩掾少，宓妃留枕魏王才。
春心莫共花争发，一寸相思一寸灰。

李商隐的母亲看他整天足不出户，怕他憋在家里闷出病来，就把侄儿李让山找来，陪他聊天，伴他出去散心。有一天李商隐和堂兄来到一片水塘边，只见水面如镜，清澈见底，塘边植满了茂竹，环境十分清幽，令人心旷神怡。李商隐问堂兄："这是什么地方？是谁家的园林？"

堂兄说："这是崇让坊王茂元家的后花园。王茂元是河南濮阳大族，家里几代人做高官，两京都有宅邸。"

正说着话，有两个年轻女子从竹林里走了出来，忽然看见对面有两个青年男子正向这边看自己，慌忙躲进了竹林。

堂兄说："那个高个女孩就是王茂元的七小姐，另一个是她的丫鬟，和你嫂子有亲戚。你要不要看看七小姐的芳容？那可是这一带的美人。只要你嫂子叫她们，她们就会过来。"

李商隐听后急忙拒绝，没想到这是与日后妻子的第一次邂逅。过了不久，京城就发生了血腥的"甘露之变"。李商隐应令狐楚之召去了长安，等他回家后才得知，他走后王家七小姐曾去堂兄家玩,当听说那天隔水相望的年轻人名叫李商隐时,非常吃惊。原来七小姐读过李商隐的不少诗,对李商隐是十分的仰慕。她还说等李商隐回了洛阳,希望能当面聆教。

李商隐听了这番话,心里热乎乎的。想不到自己的家乡竟有这样的红颜知己,而且不惧家规、家法,竟然要和自己见面,真是个有胆有识的奇女子。堂兄也很想促成这件婚事。

可是李商隐的母亲不同意,认为一个闺阁女子,竟然敢和一个不相识的男子见面,是不守妇道。就以李商隐功名未就为理由,拒绝了这门婚事。李商隐是个孝子,不敢违母命。一片水塘竟成了有情人难以逾越的天河。但是在堂兄的帮助下,两人的书信、诗词往来却越来越频繁。这段时间李商隐写下了不少诗。如《无题》:

　　来是空言去绝踪,月斜楼上五更钟。
　　梦为远别啼难唤,书被催成墨未浓。
　　蜡照半笼金翡翠,麝熏微度绣芙蓉。
　　刘郎已恨蓬山远,更隔蓬山一万重。

诗中的刘郎指东汉的刘晨,上山采药遇见仙女,后来再去寻觅,却只见天上的云霞,再也见不到仙女的踪影。李商隐用这个典故,抒发了自己和心上人咫尺天涯却难以相逢的苦闷心情。真挚的爱情,催生出杰出的诗章。

有一天堂兄突然告诉李商隐,七小姐不辞而别去了京城姐夫家,已经有十多天了。李商隐非常吃惊,七小姐突然离去,很可能是因为自己写给她的情诗被父母发现了。在封建社会,男女私相授受可是败坏门风的大事啊!他又心急又内疚,一首《无题》又成为名篇:

　　昨夜星辰昨夜风,画楼西畔桂堂东。
　　身无彩凤双飞翼,心有灵犀一点通。
　　隔座送钩春酒暖,分曹射覆蜡灯红。
　　嗟余听鼓应官去,走马兰台类转蓬。

有学者认为,这首诗就是李商隐写给王氏的。诗的开头就写往日的相见已经成为难以追寻的记忆。三、四句说,尽管两人没有彩凤那样的双翅飞越阻隔,但彼此的心像灵异的犀角一样,有一线相通。这比喻极为新奇贴切,遂成千古名句。五、六句写诗人的猜测与想象:意中人也许正在参与热闹的宴会,灯红酒暖,觥筹交错,隔座送钩,分曹射覆,气氛十分热烈,反衬出诗人的孤单冷漠,于是引出结尾的嗟叹:在终宵的思念中,不知不觉晨鼓已经敲响,不得不去应差上班了。自己就像飘忽不定的蓬草,为了仕途生计,匆匆地走马兰台(兰台是秘书省的别称,代指官府)。

开成二年(835年),李商隐终于中进士,有了功名。李商隐母亲没有理由再不同意这门亲事。王茂元是个开明的父亲,顺从了他最疼爱的小女儿的心意,招李商隐为婿。一对有情人终成眷属。这一年李商隐27岁,七小姐小他十岁。妻子貌美、贤惠、知书、懂诗。李商隐因这桩美满的婚姻,对王茂元抱有感激之情,多次在文中说:"某穷辱之地,早受深知,遂以嘉姻,托之弱植。"

李商隐对自己的妻子更是关爱有加,曾一再写诗赞美年轻貌美的妻子:"常闻宓妃袜,渡水欲生尘。好借嫦娥看,清秋踏月轮。"在李商隐心目中,妻子就是嫦娥、七仙女,简直就是仙姿绰约的女神。他还把妻子比作"亭亭净植"的荷花,亲昵地称她小荷、荷花,还曾作《荷花》

《赠荷花》诗,其中有这样的句子:"惟有绿荷红菡萏,卷舒开合任天真。""此花此叶长相映,翠减红衰愁杀人。"真是含在嘴里怕化了,捧在手里怕摔了!

如此看来,李商隐虽因娶了王七小姐,付出了后半生仕途蹉跎的沉重代价(因为令狐楚是牛党,而王茂元属于李党),然而,有了这份幸福也值了。

七小姐贤惠绝非虚名。李商隐在泾原幕府时,要拿出工资的一半寄回家,供养母亲和弟妹。七小姐不但毫无怨言,还把自己的私房钱交给李商隐,好孝敬没见过面的婆婆。

李商隐婚后不久,王茂元就在平定藩镇叛乱时病逝于军中。李商隐偕妻子仓皇奔丧,痛哭既是岳父又是恩人的王茂元,竟"恸而不起"从此,他对失去父爱的妻子更加关怀备至。

李商隐一生,绝大部分时间沉沦在地方幕府,工作极不稳定,俸禄也不高,而且一走就是经年累月。岳父去世后又失去了唯一的外援,生活拮据不说,恩爱夫妻更是聚少离多,怎能不产生深深的思念?诗人为此写下了许多感人的诗篇,如《思归》《晚晴》《即日》等。最有名的就是文章开头的那首写于巴蜀山中的《夜雨寄北》。

当时他正在荆楚,接到了妻子询问归期的信,茫茫然进退失据。其心情正如窗外连绵的秋雨,涨满的秋池,此情此景终于凝结成传世的诗句。

妻子原是富家小姐,出嫁前过着锦衣玉食的生活,嫁给李商隐后就没过上几天好日子。丈夫在外打拼,她携儿带女苦苦支撑着家。有时不得不投靠一母所生的六姐生活,其困窘可想而知。然而她从来没有一句怨言。她写给丈夫的信,除了询问归期,总是说"家中一切皆好",以免丈夫操心挂念。

生活的磨难,儿女的牵累,极大地损害了王氏的健康。她也知道自己患了病,但一直隐忍着。李商隐身体也不好,为了给丈夫看病,她卖了自己仅有的首饰,自己却舍不得看病吃药,竟然吃丈夫的药渣,还宽慰丈夫说:"吃了你的药底子,还真的有效呢!"(《李商隐传》)

李商隐在徐州卢弘止幕府时,收到妻子最后一封"平安"家信。不久,卢弘止病逝,李商隐没有了工作,只得回家,一进家门才发现妻子已经卧病在床。李商隐慌了神,四处请医问诊,然而医生都摇头叹息而去。

大中五年(851年)八月,王七小姐魂归天上,年仅29岁。她这么年轻,得的又不是不治之症。她是累死的,愁死的,有病不舍得看医生——拖死的。李商隐顿足撞墙,痛哭流涕,痛悔自己太粗心大意,没有照顾好自己的爱妻。这才真正是"春蚕到死丝方尽,蜡炬成灰泪始干"。于是悼亡诗一首接一首,诉不尽的哀思伤感,道不完的悔恨思念。

此后,李商隐一直生活在怀念与追悔之中。为了养家,他不得不把儿女寄养在亲戚家,只身入蜀,加入梓州柳仲郢幕府。在赴蜀途中作《悼伤后赴东蜀辟至散关遇雪》:

剑外从军远,无家与寄衣。

散关三尺雪,回梦旧鸳机。

柳仲郢对李商隐很器重,也很同情,看到他整天郁郁寡欢,身体日渐憔悴,很是忧心。为了让李商隐从痛苦中解脱出来,他把成都色艺双绝的女孩介绍给他,劝他续弦,即便不愿续弦,服侍他生活也行。然而,李商隐都谢绝了——没有人能取代王氏在他心中的位置。和王维一样,李商隐妻亡没有再娶。在唐代诗人中,李商隐的钟情与元稹的薄幸,成为鲜明的对比。

大中九年柳仲郢调回朝廷,李商隐也回到长安家里,旧物旧景无不使他触目生情。七月他独游曲江,看到江中的荷花,又想起了被他喻为荷花的妻子,写下了《暮秋独游曲江》一诗:

荷叶生时春恨生,荷叶枯时秋恨成。

深知身在情长在,怅望江头江水声。

大中十一年正月,李商隐特意去了洛阳,到与亡妻曾经生活过的,如今已经荒废的崇让里老宅寻觅旧踪,留下《正月崇让宅》:

密锁重关掩绿苔,廊深阁迥此徘徊。

先知风起月含晕,尚自露寒花未开。

蝙拂帘旌终展转,鼠翻窗网小惊猜。

背灯独共余香语,不觉犹歌起夜来。

《起夜来》是新婚喜歌。往昔的崇让宅,诗人每次归来,都有爱妻相迎,那是多么幸福的时光。如今却是重门上锁,满地青苔,楼阁冷落,触目生悲。妻子已逝,无人与语,诗人只好独自徘徊。夜幕降临,月亮生辉,却蒙上一层阴影,似有无限悲哀。

李商隐在这座废宅里独自住了七天!

李商隐的《正月崇让宅》和苏轼悼念亡妻王弗的《江城子》,陆游凭吊唐婉的《沈园》诗有一比。

此后诗人拖着病弱之身依然幕游,诗笔挥洒不息,回想自己近50年岁月,真的是不堪回首。自己为前程、为家族、为妻儿、为国家、为百姓,努力过、奋斗过、呐喊过,却因身不由己卷入党争,一切理想都化为泡影。

往事不堪回首,美丽的锦瑟姑娘离他而去,多情的宋华阳道姑不知踪影。相依为命、含辛茹苦的爱妻也撒手人寰。近50年的岁月,仿佛一场虚幻迷离的梦,又像凄凉哀婉的瑟声。百感交集涌上心头,于是一首千年绝唱《锦瑟》横空出世:

锦瑟无端五十弦,一弦一柱思华年。

庄生晓梦迷蝴蝶,望帝春心托杜鹃。

沧海月明珠有泪,蓝田日暖玉生烟。

此情可待成追忆,只是当时已惘然。

此诗一经问世即被称为李商隐的代表作。爱诗的对此诗无不喜吟乐道,堪称最享盛誉。然而该诗也给文学评论家出了一道难题,被认为是最不易理解的难诗。宋元以来猜测纷纭,莫衷一是。元好问、王渔洋都曾发出过"一篇《锦瑟》解人难"的感叹。清代屈复说:"此诗解者纷纭,有言悼亡者,有言忧国者,有言自比文才者,有言思侍儿锦瑟者,不可悉数。"(《玉溪生诗意》)

宋代黄朝英《缃素杂记》说:"山谷道人(黄庭坚)读此诗,殊不晓其意,乃以问东坡,东坡云:'此出《古今乐志》,其弦五十,其柱如之,其声也适怨清和。'案李诗'庄生晓梦迷蝴蝶',适也;'望帝春心托杜鹃',怨也;'沧海月明珠有泪',清也;'蓝田日暖玉生烟',和也。一篇之中,曲尽其意,史称其瑰迈奇古,信然。"

苏轼的话是有道理的。这首诗确是"适怨清和"多种情感的综合。诗无达诂,诗可多解,不必非要搞出一个标准答案来。唯其如此,才更耐人寻味;唯其朦胧,才更有魅力。正如梁启超先生所说:"义山的《锦瑟》《碧城》《圣女祠》等诗,讲的什么事,我理会不着。拆开来一句一句让我解释,我连文义也解不出来。但我觉得它美,读起来令我精神上得一种新鲜的愉快。须知美是多方面的,美是含有神秘性的。"(《饮冰室文集·中国韵文内所表现的情感》转引自摩西《读懂唐诗》)

李商隐是唐代的朦胧诗人,称得起朦胧诗的开山鼻祖。可惜如今的许多朦胧诗,只有朦胧,却缺少了美。

感谢李商隐为我们奉献了如此美的诗篇!

38 "干谒诗",唐代诗人也"跑官"

以诗著称于天下的中国唐朝,士人行卷干谒之风特盛,为此还流行过"干谒诗"——按内容命名的一种诗。在古汉语中,"干"有求的意思,"谒"是进见、陈述。"干谒诗"就是为请见并有所求而写的诗。类似于现在的自荐信。

唐取代隋立国后,延续了隋朝的科举制度。当时报考的人数很多,录取的不过百分之一二。那时科考制度也不完善,试卷不糊名,考生的姓名是公开的。一些位高权重的人或者社会名流,有时会向主考官举荐有真才实学的举子,而且往往能被破格录取。

如王维赴京科考,以其才华结识了岐王李范。由他引荐,王维又拜见了唐玄宗的亲妹妹玉真公主并得到赏识。所以,王维没经过考试就已经内定为"解头"(唐代时的状元)。

又如著名诗人杜牧赴京科考时,他的《阿房宫赋》已在京城盛传。太学博士吴武陵看到此赋后,以为杜牧是奇才,就拿着这篇赋找到当年主考官崔郾,要求定杜牧为今科解头。崔郾读了文章也觉得确实好。可是,第一名至第四名已经定好人选了,就把杜牧定为第五名。这可是吴武陵主动推荐的,杜牧并没"干谒"他。

干谒行卷(把诗文送呈有地位者,以求推荐)的人多了,就形成了一种风气。据统计《全唐诗》收有 72 位诗人写的 235 首干谒诗。李白、杜甫、王维、孟浩然、王昌龄等著名诗人都写过,有些写得好的干谒诗,已经成为千古传诵的名篇。

唐代最早写干谒诗的,应该是李义府,而且他的诗是直接写给唐太宗的。李义府(614—666),饶阳(今河北饶阳县)人。唐贞观八年(634 年),剑南巡察使李大亮巡察中发现李义府有文才,表荐他为门下省典仪。李义府入朝不久,又得到尚书右丞刘洎的赏识,向唐太宗推荐了他。唐太宗正渴慕天下贤才,听说后很高兴,当即召见李义府并和他纵论古今世事,谈得很投机。之后,唐太宗让李义府吟诗一首。李义府赋了《咏乌》一诗:

日里飏朝彩,琴中伴夜啼。
上林如许树,不借一枝栖?

乌即乌鹊,曹操《短歌行》诗中有"月明星稀,乌鹊南飞。绕树三匝,何枝可依"的诗句。李义府的诗化用了曹操的诗句。诗的大意是,白天乌鹊在阳光下放光彩,夜晚啼鸣伴琴,皇家花园里有这么多树,能不能借一枝让我栖息?这是一首咏物诗,表达的意思很委婉,也很清楚,就是试探唐太宗能不能重用他。

太宗听后,高兴地说:"与卿全树,何止一枝!"当即把李义府提升为监察御史。高宗龙朔三年(663年),李义府又升为右相。

要说唐代干谒诗写得最委婉,言外有言、意外藏意的,还是朱庆馀的《闺意献张水部》(又题《近试上张水部》)。

朱庆馀(生卒年不详),名可久,字庆馀,越州(今浙江绍兴)人,宝历二年(826年)进士。当年他进京参加科考,在考试前,已向擅长文学又乐于提拔后进的水部郎中张籍行卷,希望能得到称扬并介绍给主持考试的礼部侍郎。可是临近考试,朱庆馀仍然心里没底,于是给张籍写了一首小诗:

洞房昨夜停红烛,待晓堂前拜舅姑。
妆罢低声问夫婿,画眉深浅入时无?

诗中朱庆馀把自己参加科考,比喻成女孩儿出嫁一样的终身大事。女子出嫁到婆家,如果得到丈夫的喜爱,公婆的欢心,就会有幸福的生活,否则日子就不好过。诗人自喻为即将拜见公婆的新媳妇,把张水部和主考官比喻成丈夫、公婆(舅姑),以忐忑的心理探听虚实。比喻通俗贴切,也充满了浓郁的生活气息,真是别出心裁。

张籍看过后,大为赏识,当即回诗一首《酬朱庆馀》:

越女新妆出镜心,自知明艳更沉吟。
齐纨未足时人贵,一曲菱歌敌万金。

和诗也以比喻作答,朱庆馀是越州人,所以把他比作"越女"——采菱姑娘,相貌既美,歌喉又好,如此"明艳"又何必"沉吟"呢,必然会得到人们的赞赏,暗示他不必为这次考试担心。

朱庆馀的诗写得好,张籍的和诗也答得妙,可说是珠联璧合,千百年来传为诗坛佳话。而朱庆馀也如愿以偿地考上了进士,官至秘书省校书郎。

要说干谒诗写得最好也最得体的,当属孟浩然。可是,孟浩然就没有朱庆馀那样的好运气了。

孟浩然(689—740),襄阳人,人称孟襄阳,因为他一生没有当过官,所以又称孟山人。孟浩然的诗写得非常好,是和王维齐名的山水田园诗派的代表。他很想出仕当官,一展才华,实现理想。于40岁时进京参加科考,也是他唯一一次参加科举考试,可惜失败了。这是孟浩然一生中遭受的最大打击。

唐玄宗开元二十一年(733年)孟浩然西游长安,听说"当途知己"张九龄正在相位,他觉得出仕的机会来了。于是,给张九龄写了一首著名的干谒诗《望洞庭湖赠张丞相》:

八月湖水平,涵虚混太清。气蒸云梦泽,波撼岳阳城。
欲济无舟楫,端居耻圣明。坐观垂钓者,徒有羡鱼情。

这首诗,写景气势恢宏,抒情酣畅淋漓,称颂对方,分寸适当,请求帮助,不卑不亢,语言十分得体,称得起是唐代干谒诗的典范。然而,写得这么好的一首诗,却没起什么作用。不是张九龄不赏识孟浩然,更不是不肯帮忙,而是张九龄自身也正受到奸臣的排挤。

当时朝中有一个史上有名的奸臣李林甫,任吏部侍郎,又是唐朝宗室(高祖祖父的五世孙)。此人生性阴柔奸狡,人称口蜜腹剑,他竭力排挤左右丞相张九龄、裴耀卿,后来,终于把这两位名臣都贬出了朝廷。试想,朝中有这样一个手握实权的人事部副部长,张九龄想给孟浩然帮忙,也是无能为力呀!孟浩然最终还是"竟沦明代,终身白衣,良可悲夫"。(辛文房《唐才子传》)

唐代的干谒诗写得最多,也最直截了当的,当属李白。《全唐诗》就收李白的干谒诗45首。他的干谒诗,特点就是有话直说,决不拐弯抹角。

李白(701—762),字太白,自号青莲居士,盛唐代表诗人。李白怀有宏图大志,其理想就是"申管晏之谈,谋帝王之术,奋其智能,愿为辅弼,使寰区大定,海县清一"。李白想要实现这一宏伟目标,第一步就得进入仕途。所以,他从15岁起就开始干谒活动,既写过自荐信,也写了不少干谒诗。

李白不满20岁游渝州(今重庆市)时,曾谒见刺史李邕。李邕这个人自负好名,"颇自矜"(《旧唐书·李邕传》)。也许是李白不拘俗礼、放言高论、纵谈王霸的气度,惹得李邕不高兴,态度很矜持。自视甚高的李白哪儿受得了这个?回来后就写了《上李邕》诗:

　　大鹏一日同风起,扶摇直上九万里。
　　假令风歇时下来,犹能簸却沧溟水。
　　世人见我恒殊调,闻余大言皆冷笑。
　　宣父犹能畏后生,丈夫未可轻年少。

李白这首干谒诗,除表明自信自负、勇于追求的精神以外,更多的是对李邕怠慢态度的回敬。诗最后说,宣父(孔子)尚且懂得后生可畏,大丈夫怎可轻视年轻人呢!揶揄、讽刺的意味十分明显。这样一首干谒诗,其结果自然是石沉大海。

开元二十一年(733年),李白漫游湖北时,给大都督府长史兼襄州刺史韩朝宗,写了一封自荐信。这就是有名的《与韩荆州书》。

信一开头李白先给韩朝宗戴了顶高帽:"生不用封万户侯,但愿一识韩荆州。"接着是自我介绍:"十五好剑术,遍干诸侯。三十成文章,历抵卿相。虽长不满七尺,而心雄万夫。王公大人,许与气义。日试万言,倚马可待。"说得毫不谦虚,然而,我们也不得不承认,人家李白是有真本事,所以人们读后并不认为他狂妄,倒觉得他直率得可爱。后面说到诉求也很直爽:"君侯何惜阶前盈尺之地,不使白扬眉吐气,激昂青云耶?"李白的这封自荐信,也没起到作用,但是却成了千古名文。

李白55岁时,写了最后一首干谒诗。天宝十四年(755年),安史之乱爆发。为避难,李白先逃到剡中,后又隐居于庐山。次年安禄山攻占长安,唐玄宗逃往四川,太子李亨在甘肃灵武登基,称肃宗。这一来激起了诸王不满,特别是永王李璘,手中握有重兵,要和他哥哥争帝位,于是打着抗敌平乱的旗号在江陵起兵。

李璘知道自己起兵名不正、言不顺,就想罗致一些名流做招牌,于是想到了李白,派使者韦子春三上庐山,以平定叛乱、复兴大业为名,请李白参加幕府。可惜绝顶聪明的大诗人,经不起李璘的忽悠,答应了他的邀请,而且诗兴大发,一口气写下《永王东巡歌》十一首,最后一首可以看作是干谒诗:

　　试借君王玉马鞭,指挥戎虏坐琼筵。
　　南风一扫胡尘尽,西入长安到日边。

李白满希望大功告成以后,在琼林宴上论功行赏。不料永王起兵后,几乎没有州县响应,很快就兵败被擒。李白也以"叛逆"罪入狱,这可是杀头的重罪。幸亏有高适、郭子仪求情、营救,李白才免于一死,流放夜郎。他的干谒之旅也就此画上了句号。

应该怎样看唐代的行卷风和干谒诗?说它是"跑官""走后门"也说得过去,毕竟有一些高官显贵,借此安排自己的亲友,不过是少数。大多是士子们为了实现自己的理想抱负,借以铺垫进身台阶,除了一首诗,并没有其他的利益输送;接受干谒的人,也多是出于为国家选贤任能,荐拔人才,并不图个人私利。正如王维写给张九龄的干谒诗《献始兴公》所说的:"所不卖公器,动为苍生谋。贱子跪自陈,可为帐下不?感激有公议,曲私非所求。"这和人们深恶痛绝的"不跑不送,原地不动;只跑不送,平职调动;又跑又送,提拔重用"的买官卖官丑恶行径,完全不是一回事。

应该说唐代干谒诗是时代和历史结合的产物。一些富有理想和才华的优秀诗人所写的干谒诗,大多表现出含蓄隽永的美学特征——其超凡脱俗的立意,诙谐幽默的情调,含蓄隽永的语言,往往令人拍案叫绝。它像一丛清幽淡雅的兰花,繁盛了唐代诗歌的百花园。

39 对项羽乌江自刎说法褒贬不一

司马迁的《史记·项羽本纪》对项羽乌江自刎做了详细记载:"项王乃欲东渡乌江。乌江亭长舣船待,谓项王曰:'江东虽小,地方千里,众数十万人,亦足王也。愿大王急渡。今独臣有船,汉军至,无以渡。'项王笑曰:'天之亡我,我何渡为!且籍与江东子弟八千人渡江而西,今无一人还,纵江东父兄怜而王我,我何面目见之?纵彼不言,籍独不愧于心乎?'乃谓亭长曰:'吾知公长者。吾骑此马五岁,所当无敌,尝一日行千里,不忍杀之,以赐公。'乃令骑皆下马步行,持短兵接战。独籍所杀汉军数百人。项王身亦被十余创。顾见汉骑司马吕马童,曰:'若非吾故人乎?'马童面之,指王翳曰:'此项王也。'项王乃曰:'吾闻汉购我头千金,邑万户,吾为若德。'乃自刎而死。王翳取其头,余骑相蹂践争项王,相杀者数十人。最其后,郎中骑杨喜,骑司马吕马童,郎中吕胜、杨武,各得其一体。五人共会其体,皆是。故分其地为五:封吕马童为中水侯,封王翳为杜衍侯,封杨喜为赤泉侯,封杨武为吴防侯,封吕胜为涅阳侯。"

意思是:项王想要向东渡过乌江。乌江亭长正停船靠岸等在那里,对项王说:"江东虽然小,但土地纵横各有一千里,民众有几十万,也足够称王啦。希望大王快快渡江。现在只有我这儿有船,汉军到了,就没法渡过去了。"项王笑了笑说:"上天要灭亡我,我还渡乌江干什么!再说我和江东子弟八千人渡江西征,如今没有一个人回来,纵使江东父老兄弟怜爱我让我做王,我又有什么脸面去见他们?纵使他们不说什么,我项籍难道心中没有愧吗?"于是对亭长说:"我知道您是位忠厚长者,我骑着这匹马征战了五年,所向无敌,曾经日行千里,我不忍心杀掉它,把它送给您吧。"命令骑兵都下马步行,手持短兵器与追兵交战。光项籍一个人就杀掉汉军几百人。项王身上也有十几处负伤。项王回头看见汉军骑司马吕马童,说:"你不是我的老相识吗?"马童这时才跟项王打了个照面儿,于是指给王翳说:"这就是项王。"项王说:"我听说汉王悬赏黄金千斤,封邑万户,要买我的脑袋,我就把这份好处送你吧!"说完,自刎而死。王翳拿下项王的头,其他骑兵互相践踏争抢项王的躯体,由于相争而被杀死的有几十人。最后,郎中骑将杨喜,骑司马吕马童,郎中吕胜、杨武各争得一个肢体。五人到一块把肢体拼合,正好都对。因此,汉王把项羽的土地分成五块;分封吕马童为中水侯,王翳为杜衍侯,杨喜为赤泉侯,杨武为吴防侯,吕胜为涅聂阳侯。

《史记》对项羽乌江自刎场面描写得非常惨烈,慷慨激昂,项羽也显示了视死如归的英雄气概。后世关于项羽自刎的传说多源于此。然而,对于项羽的乌江自刎,历来评价不一,有表示赞赏的,最有名的是宋代李清照的《夏日绝句》:

> 生当作人杰,死亦为鬼雄。
> 至今思项羽,不肯过江东。

这首诗是"靖康之变"后,赵宋王朝匆匆南逃的第二年,李清照与丈夫赵明诚在逃亡路上途经乌江亭时写下的。诗借项羽至死不肯过江、自刎而死的英雄壮举,批判了只顾自己逃命的宋高宗等投降派。也表现了诗人的爱国激情和铁骨铮铮的凛然正气。此诗对后人影响很大,鼓舞了不少仁人志士。

也有表示惋惜的,如唐代孟郊的《题项羽庙》:

> 碧草凌古庙,清尘锁秋窗。当时独宰割,猛志谁能降。
> 鼓气雷作敌,剑光电为双。新悲徒自起,旧恨空浮江。

再如唐代胡曾的《乌江》:

> 争帝图王势已倾,八千兵散楚歌声。
> 乌江不是无船渡,耻向东吴再起兵。

也有不赞成的,认为项羽应该忍辱负重,以图东山再起,如唐代杜牧的《题乌江亭》:

> 胜负兵家事不期,包羞忍耻是男儿。
> 江东子弟多才俊,卷土重来未可知。

可是宋代的王安石就反驳了杜牧的观点,认为江东子弟不可能再随项羽起兵,在同一地点题下《乌江项王庙》诗:

> 百战疲劳壮士哀,中原一败势难回。
> 江东弟子今犹在,肯为君王卷土来?

项羽是秦末农民起义中显赫一时的英雄人物,在推翻秦王朝的斗争中,有过很大的贡献。但就是这样一位英雄,最后却兵败垓下,带着他永久的遗憾乌江自刎。千百年来,人们对于项羽的自杀众说纷纭,而争论的焦点就在于他该不该自杀,他的自杀是可以理解还是不可以理解的。

笔者认为不同的观点也有不同的历史背景,李清照的诗就是明证。对于项羽的乌江自刎也应该客观地、历史地去看待。项羽确实是个有拔山之力的盖世之雄、勇敢善战的英雄,但他狂妄自大,自封为"西楚霸王",而且自以为是,拒纳忠言,导致最后兵败自杀。这是他性格的必然,也是历史的必然。

40 寇准鲜为人知的"三步诗"

寇准是宋代著名的政治家,敢作敢为的爱国忠臣,他的故事进入了不少影视、戏剧。在豫剧《寇准背靴》中,他幽默风趣的形象,更是深入人心。然而,作为诗人的寇准,曾在幼年时三步成诗的故事,就鲜为人知了。

说起中国历史上才思敏捷的诗人,人们首先想到的就是曹植。他在哥哥魏文帝曹丕逼迫下,于生死关头写成了《七步诗》:

　　煮豆持作羹,漉菽以为汁。
　　萁在釜下燃,豆在釜中泣。
　　本自同根生,相煎何太急?

这首诗以萁煮豆比喻兄弟骨肉相残,正刺中了曹丕心中的痛楚,只好免了曹植的死罪。曹植七步成诗的故事,遂千古流传。谢灵运曾经夸张地说:"天下才有一石,曹子建独占八斗,我得一斗,天下人共分一斗。"不过,在中国历史上,还有过三五步中吟成诗的才思敏捷之人。

据《全唐诗》记载,唐代有个名叫史青的人,聪敏强记。唐玄宗李隆基开元初年,史青上书皇帝,"自荐能诗",并说:"子建(曹植)七步,臣五步之内可塞明诏。"唐玄宗见表后十分称奇,对侍臣们说:"当年曹植才高八斗,被兄长所逼,七步之内吟成一诗,字字发自肺腑,还有谁能与之比肩!这个史青,好大的口气,召他来见朕。"

史青应诏入宫,只见他成竹在胸,大步上殿,口呼万岁。玄宗说:"你上表自荐,口出大言,朕渴爱人才,就依你所说,五步之内赋诗一首。诗成厚奖,不成则行大法。"史青俯伏金殿说:"请万岁出题。"当时恰好除夕、上元刚过,玄宗说:"就以除夕、上元、观竹火笼为诗吧。"史青应声而起,在殿上踱行五步,作出《应诏赋得除夜》:

　　今岁今宵尽,明年明日催。寒随一夜去,春逐五更来。
　　气色空中改,容颜暗里摧。风光人不觉,已入后园梅。

这是一首五言律诗,诗人用一"催"、一"逐"、一"改"、一"摧",形象地抒发了时光如流水、岁月不待人的感慨,劝人珍惜时间,刻苦努力,学有所成,大有作为。皇帝和满朝文武大臣听罢,大为赞赏,李隆基当即授史青以左监内将军之职。

"五步诗"相比于"七步诗"来说,显然是"提速"了,其才情令人称道。不过据《旧唐书》载,其后的著名书法家、诗人柳公权,还曾在三步内写成过一首诗。

唐代中期,有一天,柳公权陪唐文宗在未央宫里闲聊。皇帝刚把一批御寒棉衣送给了边关将士,认为这是"政绩"一桩,便要柳公权"诗以颂之"。柳公权三步之内竟口占一首五言绝句:

去岁虽无战,今年未得归。
皇恩何以报,春日得春衣。

文宗听罢,大为惊讶,想不到著名书法家,居然还是位诗坛奇才!不过柳公权这首三步诗,虽然来得快,却只是为皇帝歌功颂德,不值得称道,远不如宋代寇准的三步诗——五言绝句《华山》。

寇准(961—1023),字平仲,华州下邽(今陕西渭南)人。据史载,寇准从小天资聪敏,被人们称为"神童"。有一天,家中摆宴,宾朋满座。酒至三巡,有人向主人提议:"闻令郎善诗,请即席吟一首可好?"寇准请客人出题。因此地离华山不远,客人就以"华山"为题,让小寇准吟诗。寇准三步未出,一首绝句已脱口而成:

只有天在上,更无山与齐。
举头红日近,回首白云低。

仅仅20个字,便将华山之雄险峭拔道出,当时"举座皆惊"!此时的寇准仅仅7岁。寇准一生政务繁忙,不可能专注于诗歌创作,留有《寇忠愍公诗集》。其中的写景抒情诗、边塞诗,都写得清新自然,有独特风格。如下面的几首诗词:

书河上亭壁·其三

岸阔樯稀波渺茫,独凭危槛思何长。
萧萧远树疏林外,一半秋山带夕阳。

踏莎行·春暮

春色将阑,莺声渐老,红英落尽青梅小。画堂人静雨蒙蒙,屏山半掩余香袅。密约沉沉,离情杳杳,菱花尘满慵将照。倚楼无语欲销魂,长空黯淡连芳草。

塞上秋怀

未识穷边苦,今游信有之。秋林残照后,关路独行时。
碛迥风长急,天寒雁度迟。离心已无赖,更听戍楼鼙。

寇准不仅是个才思敏捷的诗人,更是个正直爱国的政治家。他19岁进士及第,曾任郓州通判、三司度支推官、盐铁判官、山南东道节度使、中书侍郎兼吏部尚书等职,官至宰相。

寇准清廉正直,敢作敢为。有一次,寇准上朝奏事,触犯了宋太宗。太宗听不下去,怒气冲冲地站起来想回内宫。寇准竟拉住太宗的袍子不让走,一定请太宗坐下听他把话说完。太宗无奈,只好又坐下。后来宋太宗感叹地说:"我有寇准,就像唐太宗有魏征一样。"

北宋时辽(国号契丹)多次进犯边境。宋真宗景德元年(1004年)秋,辽萧太后与辽圣宗亲率大军南下,一直打到澶州(今河南省濮阳县)。澶州与京城汴京,只有一河之隔,告急文书像雪片一样飞到朝廷,朝中一片慌乱。副宰相王钦若和另一个大臣陈尧叟都劝真宗逃跑。王钦若是江南人,主张迁都金陵(今江苏南京);陈尧叟是蜀人,劝真宗逃到更远的成都。

宋真宗听后,犹豫不决,于是召见宰相寇准,问他:"有人劝我迁都金陵,有人劝我迁都成都,你看该怎么办?"

寇准看看两边站着的王钦若和陈尧叟，心里已经明白，于是声色俱厉地说："出这种主意的，应该先斩他们的头！"他力劝真宗御驾亲征，鼓舞士气，一定能打退辽兵。如果放弃东京南逃，人心动摇，敌人就会乘虚而入，国家就保不住了。

宋真宗听了寇准一番话，也壮了胆，决定亲自率兵出征，由寇准随同指挥，御驾亲征到了澶州。当时的澶州城横跨黄河两岸。寇准坚持让宋真宗渡过黄河，到澶州北城前线。将士们看到宋真宗的黄龙大旗，士气高涨，欢声雷动。此时宋军又在澶州城下，用八牛弩射杀了辽军大将萧挞览。辽军主将一死，萧太后又痛惜、又害怕。她听说宋真宗亲自率兵抵抗，觉得难于取胜，于是主动提出讲和。这一点也正合宋真宗的心意，于是宋辽签订了和约。这就是历史上有名的"澶渊之盟"。合约签订后，宋真宗不胜欣喜，随即赋诗一首：

我为忧民切，戎车暂省方。征旗明夏日，利器莹秋霜。
锐旅怀忠节，辟凶窜北荒。坚冰消巨浪，轻吹集嘉祥。
继好安边境，和同乐小康。上天垂助顺，回旆跃龙骧。

这首《契丹出境》诗，相传为寇准手书，镌刻于石，名为"回銮碑"，立于井旁。这口古井，水清澈甘甜，相传为真宗驻跸时所凿，故称"御井"，此街至今仍称"御井街"。这些遗迹是宋辽大战与"澶渊之盟"的唯一见证，成为濮阳八景之一，是省级文物保护单位。

"澶渊之盟"是荣耀还是屈辱？历来有争议。客观地说，"澶渊之盟"是两国妥协的产物，对当时两国都有益处，虽然宋每年送给辽岁币银10万两、绢20万匹，但和约签订后，宋辽交好达百年之久，北方地区出现了长期较为安定的和平环境，沟通了双方政治、经济和文化交往，密切了各族人民之间的友好往来。但是从长远来看，这一纸条约对北宋的影响巨大，而且是消极的。

当时，正是依靠寇准无可匹敌的勇气，终于止战，达成和约。寇准可以说是最大的功臣。

从上面的故事看，写出了"五步诗"的史青、"三步诗"的柳公权、寇准，无疑都是才思敏捷的诗人，其聪慧自不待言，更为重要的是，他们都是生活的有心人。陆游云："汝若学诗，功夫在诗外。"史青肯定观赏过除夕的灯火夜景，并在心中留下了鲜明的印记。寇准也一定对家乡的华山做过仔细地观察。如果不注重观察生活和平时积淀，再敏捷的诗人，也创造不出数步成诗的文坛奇迹。

41 梅尧臣"算袋"藏诗

谈起宋诗,不能不说梅尧臣。梅尧臣(1002—1060),字圣俞,宣州宣城(今属安徽)人。宣城古称宛陵,所以梅尧臣又被称为宛陵先生,是北宋著名现实主义诗人。

梅尧臣出生在农村,虽然酷爱卖书,但家里无力供他求学,16岁就出外谋生。他靠自己的努力,先后在洛阳、孟县(今孟州市)、桐城县(今桐城市)任主簿(相当于现今的文书)。在连任三县主簿之后,他例升知县,出任建德(今安徽省至东县)县令。梅尧臣上任后,立志要干出一番事业,起了个新名字"尧臣",把原名"圣俞"当成了字,意为立志要做唐尧那样圣明君王的贤臣。梅尧臣上任后见县署外有一圈破旧的竹篱,常年需要修护,据说前任县令以此为借口勒索民众,于是立即将其拆除并以土墙代替。

梅尧臣从北宋景祐元年至五年(1034—1038),当了五年建德县令。他清廉正直,为百姓做了不少好事、实事。作为诗人,他还用诗歌反映民间的疾苦,表达百姓的诉求、怨愤。如《田家语》《汝坟贫女》等诗,对百姓遭受的赋税、徭役、天灾、人祸等迫害,发出了悲愤的控诉,指斥了统治者的无情和残暴。如《陶者》一诗:

陶尽门前土,屋上无片瓦。
十指不沾泥,鳞鳞居大厦。

生动地反映了贫富悬殊的尖锐对立,表达了对劳动人民的同情和对贪暴官吏的不满。也许正因如此,他没能得到上司的青睐,一直没有升迁。

对这样一位爱民亲民的清官、好官、大诗人,百姓自然崇敬他、热爱他、缅怀他。梅尧臣离任后,百姓把县城改称梅城,并在官舍西边建了梅公堂祭祀他。梅尧臣留下的德政、仁政,直到千年后的今天,仍在东至百姓中传颂。

梅尧臣在仕途上很不得志,在诗坛上却享有盛名。他写出了大量激动人心的反映社会现实的诗文,从而得到当时政坛、文坛上的一位大人物欧阳修的赏识,并成为志同道合的朋友。梅尧臣也成了欧阳修实行诗文革新运动的好帮手。

嘉祐二年(1057年)欧阳修权知礼部贡举,当了主考官。他立即任命梅尧臣为参详官,参与阅卷。在确定录取人选时,梅尧臣阅到了一篇题为《刑赏忠厚之至论》的试卷,见解新

— 113 —

颖，文畅旨深，不禁拍案叫绝，说："我看状元非此人莫属了！"欧阳修等主考忙拥过来看，都赞扬不已。他们看到文中有这样一段话："当尧之时，皋陶为士，将杀人，皋陶曰杀之三，尧曰宥之三。"欧阳修问此事有何出处，大家一时都说不出来。有个名叫韩绛的主考官说："如果是自己杜撰的，就只能放在第二了。"梅尧臣却说："就算是杜撰的又有什么？只要文章写得真好就行！"欧阳修也说："这就叫善于读书，确实是后生可畏呀！老夫当避此人，放他出一头地！"由此可见，作为当时文坛领袖欧阳修的肚量、胸怀。发榜后才知道，这篇文章出自苏轼之手，梅尧臣、欧阳修算得上是苏轼的"伯乐"。

这次礼部贡举，可说是大获丰收。从录取的名单看，除苏轼外，还有苏辙、曾巩、朱光庭、蒋之奇、晁端彦等，多成为北宋的古文大家，其中三人成为"唐宋八大家"。更为重要的是，这次贡举还排斥、打压了风行一时、尚务奇僻、钩章棘句、佶屈聱牙的"太学体"，把诗文革新运动大大推进了一步。

梅尧臣不仅反映现实的诗文写得好，写景抒情诗也是意境新颖，饶有情趣，广为传诵，当时，梅尧臣与苏舜钦齐名，被称为"苏梅"。连大文豪欧阳修都对他心悦诚服，曾说："自以为不及也。"

梅尧臣的诗为什么写得这样好？欧阳修这样评价他："非诗之能穷也，殆穷者而后工也。"（《梅圣俞诗集序》）他认为梅尧臣的诗歌成就和他贫困的生活有关，正是因为家贫、官小，所以才接近、同情苦难的人民，写的诗才能反映出社会的现实。这句话是很有道理的，但这只是一个方面，更重要的是，梅尧臣的诗都是从生活感悟中得来。正如他自己所说的，"因事有所激，因物兴以通"才发而为诗。而且，梅尧臣对自己写诗要求极高，曾说"必得前人所未道者，斯为善也。必能状难写之景，如在目前，含不尽之意，见于言外，然后为至矣。"（欧阳修《六一诗话》）

梅尧臣对自己的要求这么高，怎样才能达到呢？且看他在生活中是怎样时时处处做一个有心人的。梅尧臣有这样一个习惯："算袋"不离身。算袋是古代商人随身带的，装小算盘、账本、刀、笔等杂物的袋子。梅尧臣不做生意，可是他也总是随身挎着算袋。他在和朋友一起饮酒吃饭时，常常会突然离席。起初朋友以为他是去"方便"了，然而，次数多了，人们就感到奇怪了。

有一次梅尧臣与朋友出游，大家兴致都很高，中午又在一起聚餐。正当大家酒兴正浓时，梅尧臣又突然离席了。一个朋友蹑手蹑脚地尾随其后要看个究竟。只见梅尧臣走进树林，从算袋里拿出纸笔，匆匆写了些什么，然后又放回算袋里。这个朋友立即返身回来，对大家绘声绘色地描述了一番。这时梅尧臣回来了，大家七嘴八舌地盘问起他来。梅尧臣开始还支支吾吾地搪塞。这时，尾随他的那个朋友，转到他身后，冷不防从他肩上夺下算袋，把袋里的东西倾倒在桌上，只见一些小纸片纷纷飘落，大家拿起一看，写的都是诗句，有一句、两句的，也有半句的，还有只写了一两个字的。有一个朋友发现一张纸片上写的是一首完整的诗，于是朗声诵读起来：

  适与野情惬，千山高复低。好峰随处改，幽径独行迷。
  霜落熊升树，林空鹿饮溪。人家在何许？云外一声鸡。

众友人听了齐声喝彩。有朋友问："圣俞兄，这首诗是不是你刚刚背着我们偷偷写成的?"

梅尧臣老实承认:"是的,我前不久游鲁山时得了两句诗'人家在何许?云外一声鸡',可是一直没能想出合适的句子,把这首诗写完。今日游历,融景生情,心有所悟,又得了几句诗,就赶紧把这首诗完成了。"

朋友们听了又是一片赞叹声。这是一首五言律诗,却不为格律所缚,运用丰富的意象、动静结合的手法,描绘了一幅斑斓多姿的山景图,写得新颖自然,曲尽山行情景,抒发了诗人一边攀山,一边欣赏千姿百态的山峰以及山间的种种景象时的愉悦心情。

这首诗的题目是《鲁山山行》。鲁山就在河南省鲁山县境内。想不到梅尧臣这首广为传诵了近千年的名诗,竟是这样写成的!

人们常说写诗需要灵感,可灵感又是怎样产生,然后被人及时抓住的呢?这就需要善于观察,勤于思考,敏于发现,及时捕捉了。看来,要想写出好诗只有聪明的头脑是远远不够的,还需要梅尧臣那样的执着、刻苦的精神。

42 "红杏尚书"拜访"三影郎中"

古诗词是我国传统文化的瑰宝。毛泽东曾说:"旧体诗一万年也打不倒,因为这种东西最能反映中华民族的特性和风尚。"一些优秀的诗词千百年来被人们广为传诵。在古代,往往一个名句成就一位名诗人,甚至以名句冠以姓名,留下许多佳话。

宋代诗人宋祁(998—1061),字子京,开封雍丘(今开封杞县)人。他还是著名的史学家,官翰林学士、史馆修撰,曾与欧阳修等人同修新旧唐书,官也越做越大,升任知制诰、工部尚书、翰林学士承旨。他写词善练字句,语言工丽、生动、活泼,意境新颖。可惜他的词集已佚,留传下来的词并不多,其中有一首《玉楼春·春景》广为流传,脍炙人口:

东城渐觉风光好,縠皱波纹迎客棹。
绿杨烟外晓寒轻,红杏枝头春意闹。
浮生长恨欢娱少,肯爱千金轻一笑。
为君持酒劝斜阳,且向花间留晚照。

词中的"红杏枝头春意闹"尤为人津津乐道,成为名句。据《遁斋闲览》《苕溪渔隐丛话》记载,宋祁当时就获得了"红杏枝头春意闹尚书"的美称。王国维《人间词话》评价此句"着一'闹'字而境界全出",将烂漫的大好春光描绘得淋漓尽致。由此可见炼字是何等重要。

和宋祁同时的还有一个诗人张先(990—1078),字子野,与柳永齐名。其词以含蓄工巧著称,存词180多首。最有名的是《天仙子》:

水调数声持酒听,午醉醒来愁未醒。送春春去几时回?临晚镜,伤流景,往事后期空记省。

沙上并禽池上暝,云破月来花弄影。重重帘幕密遮灯,风不定,人初静,明日落红应满径。

词中"云破月来花弄影",成为千古传诵的名句。张先有六首诗词用了"影"字,其中有三句用得最好,一是上面的"云破月来花弄影",一是《华州西溪》中的"浮云破处见山影",一是《青门引》中的"那堪更被明月,隔墙送过秋千影"。于是,人们就送给他一个"张三影"的称号。

当时人指的"三影"词句并不一致,这也无须深究。这些句子的共同特点是词人精于炼字,且主要在虚词上下功夫。或者说所用的虚词与实词"影"字搭配得恰到好处。这是因为实词"影"变化的余地不多。王国维《人间词话》就说:"'云破月来花弄影',着一'弄'字而境界全出。"他不注意"影"字而注意"弄"字,是很有见地的。

　　宋祁和张先的交往,当时还留下了一个故事。宋祁是工部尚书,在朝中做官。当时张先并不在开封。有一次张先来到了开封,宋祁听说了,想去拜访他,切磋写词的心得。可是宋祁官大,工部尚书相当于现在的正部级,而张先只是个小小的郎中,若宋祁主动去拜访他于礼不合。但宋祁很欣赏张先的词,就不拘礼节先去拜访了张先。他到了张先的住地,让人通报说:"尚书想见'云破月来花弄影'郎中。"张先在屏风后听到,赶忙回应:"是'红杏枝头春意闹'尚书吧?"两人见面相视大笑。立即设酒相待,两人谈得十分投缘,从此成了好朋友。这件事也成了文学史上的一段佳话。

43　文武政全才范仲淹

范仲淹(989—1052),字希文,原籍陕西邠县(今陕西彬县),后徙苏州吴县(今江苏苏州),是中国历史上少有的文武政全才。他以文官兼武职,在陕西卫国戍边,有效抵御了西夏入侵,他为官竭力推行"庆历新政",力图挽救江河日下的大宋江山。他多次被贬也不改初心,兢兢业业,任劳任怨。皇祐三年(1051年),范仲淹到山东青州任知府,第二年就去世了。在青州虽然只有短短一年时间,范仲淹还是为人民做了不少好事。人民为了纪念他,建了范公祠。祠中有一口井名为"范公井",据说是范仲淹所修。他曾用此井的水调制成"青州白丸药",治疗疾病有奇效。宋代就有诗句称赞"甘清汲取无穷已,好似希文昔日心"(转引自梁衡《一个永恒的范仲淹》)。祠中的唐楸宋槐间建有一座石碑,上面是冯玉祥将军撰写的对联:

　　兵甲富胸中,纵教他房骑横飞,也怕那范小老子;
　　忧乐观天下,愿今人砥砺奋进,都学这秀才先生。

这副对联很好地概括了范仲淹的一生,也道出了人们对他的思念之情。曾有一首诗,称赞三国时蜀汉的姜维:

　　文能提笔安天下,武能上马定乾坤;
　　心存谋略何人胜,古今英雄唯是君。

其实,把这首诗送给范仲淹倒更合适。论文韬武略,范仲淹比姜维毫不逊色;论胸怀抱负,范仲淹比姜维要高得多;论文学才能,姜维对比范仲淹更是望尘莫及。姜维没有一篇诗文传世,要说是因为军务繁忙,诸葛亮不比姜维更忙?可诸葛亮留下了前后《出师表》《诫子书》等,并有《诸葛亮集》传世。

范仲淹也是像诸葛亮一样的政治家、军事家。从他有效抗击西夏的功绩,就可看出他的政治远见和杰出的军事才能。

由于宋初开国皇帝赵匡胤定下了"重文轻武"的基本国策,又经过近百年的"贯彻落实",到宋夏战争前夕,北宋军队"兵不知将,将不知兵",已是无将可用。康定元年(1040年),西夏进犯北宋西北边境。延州守将范雍每战辄败。西夏军接连攻下了延州外围的保安、金明寨、塞门寨、安远寨等重要据点。延州已是一座孤城。消息传到京城,朝野震惊。宋仁宗在无将可用的情况下，只得启用众望所归的范仲淹，让他担任陕西经略副使兼知延州（今陕西延安）。范仲淹可说是"受任于败军之际，奉命于危难之间"。

范仲淹上任以后，通过视察立刻就发现了兵源差这一致命问题。他先淘汰了老弱兵力，重新调整州兵体制，分部训练，轮流御敌。

范仲淹针对西北地区地广人稀、山谷交错、地势险要的特点，制定出"积极防御"的守边方略：占据要害之地，建立城堡，屯兵营田，以守为攻，把他所驻防的延州打造成了铁桶阵。然后他修建青涧城、鄜城，筑承平、永平等要塞并改建为城，以使流亡百姓和羌族回归。

为了夺回西夏军楔入宋军腹地的马铺寨，范仲淹派儿子范纯祐率兵突然进军，夺取了马铺寨，然后做出继续进兵的样子，以迷惑敌人。接着他突然命令就地筑城，只用了10天就筑起了日后闻名的大顺城。因为做好了长期攻战的准备，西北边疆得以重现和平。

范仲淹可不是一味地被动防御。后来，西夏皇帝李元昊亲自率兵攻打定川寨，宋军守将葛怀敏几乎全军覆没，关中震动。范仲淹率人从邠州、泾州出兵援救，把西夏军队赶出了边塞。

当地老百姓赞扬说："军中有一范，西夏闻之惊破胆！"连西夏军都惊呼："今小范老子胸中有数万甲兵，不比大范（范雍）老子可欺也。"宋仁宗也高兴地说："若仲淹出援，吾无忧矣！"

范仲淹作为诗人，留下的诗文并不多。他不是没有文才，而是没有时间。他只在有了真切的感受，不吐不快时才发而为诗文。然而，只要他一出手，就是传世的名篇。著名的《渔家傲·秋思》，就是他驻防大顺城时写下的：

塞下秋来风景异，衡阳雁去无留意。四面边声连角起。千嶂里，长烟落日孤城闭。

浊酒一杯家万里，燕然未勒归无计。羌管悠悠霜满地。人不寐，将军白发征夫泪。

词的上阕写景。"塞下"指大顺城，在肃杀的秋季，寒风萧瑟，满目荒凉。这些景象尽括在"衡阳雁去无留意"一句中。"无留意"三字，反映了塞下寒风萧瑟，满目荒凉，连大雁都不留恋。下一句"四面边声连角起"，写塞下傍晚时分的景象。"边声"指秋风吹过草木发出的声音，还有牧马悲鸣，战马嘶叫，和着军中的号角，形成了浓厚的悲凉气氛。紧接着写塞下的环境。"千嶂里"是说城寨处在层层山岭的环抱之中。"长烟落日孤城闭"写的是战争的形势，那太阳刚一落山，就把城门紧紧关闭，说明形势十分紧张。千嶂、孤城、长烟、落日是静态；风声、号角声是动态。一静一动，把充满肃杀之气的战地风光呈现在人们眼前，为下阕抒情做了铺垫。

下阕起句"浊酒一杯家万里"，写作者身负重任，驻守在万里之外的边防，难免产生思乡之情。"一杯"与"万里"的悬殊对比，显示乡愁之重。乡愁由何而来呢？是因为"燕然未勒"呀！"燕然"是山名，汉和帝永平元年(89年)，窦宪大破匈奴，穷追北单于，登上此山，"刻石勒功而还"（《后汉书·和帝纪》）。词意是战争没有取得胜利，还乡也就无从谈起了。正在这时，传来了悠悠的羌笛声，帐外也铺满了秋霜。耳之所闻，目之所见，都给人以凄清悲凉的感觉，人又怎能入睡？因此"人不寐，将军白发征夫泪"。词人由自己想到一同出征的将士——他们也和自己一样，既希望取得战争的胜利，又难免思念家乡，爱国激情与浓浓乡愁交织在一起，情调苍凉悲壮。如果没有战地生活的真切体验，是写不出这样的词的。

范仲淹虽然仅存词五首,但风格题材不拘一格。《渔家傲》苍劲明健,开豪放派之先河;而《苏幕遮》《御街行》写离别相思,缠绵深挚,为婉约派所借鉴。如《苏幕遮》首句"碧云天,黄叶地",被元代的王实甫在《西厢记》"长亭送别"一折中化用。《御街行》一词的尾句"都来此事,眉间心上,无计相回避"为著名女词人李清照《一剪梅》中化用:"此情无计可消除,才下眉头,却上心头。"

范仲淹的诗文流传至今影响很大,脍炙人口的还是那篇文笔优美、富含哲理的散文《岳阳楼记》。范仲淹为什么会写这篇文章?他的后人范公偁在《过庭录》中记载:"滕子京负大才,为众所嫉,自庆帅谪巴陵,愤郁颇见辞色。文正(范仲淹)与之同年友善,爱其才,恐后贻祸。然滕豪迈自负,罕受人言,正患无隙以规之,子京忽以书抵文正,求岳阳楼记。"

意思是说,滕子京与范仲淹是同年进士,又是好朋友。滕子京曾在陕西与范仲淹一起抵御西夏,因负大才,为众人所嫉妒,被诬告贬到岳阳巴陵,心情很郁闷。范仲淹很爱他的才华,又怕他性情豪迈自负,听不进别人的意见,正愁没有机会劝诫他,滕子京忽然来信,请求范仲淹为他重修的岳阳楼写一篇记,因此有了此文。

此时的范仲淹因推行庆历改革,遭到以宰相吕夷简为首的权贵集团的激烈反对,被贬到邓州,政治上也受到沉重打击。但他并不气馁,为了劝勉同样遭贬黜的好朋友,也为了自勉,一口答应了滕子京的请求,挥毫写下了《岳阳楼记》。

当范仲淹在邓州书院里提笔运思时,心潮起伏,思绪万千。他回忆起自己童年的苦难、求学的艰辛、从政的坎坷、戍边的危殆、遭贬的无奈,百感交集,一起涌向笔端,一篇名文,一挥而就,最终发出了一声振聋发聩的长叹:"'先天下之忧而忧,后天下之乐而乐'欤!噫!微(非)斯人,吾谁与归?""这一声长叹悠悠千年,激励着多少仁人志士,匡正了多少仕人官宦!"(梁衡《一个永恒的范仲淹》)

范仲淹饱读诗书,这句名言也是有出处的。《孟子·梁惠王下》中说:"乐民之乐者,民亦乐其乐。忧民之忧者,民亦忧其忧。乐以天下,忧以天下,然而不王者,未之有也。"孟子说的是只要与民同乐、同忧,就能成为"王"者,讲的是"成王"的道理。范仲淹的名言出于此,但思想境界更高。他把孟子的"同乐""同忧",升华为"先忧""后乐",一字的改动,体现了为国家民族鞠躬尽瘁、死而后已的无私奉献精神。

一代文宗元好问这样评价范仲淹:"文正范公,在布衣为名士,在州县为能吏,在边境为名将,其才其量其忠,一身而备数器。在朝廷,则孔子之所谓大臣者,求之千百年间,概不一二见,非但为一代宗臣而已。"

44　苏东坡的爱民情结

像苏东坡这样富有才情,这样守正不阿,这样潇洒不羁,这样令人万分倾倒而又望尘莫及的高士,在人世间幸而有一,却也难能有二。苏东坡是诗人,又是散文家;是画家,又是书法家;是酿酒师,又是美食家;是政治斗争的倒霉蛋,又是不可救药的乐天派;是心肠慈悲的法官,又是黎民百姓的好朋友。撇开他的伟业、成就不说,单是他的爱民情结就很让人感动。

苏轼(1037—1101),字子瞻,四川眉山人。"东坡"是他给自己取的号。"乌台诗案"后,苏轼被贬到黄州,因是犯官,停发工资,只给一点微薄的补助。他一家20多口人的生活就成了大问题。他的朋友马正卿为了帮他解决一家人的吃饭问题,替他向官府申请了一块荒坡地让他耕种。苏轼给它取名"东坡",并自号"东坡居士"。

苏轼一生遭遇过一次大狱,多次贬谪,险些丢了性命。他26岁步入仕途,三次在朝中做官,不过六年。其余30多年都是在地方上度过的,无论是任职还是被贬,他都竭尽全力为民做事,造福百姓。

苏轼第一次到杭州,只是个通判,但他精心执政,几经周折,修复了许多废弃多年的水井,解决了杭州居民长期吃水难的大问题。

苏轼二次到杭州,升任知州,虽然在任只有短短的22个月,却为杭州乃至全国做了一件大好事,那就是疏浚、拯救了西湖。

杭州被人们称为人间天堂,就是因为有美丽的西湖。西湖不仅是杭州最美的风景,还是杭州农田灌溉、居民饮水的主要资源,更有调节运河水源、保证航运通畅的作用。然而由于长期不治理,西湖淤泥堵塞,隔断水源,水草蔓延,水质变坏,大大损伤了西湖的美观和杭州的环境。苏轼决心予以治理。

然而,想治理西湖面临两大难题,一是资金从哪里来,二是清出的大量淤泥往哪里送。苏轼与众官员和懂技术的人员精心谋划,制定了一个一举多得的治理方案,并立即着手筹措经费,动员人力,开始了一场规模浩大的整治西湖工程。

苏轼调动了10万人力,按照设计将清出的淤泥在湖的西侧筑起一道长880丈,宽5丈的长堤,把西湖分成里外两湖;在堤上修了六座样式不同的桥,沟通了两湖;在湖中心筑了三座小石塔,称"三潭印月";另在湖里种植芙蓉,堤上种植杨柳花木,修造九座亭阁。每到春季,杨柳轻拂水面,堤上繁花似锦,湖中荷花竞放。游人或漫步堤上,或荡舟湖中,或驻足亭阁,远观如黛的山峰,近看两湖的美景,真成了游览的佳境。这道堤还方便了南北交通。人们把此堤称为"苏堤"。至今"苏堤春晓""三潭印月"仍然是有名的"西湖十景"之一。工程完工之时,苏轼高兴得写了两首诗,其一为:

> 我凿西湖还旧观,一眼已尽西南碧。
> 又将回夺浮山险,千艘夜下无南北。

苏轼任密州知府时,与百姓一起治蝗虫。他任徐州知府时,正遇上黄河在澶渊决口,洪水包围了徐州城,城外水位高出城中平地一丈八尺,随时都可能城毁人亡。在这紧要关头,苏轼临危不惧,表现了大智大勇。他首先向全城百姓宣誓:"只要我苏轼在,就决不让洪水冲进徐州城!"极大地稳定、凝聚了人心。他带领全城百姓加高加固大堤,苦战了70多天。他整天身披蓑衣,脚穿草鞋在堤上巡视,饿了啃一口饼子,渴了喝一口凉水,终于战胜了洪水。百姓们欢欣鼓舞,连神宗皇帝也下诏表彰。

如果说这是苏轼身为朝廷命官,理当守土有责的话,那么苏轼不在其位时心里同样想着百姓。他被贬惠州时,是一个连买羊肉的资格都没有的犯官,可是他仍然为当地百姓做了不少好事。绍圣八年(1095年)惠州稻谷大熟而米价大跌,可是官府收税要钱不要粮,农民只得卖加倍的粮食完税。苏轼认为这"有违圣上仁恕之道",于是上书广东提刑程正辅,建议百姓纳税交钱、交粮"并从其便"并得以实行,大大减轻了百姓负担。

苏轼在惠州做的最重要的事是解决了广州全城人的饮水问题。广州地处沿海,只有官员和有钱人才能饮用牛王山的泉水,老百姓只能饮用又苦又咸的水。因为饮用水不洁净,每年都会有许多人患疫病死亡。苏轼知道后立即给好友广州知府王敏仲写信,建议实施引水工程。王敏仲对苏轼的建议十分重视,立即派人实地考察,又几次与苏轼商议施工方案,筹措资金。经过近一年的艰苦施工,这一造福百姓的大工程终于完工。

封建社会的知识分子讲究"达则兼济天下,穷则独善其身",而苏轼在自身都难保的情况下,还在尽心为百姓做好事。正像陆游评价他的,"不以一身祸福,易其忧国之心"哪!

苏轼作为杭州知州,当然免不了要审问案子。然而,苏轼是个既忧国爱民又才华横溢的官员,且看他审理的两个案子:

有一次公差查住了一个偷税的人,案犯是个年近六旬、衣着寒酸的读书人,随身携带着两个大包裹,里面是上好的麻纱。包裹上赫然写着:"翰林学士知制诰苏某封寄京师苏侍郎收。"按包裹上写的字,这些物品是翰林学士苏轼寄给京城的弟弟苏辙的,这样一路可免交官税,到京城能赚一些钱。

苏轼一见勃然大怒,责问是怎么回事。这老头得知堂上坐的就是苏轼,吓出一身冷汗,只好从实招来。原来此人名叫吴味道,是福建南平的一名举人,要进京考试,却苦于没有盘缠。亲友为他凑钱买了两百匹当地特产建阳纱,如果带到京师可卖个好价钱,就解决了盘缠问题。可是路途遥远,沿途一抽税,到京城就所剩无几了,于是他才想到了这个主意,一路上果然畅通无阻,想不到在这儿遇到了真的苏学士,露了馅。

苏轼听完招供,看看眼前这个穷酸落魄、可怜而又可气的老读书人,没有再拍惊堂木,而是走下堂来,揭去包裹上的旧封,提笔写了一行字:"龙图阁学士钤辖浙西路兵马知杭州府苏某封寄京师竹竿巷苏学士。"（此时苏辙已迁任翰林学士）他写完后笑着对吴味道说："前辈，这回你可放心了，就是带到皇帝那儿也不怕了。"他又写了一封信带给苏辙，让弟弟关照这位可怜的读书人。吴味道喜出望外，千恩万谢，辞别苏轼去京城应试，第二年果然高中皇榜，返乡时特意到杭州向苏轼道谢。

苏轼在杭州还喜欢将公案移到西湖边上办公，虽少了公堂的威严，却添了亲民的色彩。一天两个人来打官司，原告绸缎商告制扇商欠他二万贯绫绢货款不还。苏轼问清缘由，原来被告并非是欠款不还的老赖，只因父亲病故，为父治病和办理丧事欠了不少债，又因当年夏天雨多，扇子销路不好，一时无力偿还。

苏轼听罢二人陈述还真犯了难。如果不让欠债人还钱，于理不公；如判其还钱，势必使被告破产，又于心不忍。苏轼到底是文人本色，思来想去想出个主意。他让被告取来20把上好的团扇，然后挥洒笔墨，或题诗或作画，而且署上自己的名字。这一来20把团扇转眼就成了二十幅东坡字画。他告诉被告，将这些团扇拿到市场上按一千文一把出售。当时杭州有很多人想出重金买苏轼的字画，消息一传出，20把团扇很快被抢购一空。这样一来债也还了，官司也了结了。

这两则苏轼审案故事充满了温情，饱含着人情味，也体现了苏轼的爱民之心。

苏轼一生爱交朋友，而且不势力。他曾对弟弟子由说："吾上可陪玉皇大帝，下可以陪卑田院乞儿。眼前见天下无一个不好人。"

苏轼是书画名家，书法名列"苏、黄（庭坚）、米（芾）、蔡（襄）"四大家之首。他也不像有些书画家吝惜自己的作品，待价而沽。他与朋友相聚，兴之所至时总会题诗作画，并且随手送人，从而留下不少佳话。

苏轼离开黄州时，朋友为他饯行。有个侍女名叫李琪，非常喜欢苏轼的诗文字画，可是一直没有机会得到。眼看苏轼就要离开黄州了，李琪壮了壮胆子，倒了满满一大杯酒，走到苏轼面前拜了几拜，然后解下颈上的白丝巾说："请学士大人赐几个字留念。"苏轼看了看她，问了她的名字，就叫她磨墨，然后提笔蘸墨在白丝巾上写道：

东坡七载黄州住，何事无言及李琪。

恰似西川杜工部，海棠虽好不留诗。

诗的意思是：我在黄州住了七年，为什么没有一句话提到李琪呢？这就像安史之乱时寓居西川的杜甫，天天面对着那里又大又美的海棠花，却没有留下赞美海棠花的诗。这首诗不仅婉转地赞美了李琪，还说明了自己过去没给李琪题诗的原因。真是设喻巧妙，意味深长。在场的人都拍手喝彩。李琪得此墨宝，更是感动得热泪盈眶。

苏轼是一个秉性难改的乐天派，悲天悯人的道德家，心肠慈悲的法官，更是黎民百姓的好朋友。

或许每个对中国文化挚爱之人，都会对苏东坡这样人间幸而有之的高士有一种"万分倾倒而又望尘莫及"的情愫（林语堂《苏东坡传》）。苏轼不仅在中国为人们所敬仰，而且可说是世界闻名。千年后的法国《世界报》这样盛赞苏轼："居庙堂之高，心忧黎民，勤于政务；处江湖之远，尽职尽责，为善一方。"

45　苏轼的红颜知己

苏轼是一位天才艺术家，又是一个一生都搅在政治斗争旋涡之中的倒霉蛋，历经一次大狱、多次贬谪、老年投荒、妻离子散的悲惨遭遇。难得的是他虽身处逆境，却总能把个人的苦难、委屈从为民的操劳、亲友的情谊和自然美的抚慰中寻求排遣和解脱。更难得的是有三位女子与他同甘共苦、不离不弃地度过了跌宕起伏的人生旅途。所以，他的一生又活出了快意，活出了精彩，活出了潇洒。

苏轼一生最钟情、最难以忘怀的是他的结发妻子王弗。她是眉州青神县进士王方之女，比苏轼小三岁，16岁时嫁给苏轼。两人感情甚笃。苏轼为人旷达，心地纯良，性格坦率得近乎天真，与人交往时心里从不设防。他自己就说："吾眼前无一个不好人。"因此，他在交友识人上往往看走眼。王弗则心细如发，且有一双洞察世情的慧眼，是苏轼的好参谋，曾有"幕后听言"的佳话。遇有客人来访，王弗就会"立屏间听之"，揣摩客人的来意与人品，及时提醒苏轼。有一次，一位客人来访，待走后，王弗对苏轼说："这个人总在揣摩你的心思说话，一味迎合你，投你所好，对这样的人要小心。"事实让苏轼不得不承认，夫人看人比他要准。为此，他曾夸赞她"敏而静"。

章惇就是个很好的例子。苏轼当年连科及第，一举成名。章惇觉得此人受到皇帝赏识，必定前途无量，所以主动结交苏轼并让儿子拜苏轼为师。当时王弗就提醒苏轼，不可轻信此人，可苏轼没当回事。后来害得他老年投荒，差一点死在海南的正是此人。

王弗是进士之女，有良好的家教。她又是个内秀的人，文静而不张扬。丈夫读书时，她一声不吭地陪在身边做针线活。可是有时候苏轼背着书突然卡了壳，一旁的王弗会抿嘴一笑，轻声给他提个醒。这可让苏轼大吃一惊，又喜出望外。原来自己的妻子是个锦心绣口、聪明有识的女孩。

苏轼与王弗两情相悦，声气相投，而夫人的聪敏与睿智更给了苏轼很大的帮助，成为他事业上的助手、精神上的依托。这样的天赐良缘真可以说是绝配。只可惜好景不长，王弗在治平二年（1065年）病逝于汴京，去世时只有26岁，留下不满七岁的儿子苏迈。

王弗去世后，苏轼依父言"于汝母坟茔旁葬之"，并在埋葬王弗的山头亲手种植了许多株松树以寄哀思。苏轼在为王弗写的墓志铭中悲叹："呜呼哀哉！余永无所依怙！"这是苏轼终生无法忘怀的深深的痛。十年以后，即乙卯熙宁八年（1075年），苏轼又在梦中见到了王弗，写下了《江城子·乙卯正月二十日记梦》：

十年生死两茫茫。不思量,自难忘。千里孤坟,无处话凄凉。纵使相逢应不识,尘满面,鬓如霜。

夜来幽梦忽还乡。小轩窗,正梳妆。相顾无言,惟有泪千行。料得年年肠断处,明月夜,短松冈。

以词悼亡人,是苏轼开的先河。这首词情真意切,表达了对亡妻深挚的思念之情,被誉为悼亡词千古第一。

苏轼的第二任夫人王闰之是王弗的堂妹,比苏轼小11岁。在苏轼与其堂姐共同生活期间,她还是个小女孩,自幼就喜欢读苏轼的诗文,对苏轼的才华和人品非常敬仰。堂姐去世后,这种敬仰逐渐转化为爱慕。三年后,王闰之与苏轼成婚。一个大家闺秀,心甘情愿给一个大自己11岁的人做填房,只能说王闰之真爱苏轼。

王闰之善良贤惠,性情温柔,关怀备至地体贴丈夫,全心全意照管着这个家。她与丈夫共同生活的20多年,正是苏轼在政治生涯中大起大落的阶段,历经"乌台诗案"、黄州贬谪等磨难,可说是苦多甜少。然而,王闰之不因富贵而骄奢,也不因贫困而怨怼,真正做到了同甘共苦,不离不弃,显现了她朴实诚挚的可贵品质。这一点连她的小叔苏辙都非常感动,曾称赞他这位嫂子:"贫富戚忻,观者尽惊,嫂居其间,不改声色,冠服肴蔬,率从其先。性固有之,非学而然。"

神宗元丰二年(1079年)七月,刚上任湖州知府不久的苏轼被御史台缉捕。御史台自汉代以来又称"乌台",此案亦称"乌台诗案"。当苏轼被五花大绑拖出官衙时,妻儿老小哭天抢地追了出来。苏轼虽然心里难过,但仍不失潇洒豁达的本性。为了缓解家人的悲痛,他忽然想起一个故事。当年宋真宗招贤纳士,有人向他推荐诗人杨朴。宋真宗立即召见并让他当场作诗。杨朴慌乱之中怎么也做不出诗来,为缓解杨朴的紧张心理,真宗问:"你临行时就没有人为你作诗送行吗?"杨朴说:'我老婆为我作了一首诗,说:'且休落魄贪杯酒,更莫猖狂爱咏诗。今日捉将官里去,这回断送老头皮。'"真宗听后哈哈大笑,就让杨朴回家了。苏夫人也听说过这个故事。苏轼为了安慰夫人,对她说:"别难过了,你能不能像杨朴的妻子那样,写首诗为我送行呢?"苏夫人听了苏轼的话,竟然含泪失笑了。

王闰之最为难得的是心地善良,妇德敦厚。她生了两个儿子苏迨与苏过,堂姐留下的儿子也在幼年。王闰之对这个孩子就像自己亲生的一样疼爱。这在苏轼看来尤为难得,称赞她"妇职既修,母仪甚敦,三子如一,爱出于天"。

王闰之陪伴苏轼走南闯北,共同度过了20多年的艰苦岁月,而当苏轼东山再起,升任端明殿学士、翰林侍读学士、礼部尚书时,王闰之却撒手人寰,终年47岁。这不仅是王闰之的不幸,也是苏轼深深的痛。他在给妻子的祭文中极其悲痛地呼号:"我曰归哉,行返丘园。曾不少须,弃我而先。孰迎我门,孰馈我田?已矣奈何,泪尽目干。"

苏轼的第三任妻子是王朝云。她本是个贫家女孩,苏轼任杭州通判时,夫人王闰之怜悯她的身世,将她买下做侍女,当时朝云年仅12岁。这个女孩子不仅聪慧,而且忠诚坚贞。苏轼因乌台诗案获罪下狱,家中的婢仆都遣散了,唯有朝云坚决不走。那时苏夫人由于过分忧惧,卧病不起,家中的事务全凭朝云一人打理支撑。苏轼被贬谪黄州,朝云又伴随到黄州,和苏轼家人一起开荒种地,度过艰难岁月。后苏轼终将朝云收为侍妾。

在黄州时，朝云生了一个儿子，取名苏遁。苏轼对这个儿子非常疼爱。孩子出生后，他结合自己的经历写了一首诗：

> 人皆养子望聪明，我被聪明误一生。
> 惟愿孩儿愚且鲁，无灾无难到公卿。

不幸的是这个孩子不满一岁就夭折了。苏轼失去爱子，非常悲痛地说："归来怀抱空，老泪如泻水。"比苏轼更悲痛的当然是朝云。苏轼的一首诗写了朝云痛不欲生的情景："母哭不可闻，欲与汝俱亡。故衣尚悬架，涨乳已流床。感此欲忘生，一卧终日僵。"

元祐八年（1093年）苏轼又一次成为政治斗争的牺牲品，被章惇等人一贬再贬，从河北定州贬到广东惠州。这时王闰之已经去世，苏轼也年届六旬，四千余里的贬谪路途，连买马雇人的钱都没有。在苏轼最困顿的时候，只有忠诚坚强的朝云与他共赴艰难。对生活的困苦，她泰然处之，无怨无悔，毅然承担起一家人的生活重担。

朝云原本不识字，但跟随苏轼多年，受其耳濡目染，每天练字、读书、学佛，还与苏轼谈禅论道，成了苏轼的红颜知己。宋人费衮《梁溪漫志》记有这样一个故事：

东坡一日退朝，食罢扪腹徐行，顾谓侍儿曰："汝辈且道是中何物？"一婢遽曰："都是文章。"坡不以为然。又一人曰："满腹都是见识。"坡亦未以为当。至朝云乃曰："学士一肚皮不合时宜。"坡捧腹大笑。

从这一故事可以看出，只有朝云深深了解苏轼，也只有她配做苏轼的知音。苏轼曾给予朝云"敏义忠敬"的评价。为感念朝云的情义，他曾写下《朝云诗》：

> 不似杨枝别乐天，恰似通德伴伶玄。
> 阿奴络秀不同老，天女维摩总解禅。
> 经卷药炉新活计，舞衫歌扇旧因缘。
> 丹成随我三山去，不做巫阳云雨仙。

可惜朝云来到岭南之后，不服水土，经常生病，于绍圣三年（1096年）在惠州病逝，年仅34岁。失去患难中的知己，苏轼非常悲痛，遵照朝云遗愿，将她葬在惠州栖禅寺大圣塔下的松林中，并在墓边建六如亭，撰写楹联：

> 不合时宜唯有朝云能识我
> 独弹古调每逢暮雨倍思卿

朝云死后，苏轼未再续弦。

苏轼的一生在政治风浪中跌宕起伏，受尽磨难，从这一点来说他是不幸的；然而在他坎坷的一生中，先后有三位女子全心全意、不离不弃地与他一同经历了人生的酸甜苦辣，从这一点来说，苏轼又是幸运的。谚语说："诗人就是情人。"苏轼就是个多情善感的人。也正是这些深情厚爱深深地打动了苏轼，从而留下了许多震撼心灵、超凡绝伦的抒情诗篇。

46　为苏辙说句公道话

苏洵与两个儿子苏轼、苏辙并称"三苏",而且同列"唐宋八大家"。但在当时以及后世,苏辙的声望、影响远不如哥哥苏轼。究其原因,一是苏轼实在是太抢眼了!其二,实事求是地说,苏辙的才华比其兄确实稍有逊色,尤其在诗词方面,而且苏辙性格沉稳,不事张扬。这样一来,在哥哥耀眼的光环下,苏辙就成了陪衬。提起苏轼几乎无人不晓,连小孩子都能背诵他的诗词。而人们对苏辙却知之甚少,甚至有人读了苏轼的诗词,才知道苏轼有一个心心念念的弟弟——子由。

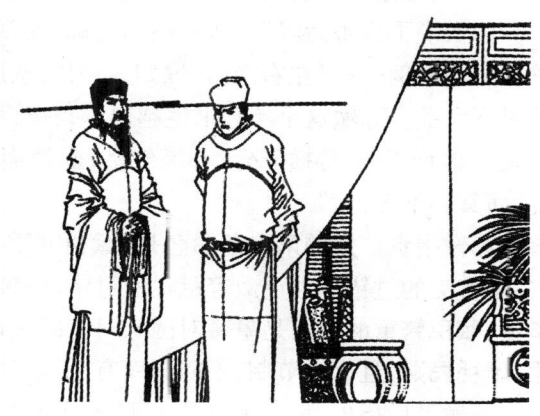

《中国文学史》对苏辙文学成就的介绍也少得可怜。与苏辙同时代的文学家欧阳修、梅尧臣、苏舜钦、王安石、苏轼、黄庭坚等,都有专章或专节,而作为"唐宋八大家"之一的苏辙,却只在"苏轼"专章中捎带了两句:"弟弟苏辙字子由,著有《栾城集》,也以散文著称。""苏辙的议论文,不如父兄,记叙文却纡徐曲折,饶有情致。"

这些对苏辙是不公平的,"文学史"对苏辙的评价也未必妥当。苏辙的才华、胆识,真的与哥哥相差很远吗?笔者想以下面的事为例,替苏辙说几句公道话。

应"制举",放胆直言

苏辙(1039—1112),字子由。嘉祐二年(1057年),19岁的苏辙与22岁的哥哥苏轼,一同进京参加科举考试,苏轼考了第二名,苏辙是第五名,与哥哥只差三名。要知道他比哥哥可是少学了三年呢!足见其身手不凡。

其实,苏辙这次不过是小试牛刀。几年之后他参加"制举"时写的一篇《制策》,在朝廷中掀起了轩然大波。

宋代实行文人执掌政权的国策,因此特别重视选拔有政治头脑的人才。宋仁宗以后,改变了宋初科举偏重诗赋的做法,更重视策论。所以,在进士考试后又设置了级别更高、难度更大的"制举"考试。两宋三百年,考中进士的有四万多人,而"制举"考试只举行了22次,考中的仅有41人,真可谓优中选优!

仁宗嘉祐六年(1061年),23岁的苏辙与哥哥苏轼一起被推荐参加直言极谏科"制举"考试。推荐参加考试的仅有四人,可见机会难得!可是,临近考试苏辙却病了。朝廷为此还

— 127 —

推迟了考试时间。

生性耿直的苏辙,在《制策》中对仁宗皇帝进行了激烈的批评。全文洋洋洒洒六七千言,其中辛辣尖锐的语言触目皆是。此时的仁宗已52岁,在位已39年,边境多年少战事,国内经济繁荣,百姓也算得上安居乐业。仁宗看不到潜在的危机,一心安于享乐,想做太平天子。对此,苏辙批评说:"古之圣人,无事则深忧,有事则不惧,夫无事而深忧者,所以为有事之不惧也。今陛下无事则不忧,有事则大惧,臣以为陛下失所忧矣!"正因为如此,"陛下自近岁以来,宫中贵姬至于千数,歌舞饮酒,欢乐失节,坐朝不闻咨谟,便殿无所顾问"。

苏辙说了这番话以后,似乎还不过瘾,又举了夏、商、周、汉、唐几个不忧国事、只顾享乐的昏君的事例——"左右前后,惟妇人是侍,法度正直之言不留于心,而惟妇言是听",终于导致天下大乱。苏辙这个年轻书生越说越兴奋,不仅把仁宗与这些昏君画了等号,竟直接批评仁宗:"谒行于内,势横于外;心慌气乱,邪僻而无所主;赏罚失次,万事无纪,以至于天下大乱,而其心不知也。"

苏辙指责仁宗的第二条罪名是,赋税繁重,民力不堪重负。他毫不客气地质问:官吏不仁,是官吏的过错。加重敛聚赋税的过错,应该由谁承担?把矛头直接指向了皇帝。苏辙又指出,赋税繁重的原因是皇帝对国家财富的浪费,在宫中大肆赏赐珍宝玩物,以"宫中无益之用,虚耗民财,且毫不节制,不问国库有无"。

苏辙最后指出,仁宗不仅是个不懂国事的皇帝,还是个贪图虚荣的伪君子。他说:庆历年间仁宗劝课农桑,后又特派使者巡视,"不过欲使史官书之,以邀美名于后世耳"。苏辙的这份《制策》真是极有见地,极为大胆,措辞也极为辛辣。

考试过后,苏轼信心满满,认为自己定会高中。苏辙却恰恰相反,估计自己一定会落第,甚至会因此获罪。

苏辙的估计没错,他的《制策》一出,在朝中立刻掀起了轩然大波。胡宿等考官认为,苏辙的策论拿历史上的昏君比喻皇帝,是大逆不道,力主贬斥之。然而,复考官司马光对苏辙的文章却大为赏识,认为这是应试文章中"最为切直"的一篇,应评为最高的"三等"(制科考试中一、二等是虚设,三等就是最高的。此前也只有吴育一人得过三等)。

意见如此针锋相对,而且谁也说服不了谁,最后闹到了皇帝那儿。仁宗皇帝还算不糊涂,表态说:"吾以直言求士,士以直言告我。今天如果因直言黜落了他,天下人会怎么说我呢?"宰相韩琦明白了皇帝的意思,就提出了个折中的办法,将苏辙取为四等下。

不料风波并未平息,任知制诰的王安石,认为苏辙的《制策》是按韩琦的授意有意攻击天子的,竟然拒绝撰写任命书。韩琦听说后笑道:"苏辙文章中建议陛下应该任用唐代娄师德、郝处俊那样的贤相,分明对老夫也不满意,怎么会是受我指使呢?"另一名知制诰沈遘也参加了阅卷,明白其中的原委,就撰写了诏书。这一风波旷日持久,等苏辙接到任命,已是嘉祐七年十月。

从这件事看,苏辙的胆识、文才并不逊色于苏轼。连苏轼本人都说:"子由之文实胜仆,而世俗不知,乃以为不如。"

救兄难,操碎心肝

　　苏辙另一个值得称道的是他的人品。苏轼真挚坦率,胸无城府,近乎天真。而苏辙性格沉稳,老成持重,为人处世比苏轼更靠谱。正如苏洵《名二子说》所言:

　　轮、辐、盖、轸,皆有职乎车,而轼独若无所为者。虽然,去轼则吾未见其为完车也。轼乎,吾惧汝之不外饰也。

　　天下之车莫不由辙,而言车之功者,辙不与焉。虽然,车仆马毙,而患亦不及辙,是辙者,善处乎祸福之间也。辙乎,吾知免矣。

　　意思是轮、辐、盖、轸都是车辆上有实际用途的重要部件。而车厢前面的横木"轼",虽处于显眼的位置,却像是可有可无的摆设,但是没有它就不算是完整的车了。轼啊!我是怕你身处显位却不知道掩饰自己呀。天下的车没有不按车辙行走的,但是说到车的功劳,却没有车辙的份儿;即使车子翻了,马也摔死了,也不会追究车辙的责任。这个辙总善处于祸福之间。辙啊!我知道你将来能避免祸患。

　　真是知子莫如父,苏轼、苏辙一生的经历,真真切切地印证了苏洵的话。苏轼一生麻烦不断,而每一次出事,总是苏辙首先出手相救,为此也几次被贬。从这一点看,苏辙竟像是苏轼的哥哥。

　　最惊心动魄的一次是"乌台诗案"。御史中丞李定、何正臣,权监察御史里行舒亶等小人,为陷害苏轼,竟从苏轼诗文中寻章摘句、断章取义、深文周纳,罗织出苏轼该杀的"四大罪状"。御史台自汉代以来又称"乌台",所以此案称"乌台诗案"。案发时,距京城较近的苏辙先得到消息。他立刻派人飞马赶到哥哥的任所湖州报信,好让哥哥一家有所准备。同时他又连夜写了奏章,请求朝廷削了自己的官职为哥哥赎罪,以保哥哥一命,他后被贬为筠州监酒,可见赎罪的请求是起了作用的。再加上求情的人很多,呼声很高,神宗一时难下决断,案子就拖了下来。

　　苏轼入狱之后觉得难逃一死,只是不知是哪一天。他与送饭的大儿子苏迈约定,平时只送菜和肉,要是判了死刑,就以送鱼为信号。有一天苏迈要出城办事,托一位朋友替他送饭。这位朋友很敬仰苏轼,为了给他改善生活,特地做了一条鱼。苏轼一见吃了一惊,知道死期已到,心中不免一阵悲凉,想到自己死后,一家妻儿老小无人照顾,只能托付给弟弟苏辙了,于是提笔给苏辙写了两首诗《狱中寄弟子由》,其一为:

　　　　圣主如天万物春,小臣愚暗自亡身。
　　　　百年未满先偿债,十口无归更累人。
　　　　是处青山可埋骨,他年夜雨独伤神。
　　　　与君今世为兄弟,更结来生未了因。

　　这是两首非常感人的绝命诗。苏辙见诗后伏案大哭。然而,聪明的苏辙立刻想到,哥哥是朝廷钦犯,从狱中传出的只言片语,按规定应呈朝廷审查。自己把诗留下来,于事无补;如果上呈皇帝,也许对营救哥哥有利。于是他拒绝收下诗篇,让狱卒将诗上呈。

　　神宗读了诗后大为感动,又把诗传入后宫。神宗的生母高太后,比苏轼还小几岁,平时非常喜爱苏轼的诗词,读了诗竟泪如雨下。当时,神宗的祖母曹太后病重,神宗要大赦天下,为祖母消灾祈寿。高太后说:"你也不用大赦天下,只放了苏轼就够了。"有太后求情,还有三朝元老张方平,宰相吴冲、王安石等大臣呼号、施救,本就不忍心杀苏轼的神宗,终于免了苏轼的死罪,改贬为黄州团练副使。

一般人在生死关头,首先想到的一定是自己最亲、最近的人。苏轼在此时留诗给弟弟子由,足以证明他俩堪称世上最深、最美兄弟情。从这件事也可以看出苏辙的人品,处事的聪慧、机智。

和诗词,留下名篇

有一个旷世奇才的哥哥,是苏辙的幸运,然而,这也使他一辈子都在哥哥的光环下生活。在别人眼里,苏辙只能是哥哥的陪衬、配角,难免有失落感。事实果真如此吗?且看这哥俩自己怎么说的:

苏轼说:"嗟予寡兄弟,四海一子由。"(《送李公择》)"岂独为吾弟,要是贤友生。"(引自《青年文摘》2018年22期)

苏辙说:"手足之爱,平生一人。自信老兄怜弱弟,岂关天下无良朋。"(《次韵子瞻秋雪见寄二首》)"抚我则兄,诲我则师。"(《东坡墓志铭》)

《宋史》这样评价他们的兄弟情:"辙与兄轼进退出处,无不相同,患难之中,友爱弥笃,无少怨尤,近古罕见。"我们从苏辙的诗文中看到的,是对哥哥满满的亲情、由衷的感佩、惴惴的担心、入微的关怀,找不到任何"失落"的蛛丝马迹。别人认为苏辙多少会有失落感,也只能是猜测了。

苏轼与苏辙相互唱和的诗很多,可以说是有唱必和,因此也留下了不少名篇。如苏辙写给哥哥苏轼的诗《怀渑池寄子瞻兄》:

相携话别郑原上,共道长途怕雪泥。
归骑还寻大梁陌,行人已度古崤西。
曾为县吏民知否?旧宿僧房壁共题。
遥想独游佳味少,无方骓马但鸣嘶。

诗写的是苏辙当年与哥哥一同应举,途经渑池县借住在一个寺院里,两人曾在僧房的墙壁上题了诗。后来,上司任命19岁的苏辙为渑池县主簿,由于他已考中进士,未到任。后来苏辙又经过这里,回忆起当年僧房留题的事,写下了这首诗,既是对往事的怀念,又是对人生道路艰难的感叹。

苏轼收到这首诗以后,立即按原韵和了《和子由渑池怀旧》一诗:

人生到处知何似,应是飞鸿踏雪泥。
泥上偶然留指爪,鸿飞那复计东西。
老僧已死成新塔,坏壁无由见旧题。
往日崎岖还记否,路长人困蹇驴嘶。

兄弟俩一唱一和,两首诗珠联璧合,都成为传世名篇。林语堂先生就曾说过:"往往为了子由，苏轼会写出最好的诗。"

苏辙还曾为哥哥留下的断句续成过一首完整的诗。宋徽宗崇宁二年（1103年），苏轼已去世，苏辙也已64岁，被罢官后居住在许州。正月的一天，有位名叫姜唐佐的进士求见，说："我有学士的遗物一件，特来相赠。"说完从袖中取出折扇一柄，交给苏辙，说："当年东坡居士谪居儋耳（今海南省儋州），晚生仰慕大名，从游求学，学士在晚生折扇上题了两句诗：'沧海何曾断地脉，珠崖从此破天荒。'学士当时说：'我只题此一联，待你异日及第后，再续成全篇。'如今，晚生已占鳌头，而学士已经长眠地下。晚生每见此扇，就感念学士奖掖勉励后辈的恩情，不免痛断肝肠。"说完他就呜咽起来。苏辙听了这一席话，想起哥哥生前的一片良苦用心，也不禁老泪纵横。他接过折扇，走到书案前，提笔在折扇上续完全诗：

生长茅间有异芳，风流稷下古谙姜。
适从琼管鱼龙窟，秀出羊城翰墨场。
沧海何曾断地脉，白袍端合破天荒。
锦衣不日千人看，始信东坡眼力长。

翻检二苏全集，便可发现苏辙是苏轼一生中最重要、最持久的诗友。这两兄弟的手足情，与他们的文学成就一样，是历史长卷中璀璨夺目的华章。也正因为兄弟情深，才使他们的诗词蕴含着浓浓的亲情，闪烁着人性的光芒。苏轼、苏辙这两个名字，就像是"双子星座"，不分伯仲，在历史的天空中熠熠生辉。

47　李清照又称李三瘦

李清照号易安居士,宋代济南人,是我国文学史上著名的女作家,诗词散文都有很高成就。她的诗词在用词练字上,可以说达到了炉火纯青的地步。如《声声慢》首句:"寻寻觅觅,冷冷清清,凄凄惨惨戚戚。"一连串的叠字,把她后半生经历的国愁、家愁、情愁以及不被人理解之愁,写尽了,写绝了,以至于使她成了愁的化身。

然而,正如梁衡先生所言:"理解李清照,怎一个愁字了得?"她的前半生拥有太多的幸福与欢乐。她的词不管是写前期闺情、相思的闲愁,还是写后期国破家亡之愁,在遣词用字上都有独到之处。比如说,李清照在词中喜欢用"瘦"字,而且用得十分贴切、传神。最有名的是她写给在外地为官的丈夫赵明诚的《醉花阴·重阳》:

薄雾浓云愁永昼,瑞脑消金兽。佳节又重阳,玉枕纱橱,半夜凉初透。

东篱把酒黄昏后,有暗香盈袖。莫道不消魂,帘卷西风,人比黄花瘦。

李清照这首词把自己独自在家的孤独寂寞、百无聊赖,以及对远在外地的丈夫的思念之情,表达得委婉而又淋漓尽致。特别是下阕,词人为了摆脱心中的郁闷,黄昏时把酒赏菊东篱,然而看到被西风劲吹的片片花瓣散落一地,几丛菊花在风中瑟缩地开着,感到菊花在冷风中变瘦了,由于自怜,很自然联想到也许自己比黄花还要瘦,于是写出了"莫道不消魂,帘卷西风,人比黄花瘦"的名句。

赵明诚见到这首词后,既为情动,又被情激,感动之余又想写一首超过妻子的词。据《琅嬛记》记载:"易安以重阳《醉花阴》词函致明诚。明诚叹赏,自愧弗逮,务欲胜之。一切谢客,忘食忘寝者三日夜,得十五阕,杂易安作以示友人陆德夫。德夫玩之再三,曰:'只三句绝佳。'明诚诘之,答曰:'莫道不消魂,帘卷西风,人比黄花瘦。'正易安作也。"

我们也不得不感叹,这个"瘦"字用得新颖、贴切、传神。不仅这首《醉花阴》,李清照在她的词中多次用到"瘦"字,而且多成为流传甚广的名句,受到人们的称赞。再看她的《如梦令》词:

昨夜雨疏风骤,浓睡不消残酒。试问卷帘人,却道海棠依旧。知否?知否?应是绿肥红瘦!

读这首小词,不禁让人想起唐代诗人韩偓的五绝《懒起》:"昨夜三更雨,今朝一阵寒。

— 132 —

海棠花在否,侧卧卷帘看。"两首诗词表达的意思差不多,但李清照的词,更为委婉、曲折,耐人寻味。它表达了词人对大自然变化的敏感和对生活中美好事物的关切,从而引出女词人和侍女的一番对话。"却道海棠依旧"是答话,把问话省去了。从答话可知问的是"经过一夜风雨,海棠花怎么样了"。问与答显然不相称,问得多情,答得淡漠。于是逼出下句"知否?知否?"的急切反问。词人出于对花的关心,问得那么认真;由于惜花的心情,驳得又那么恳切。

"应是绿肥红瘦"是她脑海中浮现的景象。"绿肥红瘦"四个字用得尤其好。黄蓼园在《蓼园词选》中说:"'绿肥红瘦'无限凄婉,却又妙在含蓄,短幅中藏无数曲折,自是圣于词者。"再如她的《凤凰台上忆吹箫》:

香冷金猊,被翻红浪,起来慵自流头。任宝奁尘满,日上帘钩。生怕离怀别苦,多少事,欲说还休。新来瘦,非干病酒,不是悲秋。

休休,这回去也,千万遍《阳关》,也则难留。念武陵人远,烟锁秦楼。惟有楼前流水,应念我,终日凝眸。凝眸处,从今又添,一段新愁。

"多情自古伤别离。"一般写离别,多写惜别之感或别后的思念。而李清照这首词是送丈夫赵明诚外出前写的。因为丈夫要出门远行,词人对生活失去了情趣,晚上翻来覆去睡不着觉,早上也懒得梳头,身体亦日渐消瘦。瘦的原因当然是因为心情郁闷,太直白,所以女词人以曲折委婉的方式,写出"新来瘦,非干病酒,不是悲秋"的词句,淋漓尽致地表达了她深婉而细腻的感情。清代作家陈廷焯评价此句:"婉转曲折,煞是妙绝。"当代词学家唐圭璋也称赞说:"'新来瘦'三句,申言别苦,较病酒悲秋为尤苦。"

正是因为李清照喜欢把"瘦"字用到词中,形象地描写花容人貌,尤其擅长以物瘦喻人瘦,含蓄地表达思想感情,创造了三个(当然,远不止三个)因"瘦"而广为流传的名句,人们给她送了"李三瘦"的雅号。

附:李清照带有"瘦"字的词五首:

点绛唇·蹴罢秋千

蹴罢秋千,起来慵整纤纤手。露浓花瘦,薄汗轻衣透。见客入来,袜刬金钗溜。和羞走,倚门回首,却把青梅嗅。

多丽·咏白菊

小楼寒,夜长帘幕低垂。恨萧萧、无情风雨,夜来揉损琼肌。也不似、贵妃醉脸,也不似、孙寿愁眉。韩令偷香,徐娘傅粉,莫将比拟未新奇。细看取、屈平陶令,风韵正相宜。微风起,清芬酝藉,不减酴醾。

渐秋阑、雪清玉瘦,向人无限依依。似愁凝、汉皋解佩,似泪洒、纨扇题诗。朗月清风,浓烟暗雨,天教憔悴度芳姿。纵爱惜、不知从此,留得几多时。人情好,何须更忆,泽畔东篱。

新荷叶·薄露初零

薄露初零,长宵共永昼分停。绕水楼台,高耸万丈蓬瀛。芝兰为寿,相辉映、簪笏盈庭。花柔玉净,捧觞别有娉婷。

鹤瘦松青,精神与秋月争明。德行文章,素驰日下声名。东山高蹈,虽卿相、不足为荣。安石须起,要苏天下苍生。

殢人娇·玉瘦香浓

玉瘦香浓,檀深雪散,今年恨探梅又晚。江楼楚馆,云闲水远。清昼永,凭栏翠帘低卷。

坐上客来,尊中酒满,歌声共水流云断。南枝可插,更须频剪,莫直待,西楼数声羌管。

临江仙·梅

庭院深深深几许,云窗雾阁春迟。为谁憔悴损芳姿。夜来清梦好,应是发南枝。

玉瘦檀轻无限恨,南楼羌管休吹。浓香吹尽有谁知。暖风迟日也,别到杏花肥。

48 朱淑真泣赋断肠词

在中国文学史上,有一位以写"愁"著称的女诗人李清照。在同一时代,还有一位与李清照齐名的女诗人朱淑真。其经历和李清照有相似之处。不过她的命运比李清照要悲惨得多。

朱淑真(约 1135—约 1180),号幽栖居士,祖籍歙(shè)州(今安徽歙县),相传是大理学家朱熹的侄女。朱淑真的父亲曾在浙西做官,家境优裕,朱淑真自幼便受到了良好的教育和文学艺术的熏陶。她聪敏警慧,通经史,喜诗词,工书画,精音律,小小年纪,便有了才女之名,深受父母喜爱。

按照封建家规,朱淑真的少女时代,是在闺阁和家庭庭院中度过的。好在花园中有亭台楼榭,不乏乐趣。感春风秋露,看乳燕翻飞,赏百花争艳,听池蛙鼓噪,荡飘舞秋千,阅诗书画卷,这些都丰富了她的少女生活,更激发了她的诗词灵感。因此她留下了不少笔调明快、文词清婉、情致缠绵的诗词。如描写春天的《眼儿媚》:

迟迟春日弄轻柔,花径暗香流。清明过了,不堪回首,云锁朱楼。

午窗睡起莺声巧,何处唤春愁。绿杨影里,海棠亭畔,红杏梢头。

又如《浣溪沙·清明》:

春巷夭桃吐绛英,春衣初试薄罗轻。风和烟暖燕巢成。

小院湘帘闲不卷,曲房朱户闷长扃。恼人光景又清明。

下面这首写少女伤春的《清平乐》,更是别出心裁,妙语惊人:

风光紧急,三月俄三十。拟欲留连计无及,绿野烟愁露泣。

倩谁寄语春宵?城头画鼓轻敲。缱绻临歧嘱付,来年早到梅梢。

唐代的贾岛也写过一首惜春的诗《三月晦赠刘评事》:

三月正当三十日,风光别我苦吟身。

共君今夜不须睡,未到晓钟犹是春。

贾岛的诗,命意已经不凡。朱淑真借用其意写成的这首《清平乐》,构思尤为奇特。上片起句"风光紧急"就很突兀,感叹春光消逝得不是一般的快,而是既紧又急!接着是"三月俄三十",三月已是暮春,而三十天顷刻而过,已到了春季的最后一刻。下句更为新奇,想要留住春天却"计无及",而且惜春的不仅是人,连田野里的树木也在含烟发愁,花草滴露落泪,把

— 135 —

自然景物都拟人化了。

上片写留连无计留春住。下片写期盼来年春来早。于是词人想抓住最后一刻"春宵"的尾巴，给"春"带个信息。"倩谁"呢？词人想到了"城头画鼓"。唐宋时城头定时击鼓，作为开闭城门的号令，叫作"咚咚鼓"。词人希望在敲最后一通鼓前，也就是与春告别的"临岐"时刻，给春天捎句话："来年早到梅梢。"真是妙笔生花。百花迎春梅最早，而词人竟觉得梅花开得还不够早，把惜春之情、盼春之切，具象化为春天"早到梅梢"，真是别开生面，突放异彩。

过着大门不出、二门不踩的闺中生活的李淑真，进入了青春期，自然憧憬着能有一个好的归宿。她把这一愿望写入了诗中，如《秋日偶成》：

初合双鬟学画眉，未知心事属他谁？
待将满抱中秋月，分付萧郎万首诗。

诗中流露出朱淑真对爱情的纯真向往，希望能找到一个知她、懂她、怜她、爱她的人，甘愿为他写万首诗。

从朱淑真留下的诗可以得知，少女时的她真的遇到了一位意中人，彼此两情相悦，心心相惜。她还把两人一起游西湖的情景，写到了《清平乐·夏日游湖》一词中：

恼烟撩露，留我须臾住。携手藕花湖上路，一霎黄梅细雨。
娇痴不怕人猜，和衣睡倒人怀。最是分携时候，归来懒傍妆台。

朱淑真这首词写得相当大胆。上片写朱淑真与男友相约游湖，先是"携手藕花湖上路"，大约是西湖的白堤或者苏堤，两人携手赏花兴味正浓，不料"一霎黄梅细雨"来了，总得找个地方避雨吧，于是他们在一个僻静的地方停了下来，这就给了两人难得的亲近机会。

下片写女词人大胆的举动。"娇痴"的她难以自持，竟然不顾羞怯地"和衣睡倒人怀"。这样的热情，这样的主动，连男友也不免一时有点失措。可是女词人"不怕人猜"，打破了"男女授受不亲"的清规戒律。相聚是短暂的，女词人回到家中，总觉得空空荡荡，百无聊赖，连梳妆台都懒得靠近了。

朱淑真这首词一出，很快就在坊间传开。道学家们指责朱淑真是"淫娃佚女"，"有失妇德"。而词论家却给予这首词很高的评价，称赞说："易安（李清照）'眼波才动被人猜'，矜持得妙；淑真'娇痴不怕人猜'放诞得妙。均善于言情。"（《莲子居词话》卷二）

平心而论，朱淑真这首词写出了少女真实的人生体验，多情而不亵慢。然而，遗憾的是朱淑真的父母不如李清照的父母开明，后者顺从了女儿的心愿，成就了李清照、赵明诚两人的美满婚姻。朱淑真的父母认为，女儿的行为乖戾大胆，她写的诗词也都是淫词艳曲，败坏了家风。于是他们日夜相逼，让19岁的朱淑真违心地嫁给了一个小吏。

不能和自己最爱的人结合。朱淑真心中的苦楚可想而知。然而，既然已出嫁，秉着出嫁从夫的教育，淑真对丈夫还抱有一些幻想，希望他能心怀大志，功成名就，甚至多次写诗勉励他"美璞莫辞雕作器，涡流终见积成渊。""鸿鹄羽翼养成，飞腾早晚看冲天"，盼着二人可以诗情画意，携手人生。然而，事实让朱淑真很失望。市井气十足的丈夫，不仅是个俗吏，浑身铜臭味，一门心思搜刮钱财，钻营仕途，还是个好色之徒，置朱淑真于不顾，在外寻花问柳。这让女词人忍无可忍，为此曾写下《愁怀》诗：

>鸥鹭鸳鸯作一池，须知羽翼不相宜。
>
>东君不与花为主，何似休生连理枝？

鸥鹭鸳鸯本不相配，自己与丈夫早已是同床异梦，寂寞与愁绪令朱淑真发出了"何似休生连理枝"的诘问。再如她的《菊花》诗：

>土花能白又能红，晚节犹能爱此工。
>
>宁可抱香枝头老，不随黄叶舞秋风。

朱淑真要保持自身的高节操守，"宁可抱香枝头老，不随黄叶舞秋风"，决心与粗俗的丈夫决裂，毅然回到了浙江钱塘的娘家。

然而朱淑真回到娘家后，在父母的眼里她已不再是从前那个聪敏伶俐的可爱女孩，认为她抛弃丈夫是不守妇道，不安分守己。甚至周围的邻里也议论纷纷，认为她的回归是犯了"七出"之条，甚至贬损她为"泆（yì）女"（行为放纵的女子）。

在封建社会，只准丈夫休妻子，叫作"大归"，却不准妻子和丈夫离婚。宋代还规定，即使丈夫犯了法，妻子若提出离婚，也要先判妻子二年刑。李清照就是先例。

赵明诚死时，李清照45岁。当时有个叫张汝舟的文人，听说李清照保存有许多价值连城的金石文物，于是向李清照大献殷勤。李清照为了给自己的暮年找个归宿，就答应了他。谁知婚后不久张汝舟就露出了本来面目。他看到李保存的金石文物并不像传言中的那么多，不免大失所望。而且李清照要用这些残存的文物，来完成丈夫的遗愿《金石录》，所以"爱惜如护头目"，绝不让张汝舟染指。这让张汝舟更加不能容忍，于是对李清照恶语相向，甚至"遂肆侵凌，日加殴击"。李清照怎能受这样的窝囊气？她宁肯拼个鱼死网破、两败俱伤，也不肯"猥以桑榆之晚景，配兹驵侩之下材"。她发现执掌诸军审计的张汝舟，有虚报人数的贪污行为，就以"妄增举数入官"的罪名告发了他。结果张汝舟被发配柳州，李清照也服刑入狱。好在李清照的名声大，许多同情她的人为她奔走呼号，她只坐了九天牢就被释放了。

作为与李清照并肩的女词人，朱淑真有同不和谐婚姻决裂的勇气，却没有李清照的胆识和运气，真是可叹又可惜！

连亲生父母都不理解、同情自己，坊间各种流言秽语纷纷扬扬、是是非非，更让朱淑真抬不起头。她感到无比的孤独、无助、愁苦、绝望，只能把自己关在凄冷的房中，用诗词排遣万端愁绪。如《减字木兰花·春怨》：

>独行独坐，独唱独酬还独卧。伫立伤神，无奈春寒著摸人。
>
>此情谁见，泪洗残妆无一半。愁病相仍，剔尽寒灯梦不成。

开篇便是五个"独"字，那种形只影单、无人理解的寂寞凄凉感油然而生。夜深人静时，相思无所寄，愁病无处诉，只剩孤灯一盏，泪已干，妆已残，唯有顾影自怜。

朱淑真是先有了意中人却未能结合，被逼迫嫁人的，婚姻又是那样不幸。她回娘家后，就更加怀念那段感情，写了许多思念的诗词，如"三别"（《寄别》《伤别》《恨别》）、"四愁"（《供愁》《诉愁》《旧愁》《愁怀》）等篇。

从朱淑真留下的诗词看，"朱淑真的这段恋情，大体可分为三个阶段：第一阶段，是少女时期的欢恋；第二阶段，是分离后的思恋；第三阶段，是处于绝境的失恋"（《唐宋词鉴赏辞典》)。如果说前面的《清平乐》是"欢恋"的代表作,那么《谒金门·春半》是"思恋"的代表作,《江城子·赏春》是"失恋"的代表作了。请看这两首词:

谒金门·春半

春已半,触目此情无限。十二阑干闲倚遍,愁来天不管。

好是风和日暖,输与莺莺燕燕。满院落花帘不卷,断肠芳草远。

这首词表面上是"伤春",其实是抒写思念意中人的痛苦。开端"春已半,触目此情无限"写出她的无限感慨。"此情"指的就是对意中人的"思恋"。接着,词人用行动表达了他的"思恋":"十二阑干闲倚遍",愁怀难释,无法排遣,于是发出了"愁来天不管"的怨恨。下片末两句"满院落花帘不卷,断肠芳草远",隐曲地透露出她愁怨的根源:心中思念的人在漫天芳草的远方,相思而不能相聚,怎能不为之"断肠"?全词至此结束,言有尽而意无穷。

江城子·赏春

斜风细雨作春寒,对尊前,忆前欢,曾把梨花,寂寞泪阑干。芳草断烟南浦路,和别泪,看青山。

昨宵结得梦因缘,水云间,悄无言,争奈醒来,愁恨又依然。展转衾裯空懊恼,天易见,见伊难。

这首词题为"赏春",却言外有意。朱淑真用极其深沉的语调,叙述了她那段恋情的始末。有"前欢",有离别,有梦幻,最后是梦醒后的绝望,只剩下刻骨的悲凉。她悲惨的身世,几乎都概括其中。

从她的这些词中,可以看出朱淑真是一个十分钟情的女子,自从与恋人分手,无时无刻不在思念之中。她想,团圆不成,有个音信也好;若是鱼沉雁渺,杳无音信,能做个梦也行,但是都落空了。结果是,人不见,信不通,梦不成。留给她的是"悲、愁、恨、病、酒"五字生涯。

朱淑真的好朋友魏夫人,为了让她从愁苦中解脱出来,常邀请朱淑真饮酒消愁。有一天,魏夫人又邀朱淑真入府,摆下酒宴,命一队年轻姑娘在席前歌舞助兴。两人边饮酒,边欣赏歌舞,不觉夜已深了。朱淑真起身告辞说:"夫人,我该走了!"魏夫人挽留她说:"怎么就走呢?咱俩还没吟诗遣兴呢!"朱淑真只好坐下说:"那就请夫人命题指韵吧。"魏夫人说:"就以今天的歌舞为题,以'飞雪满群山'为韵,如何?"朱淑真带着醉意一会儿便写成了五首绝句(事见黄为之、扬廷治《断肠人词》)。以"群"字为韵的一首如下:

占断京华第一春,清歌妙舞实超群。

只愁到晓人星散,化作巫山一段云。

看来,酒也好,舞也罢,对朱淑真来说,都是暂时的欢愉,一旦"到晓人星散",面前还是满眼愁云。在朱淑真的诗词中写"愁"的词句特别多,"断肠"一词更是触目皆是。在她眼里,人间处处皆是愁,简直是一片愁世界。她的《得家嫂书》概括了她的这种生活状态:

倾心吐尽重重恨,入眼翻成字字愁。

添得情怀无是处,非干病酒与悲秋。

在家庭和社会舆论的重重压力下,朱淑真整天过着以泪洗面的日子。她也许不明白,与她对立的,何尝只是粗俗的丈夫和不理解自己的父母,而是整个封建礼教。她一个弱女子,又怎能轻易反抗得了?朱淑真在经过了一段悲苦的煎熬之后,终于把自己瘦弱的身躯,投入了冰冷的湖水。

更让人叹惋的是,朱淑真死后,她的父母认为女儿丢尽了自家的脸面,一怒之下,将她的诗词全都付之一炬。院中燃着火堆,这对老夫妇将一叠叠诗稿撕毁,扔入火中,还喃喃祷嘱:"淑真啊,你安心去吧!下一世投个好人家,不要伤风败俗,再作这些淫词艳曲了!"

值得庆幸的是,她的父母亲人不理解她,不疼爱她,喜欢她诗词的却大有人在。朱淑真死后,她的诗词和她悲惨的身世,在民间广为流传。若干年后,一个喜爱她诗词的魏仲恭,在钱塘的市井之间,千方百计搜集她的断简残篇,集诗名曰《断肠集》,集词名曰《断肠词》,并在《断肠集序》中说:"其死也,不能葬骨于地下,如青冢之可吊,并其诗为父母一火焚之,今所传者百不一存,是重不幸也,呜呼冤哉!"正所谓"断肠集里断肠泪,苦涩之中苦涩味"。

朱淑真的一生,是短暂的,更是悲惨的。她的痛苦、不幸,完全是封建制度造成的。她是封建礼教的受害者。今天,我们读她的诗词,应看到这是封建社会女性发出的独立人格的呼声,是对封建礼教的血泪控诉!此外,还应该正确地看待她纯真的爱情和不幸的婚姻,对她悲惨的一生做出公允的评价。

49 千古奇冤，岳飞之死

逃跑皇帝

宋朝的灭亡有两个人是罪魁祸首，一个是北宋徽宗赵佶，另一个是南宋高宗赵构。徽宗是北宋第八位皇帝，也是最不成器的一个。他倒是写得一手好字，称"瘦金体"，还画得一手好画，可就是不理朝政。他把大权交付于大奸臣蔡京和阉相童贯，自己一门心思变着花样享乐。朝政被二人搞得乌烟瘴气，闹得举国民怨沸腾。当时京城汴梁（今河南开封）有民谣吼道："打破筒（童贯），拔了菜（蔡京），便是个清凉好世界！"（刘小川《品中国文人》）

当时宋朝军队镇压农民起义时，表现得如狼似虎，所过之处留下一片哭喊，被宋徽宗称为"伟大"的军队，并向满朝文武大臣夸耀说："有这样的军队，宋朝的威望足以威震四方。"

然而，这支"伟大"的军队却是"内战内行，外战外行"。当时宋朝的北方崛起了女真族贵族统治的金国。金灭辽以后，接二连三派使者以"告庆"等名义，来到北宋都城汴梁。昏庸的宋徽宗还以为金是想和宋朝建立友好关系，给予热情接待。谁知这些使者的真实目的，是探察河朔至汴京的道路以及设防情况，为南侵做准备。

果然，1125年10月，金太宗完颜晟下令，分两路大军大举攻宋。宋徽宗被金兵的气势吓破了胆，慌忙撂挑子给儿子赵恒。赵恒无奈之下，哭着登上了皇位，是为钦宗，改元靖康。第二年（1127年）就发生了"靖康之变"，父子一块被金兵掳走。金人扶持张邦昌当了傀儡皇帝，北宋宣告灭亡。

当时徽宗第九子康王赵构任河北兵马大元帅，领重兵驻在相州（今河南安阳），距京城汴梁并不远，却不敢（更是不愿）援救，眼看着金人把自己的父亲、母亲、哥哥以及全部皇族抓走。自己却绕道跑到了河南应天府（今河南商丘）。

而皇帝张邦昌畏惧康王赵构手握重兵，将"大宋受命之宝"玉玺送给了他。赵构如获至宝，于当年五月一日在应天府即皇帝位，是为高宗，这才有了南宋。

高宗是有名的"逃跑皇帝"，即位之初就想与金议和，苟且偷安。但慑于全国军民的激愤

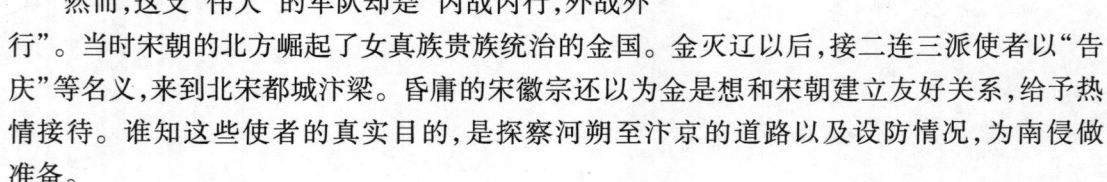

情绪,他不得不有所收敛,暂时启用主战的李纲任宰相。李纲主政后,力谏高宗还都汴京或迁都关中,以示抗战的决心,并举荐抗金名将宗泽为东京留守。然而,高宗只想逃跑,根本不听,李纲只当了75天宰相就被罢免。

高宗于建炎元年(1127年)逃到扬州。宗泽先后20多次吁请跨过黄河,北伐抗金,高宗连理也不理,致使宗泽忧愤而死,死前大呼三声"过河!"而亡。

建炎二年(1128年),金兀术又大举南进,直逼扬州。高宗乞求议和,金兀术根本不理睬,高宗只得再逃跑,为了让自己跑得更快,竟下令遣散跟随的百姓和官员,一直逃到了海上。金兵入海追击,因遇到大风才返回。

面对神州陆沉、山河破碎的严酷现实,不少有志之士奋起反抗,生于忧患之中的岳飞就是其中非常突出的一个。

慷慨悲歌

岳飞(1103—1141),字鹏举,相州汤阴(今河南汤阴县)人。岳家世代务农,岳飞少时勤奋好学,还学习射箭、枪技,成为文武双全的人。因家境贫困,岳飞到相州(今安阳),"为韩魏公(琦)家庄客,耕种为生"。岳飞19岁时投军抗辽,不久因父丧,退伍还乡守孝。1126年金兵大举入侵中原,发生了"靖康之变"。岳飞再次投军,开始了他抗击金军的戎马生涯。传说岳飞临走时,其母姚氏在他背上刺了"精忠报国"四个大字,这成为岳飞终生遵奉的信条。岳飞投军后,很快因作战勇敢升秉义郎。这时宋都开封被金军围困,岳飞随副元帅宗泽前去救援,多次打败金军,受到宗泽的赏识,称赞他"智勇才艺,古良将不能过"。

赵构迁都临安,建立南宋后,岳飞多次上书高宗,要求收复失地,结果被革职。岳飞遂改投河北都统张所,任中军统领,在太行山一带抗击金军,屡建战功。后来他复归东京留守宗泽,以战功转武功郎。宗泽死后,他从继任东京留守杜充守开封。

岳飞戎马倥偬,为抗金救国转战大江南北。其夙愿就是光复失地,还我河山,迎徽、钦二帝还朝,一雪"靖康之耻"。当时张浚以宰相兼都督诸路军马事的身份,准备北伐。岳飞曾写下五言律诗《送紫岩张先生北伐》为其鼓舞士气:

号令风霆迅,天声动北陬。长驱渡河洛,直捣向燕幽。
马蹀阏氏血,旗枭可汗头。归来报明主,恢复旧神州。

全诗气势高昂,声调铿锵,充满着深沉的爱国主义情感和豪迈的英雄气概。

建炎三年(1129年),金兀术率军再次南侵,杜充率军弃开封南逃,岳飞无奈随之南下。是年秋,兀术继续南侵,改任建康(今江苏南京)留守的杜充不战而降。金军得以渡过长江天险,很快就攻下临安、越州(今绍兴)、明州等地,高宗流亡海上。岳飞率孤军坚持敌后作战。他先在广德攻击金军后卫,六战六捷。又在金军进攻常州时,率部驰援,又四战四胜。次年,岳飞在牛头山设伏,大破金兀术,收复建康,金军被迫北撤。从此,岳飞威名传遍大江南北,声震河朔。七月,岳飞升任通州镇抚使兼知泰州,拥有人马万余,建立起一支纪律严明、作战骁勇的抗金劲旅"岳家军"。

此后,岳飞曾进行过三次北伐。绍兴四年(1134年)四月,岳飞开始第一次北伐,击破金傀儡伪齐联军,收复襄阳、信阳等六郡。岳飞也因功升任清远军节度使。同年十二月,岳飞又于庐州(今安徽合肥),大败金兵,金兵被迫北还。绍兴五年(1135年),岳飞镇压了钟相、杨幺起义军,收编了起义军五六万精兵,使"岳家军"实力大增。

岳飞在转战两湖、浙、赣、苏、皖期间,曾留下两首小诗:

池州翠微亭

经年尘土满征衣,特特寻芳上翠微。

好水好山看不足,马蹄催趁月明归。

题青泥市壁

雄气堂堂贯斗牛,誓将贞节报君仇。

斩除顽恶还车驾,不问登坛万户侯。

第一首《池州翠微亭》写于池州(今安徽贵池)。岳飞曾在这一带击败来犯的金兵。诗人面对"好山好水",不忘"还我河山",抒发了为之浴血奋战的坚定信念。第二首《题青泥市壁》,述说自己亲冒弓矢,奋勇杀敌,只是为了"报君仇""还车驾",无意登坛封侯,充分表现了岳飞这位民族英雄的博大胸怀。

绍兴六年(1136年),岳飞二次出师北伐,攻占了伊阳、洛阳、商州和虢州,继而围攻陈、蔡地区。但岳飞很快发现自己是孤军深入,既无援兵,又无粮草,不得不撤回鄂州(今湖北武昌)。此次北伐,岳飞壮志未酬,却留下了《满江红·登黄鹤楼有感》一词:

遥望中原,荒烟外、许多城郭。想当年、花遮柳护,凤楼龙阁。万岁山前珠翠绕,蓬壶殿里笙歌作。到而今、铁骑满郊畿,风尘恶。

兵安在,膏锋锷。民安在,填沟壑。叹江山如故,千村寥落。何日请缨提锐旅,一鞭直渡清河洛。却归来、再续汉阳游,骑黄鹤。

这首词,人们知道的不多。它首见于近人徐用仪编《五千年中华民族爱国魂》一书,卷端有名为"岳武穆墨迹"的照片,并有元代谢升孙及明代宋克、文徵明写的跋(谢跋写于元统二年,即1334年,距岳飞被害不到二百年)。谢升孙在跋中说:本词"似金人废刘豫时,公(岳飞)欲乘机以图中原,而作此以请于朝贵者"。说的是高宗绍兴七年(1137年),伪齐刘豫被金国废后,岳飞曾向朝廷上书,请求增兵借机收复中原,但他的请求未被采纳。次年春,岳飞奉命从江州(今江西九江市)率领部队回鄂州(今湖北武汉市)驻屯。本词应作于回鄂州之后,经考证墨迹,确为岳飞手笔。由于证据确凿,前些年武昌重修黄鹤楼,便专门为这首词立了词碑,永作纪念。

词的上片写词人登楼远眺,在一片荒烟笼罩下,仿佛有许多城郭,不禁追忆起中原沦陷前的繁华景象,表现了念念不忘中原故土的爱国深情。万岁山、艮岳山、蓬壶殿都是宋徽宗政和年间建造的。据洪迈《容斋三笔》卷第十三《政和宫室》记载:"其后复营万岁山、艮岳山,周十余里,最高一峰九十尺,亭堂楼馆不可殚记……靖康遭变,诏取山禽水鸟十余万投诸汴渠,拆屋为薪,翦石为炮,伐竹为笓篱,大鹿数千头,悉杀之以遗卫士。"然而"到而今,铁骑满郊畿,风尘恶"。往昔的升平繁华,与目前的战乱险恶形成强烈反差,表露了词人忧国忧民的爱国感情和壮志难酬的悲愤心情。

词作下片慨叹在南宋王朝不抵抗政策下,士兵牺牲,人民饿死,景况萧索。词人多么希望率师北伐,收复中原。但在投降派操纵下的南宋朝廷,只想议和,不思恢复。词人急于实现自己的愿望,于是发出"何日请缨提锐旅,一鞭直渡清河洛"的铮铮誓言。他希望北伐成功,收复失地后,再重游黄鹤楼。全词抒发了词人的一腔忠愤、满怀壮志。

绍兴七年(1137年),岳飞升为太尉。他屡次建议高宗兴师北伐,都为高宗拒绝。高宗还与秦桧商量,向金表示愿意称臣、纳贡以求议和。这使岳飞非常愤懑,上表要求"解罢兵务,退处林泉",以示抗议。岳飞上表之后写下《小重山》一词,抒发心中的郁闷,时间约在绍兴九年(1139年):

昨夜寒蛩不住鸣,惊回千里梦,已三更。起来独自绕阶行,人悄悄,帘外月胧明。

白首为功名。旧山松竹老,阻归程。欲将心事付瑶琴,知音少,弦断有谁听!

这首词,始见于岳飞的孙子岳珂(1183—1234)所编《金陀粹编》宋以后一直流传。这首词中没有慷慨激昂的语句,似有婉约派的风格。所以,有人认为岳飞这首词,写的是日常生活感悟。其实,这样理解是不准确的。结合词的写作背景可知,词中的"旧山松竹老,阻归程",是指他的故乡河南汤阴已成为沦陷区,即使解甲归田也已无家可归。岳飞的满腹"心事"就是"还我河山"。可是投降主和派占了上风,身为主战派的他就少了知音,所以发出"知音少,弦断有谁听"的感慨。

绍兴十年(1140年)五月,兀术撕毁和约,兵分四路大举南侵,很快占领了中原和陕西等地,直接威胁淮河以南地区。高宗吓破了胆,只得命岳飞出兵抵御。

岳飞奉命出兵反击,开始了第三次北伐。岳飞挥兵从长江中游挺进,实施了锐不可当的反击。岳飞此刻觉得,实现收复中原抱负的时机终于到来了。

岳家军进入中原后,受到中原人民、忠义民兵的热烈欢迎。岳飞率岳家军数万人移师河南后,屡败金军,占领了战略要地颍昌府(今河南许昌)、淮宁府(今河南淮阳),并收复了郑州等地。这年七月,金兀术率精锐部队一万五千精骑,直扑郾城(今河南漯河市郾城区),企图消灭岳飞的部队。岳飞亲率岳家军与金兀术主力展开决战。岳飞率领将士,向敌阵突击,大破金军"铁浮图"(侍卫亲兵)和"拐子马"(左右两翼钳攻的骑兵)。岳飞率部冲入敌阵,杀死金将阿李朵勃堇,把金兀术打得大败。

七月十三日,岳飞部将杨再兴率300骑兵,闯入敌阵,想活捉金兀术,可惜没有找到,杀死金兵2000余人。杨再兴手杀敌人数百,豪勇无比,身被几十处创伤,率300战士血战到底,全部牺牲。次日,张宪所部再次大败金兵。

岳家军将士具有"守死无去"的战斗作风,敌人排山倒海似的进攻,也不能动摇岳家军阵容。郾城大捷后,岳飞乘胜向朱仙镇(今河南开封市开封县城西南)进军。金兀术集合了十万大军抵挡,又被岳飞打得落花流水。岳飞这次北伐,一口气收复了颍昌、蔡州、陈州、郑州、郾城,乘胜进占朱仙镇,距开封仅45里。金军主力被歼,军心动摇,士气沮丧。金兀术发出了"撼山易,撼岳家军难"的哀叹,连夜准备从开封撤逃。

岳飞的这次北伐,使南宋抗金斗争有了根本的转机,再向前跨出一步,沦陷十多年的中原,就可望收复了。岳飞兴奋地对大将们说:"直抵黄龙府(金国都,在今吉林农安),与诸君痛饮尔!"意气风发的岳飞奋笔疾书,写下了那首气壮山河的《满江红》:

怒发冲冠,凭栏处,潇潇雨歇。抬望眼,仰天长啸,壮怀激烈。三十功名尘与土,八千里路云和月。莫等闲,白了少年头,空悲切!

靖康耻,犹未雪。臣子恨,何时灭?驾长车,踏破贺兰山阙!壮士饥餐胡虏肉,笑谈渴饮匈奴血。待从头,收拾旧山河,朝天阙。

这是一首气势磅礴、光照日月的传世名篇。开篇六句,揭示了词人凭栏远眺中原失地引起的汹涌澎湃的心潮。以下两句表现了他视功名如尘土,一心报国的信念以及回忆转战南北的艰苦。"莫等闲"句,既是自勉,也鞭策部下珍惜时光,加倍奋勉,早日实现恢复大业。

词的下片进一步表现词人报仇雪耻、重整山河的壮志豪情,吐露出一腔民族义愤,语感强烈,力透纸背,表达了词人踏破重重险关,直捣敌人巢穴的决心。结句再度慷慨明誓。全词如雷贯火燃,一气呵成,具有撼人心魄的艺术魅力,遂成为传世名篇,千百年来一直激励着人们的爱国心、报国情。

岳飞率军进占朱仙镇时,南宋与金的议和进入了重要阶段。而岳飞仍日思夜想迎回二位被俘的皇帝。因此,高宗对岳飞北伐的胜利,不仅高兴不起来,反而憎恶至极。于是,赵构命令岳飞立即撤军,并在一天之内连发十二道命令,每道命令都用"金字牌"送达,用以造成巨大压力,使岳飞不得不从。岳飞接到第十二块金牌时,明知这是赵构与秦桧的乱命,但不撤退就是叛变,不得不忍痛班师。岳飞流着泪愤慨地说:"十年之功,废于一旦!所得诸郡,一朝全休!社稷江山,难以中兴!乾坤世界,无由再复!"

岳家军班师时,久久渴望王师的父老乡亲,拦道恸哭。岳飞为了保护老百姓的生命财产,故意扬言"明日渡河",吓得金兀术连夜弃城北窜,准备北渡黄河。岳飞得以从容地组织河南大批百姓南迁到襄汉一带。这时,有一个无耻的书生,骑马追上金兀术报信说:"太子(兀术)毋走,京城可守也,岳少保兵且退矣!自古没有权臣在内,而大将能立功于外者。"金兀术这才又整军回到开封,并不费吹灰之力,又把中原土地夺了回去。

千古奇冤

赵构自当上皇帝以来,就日夜恐惧两件事:一是害怕他的哥哥赵恒被金国释放回来,他就不得不让出帝位;二是怕主战的将领,在战斗中壮大力量,再来个"陈桥兵变",他同样做不成皇帝。对赵构来说,这两块巨石压力极大,但又无法说出。满朝文武大臣,只有一人看透了赵构的心思,此人就是秦桧。

秦桧(1090—1155),字会之,江宁(今江苏南京)人,徽宗时曾任谏官,1127年"靖康之变"时被金掳走,建炎四年(1130年)又被金放回,很可能是金的奸细。秦桧为人奸诈,看透了赵构的心思要害,三番五次撺掇赵构与金议和,并且转弯抹角地暗示赵构:议和只是手段,其目的是保住帝位。秦桧的话,句句都说到了赵构的心坎儿里,不久,赵构就任命秦桧为宰相。秦桧独居相位十八年,丧权辱国,谋害忠良,打击异己,无恶不作。

岳飞这样忠勇的将领,北伐取得了如此辉煌的战果,如果换一个皇帝,定会欣喜若狂。然而,赵构心里并不这样想。他同意岳飞北伐,只不过是想让岳飞"打一打",增加点议和的筹码。如今岳飞拼死杀敌,对他来说却是帮了倒忙。

赵构最想要的不是复国雪耻,而是保住帝位。他觉得即使议和称臣,也勉强能当个"藩王"。金兵不服中原水土,议和后必然返回北方。到那时,他赵构依然坐拥中原沃土,享受荣华富贵,只不过称谓不同罢了。而一旦金国被打急了,势必会彻底灭掉南宋,到那时国家、帝位都保不住了。所以,岳飞在前方打得越激烈,赵构就越气愤。这样一来,岳飞就成了赵构的眼中钉、肉中刺。

当赵构为自己的帝位忧心时,金人也在为常胜将军岳飞给他们制造的麻烦而担忧。于是,金朝派使者给赵构传话:只要南宋愿对金称臣,金朝就将宋徽宗的灵柩和宋钦宗送还。赵构闻信后大喜,认为金朝主动提出议和,是老天给予他的恩赐,立即回信说:若金朝能送还我父徽宗的灵柩,我宋愿议和;至于我兄宋钦宗,因他不服江南水土,就不必送回了。

听说赵构答应议和,朝臣纷纷上疏劝阻,有人甚至上疏奏请杀掉秦桧"以谢天下!"然而赵构心里想的却是:应该杀的是岳飞。这一点与金兀术想到一块了。不久,金兀术写信给秦桧:"必杀飞,始可和。"绍兴十一年(1141年)十一月,秦桧代表宋高宗拜受金朝诏书,接受"议和",条件是南宋降格为金朝的藩属国,宋帝向金称臣;金朝把山西、河南等地"赐"给南宋;宋朝每年向金朝纳贡银二十五万两,绢二十五万匹;金朝归还徽宗灵柩和赵构生母韦氏。这次议和史称"绍兴和议"。

这次议和达成后,赵构、秦桧庆祝投降成功,还对百官加官晋爵,大赦天下。但是岳飞、韩世忠、张俊拒不受赏。诏书下了三次,岳飞都拒绝接受开府仪同三司的爵赏和三千五百户食邑的封赐。他在谢辞中痛切地说:"今日之事,可危而不可安,可忧而不可贺。"这无异于让赵构大失脸面。赵构一气之下,解除了他们三人的兵权。赵构问秦桧该怎样处罚岳飞,秦桧立刻会意赵构想要斩杀岳飞,可是他挖空心思也想不出岳飞犯了什么罪,只能罗织罪名,诬告陷害了。

于是秦桧先串通嫉妒岳飞的张俊,诬告岳飞的儿子岳云曾经写信给张宪,秘密策划"兵变",将岳飞关进临安大理寺,让其亲信监察御史万俟卨(音 mò qí xiè,万俟是姓)亲自审讯、拷打,逼供。可岳飞正气凛然,铁骨铮铮,秦桧一伙从他身上找不到任何"反叛朝廷的证据"。这让诡计多端的秦桧也犯了难。

有一天,秦桧下朝回家,跟妻子王氏在东窗下一起喝酒。秦桧手里拿着一只橘子,心神不定地用手指甲在橘子皮上乱划。王氏是个比秦桧还狠毒的人,她看出秦桧想杀岳飞,又找不到证据,心里还在犹豫,就冷笑着说:"你这老头儿,好没决断,要知道'缚虎容易放虎难'啊!"秦桧听了王氏的话,下了决心,马上在一纸条上亲手写了"莫须有"三个字,秘密派人送到监狱。

绍兴十一年农历除夕夜,岳飞被赵构以"莫须有"的罪名"特赐死"于临安大理寺内,年仅39岁。岳飞儿子岳云、部将张宪亦被腰斩于市。岳飞临死前,在供状上写下"天日昭昭,天日昭昭"八个大字。这是悲愤的呼喊,血泪的控诉!

"莫须有"后来也就成了凭空捏造罪名的代名词。这也是秦桧留下的唯一"发明专利"。

遗臭万年

一个忠心耿耿、爱国爱民的民族英雄,竟被卖国的昏君和奸臣捏造罪名杀害,全国上下一片哗然。老将韩世忠亲自找到秦桧,责问他:凭什么说岳飞谋反?到底有什么证据?秦桧支支吾吾地说:"(岳)飞子(岳)云与张宪书虽不明,其事体莫须有(也许有,或许有)。"韩世忠气愤地说:"'莫须有'三个字,怎能叫天下人心服!"气得他上奏章辞去了封给自己的枢密使职务。

岳飞被害以后,临安狱卒隗顺偷偷地把他的遗骨埋葬起来。直到宋高宗死后,岳飞的冤狱得到平反昭雪，人们才把岳飞的遗骨改葬在西湖边栖霞岭上，后来又在岳墓的东面修建了岳庙。现在，在庄严的岳庙大殿里，端坐着全身戎装的岳飞塑像，塑像上方悬挂的匾额上，刻着岳飞亲笔写的"还我河山"四个大字。在岳飞墓门对面和岳飞故乡汤阴的岳飞庙里，放置着用生铁浇铸的秦桧、王氏、万俟卨、张俊四个反剪双手的跪像。岳飞墓阙上有一副楹联：

青山有幸埋忠骨，

白铁无辜铸佞臣。

千百年来数不清的游人到这里游览，反映了人民对民族英雄的景仰和对卖国奸贼的憎恨。杭州岳飞祠还有一副嘲讽秦桧夫妇的对联，这样写道：

唉！仆本丧心，有贤妻何至若是，

啐！妇虽长舌，非老贼不到今朝。

此联作者以秦桧夫妇互责互怨的口吻入联，一"唉"一"啐"，惟妙惟肖，妙趣横生，把这一对男女丑恶、肮脏的灵魂，刻画得活灵活现。

到了清代乾隆时，秦桧的后人有个名叫秦大士的，考中了状元。乾隆在审阅录取名单时，看到第一名秦大士是江宁人，和秦桧是同乡，便想知道此人和秦桧是什么关系，就当着众人的面问道："你和秦桧有什么关系？是不是他的后人？"听到问话，秦大士犹豫了片刻。他知道这个回答很重要，如果直接承认自己是秦桧后人，也许今年的状元就会和自己擦肩而过；如果回答"不是"，又犯了欺君之罪。思考片刻之后，秦大士巧妙回答了七个字："一朝天子一朝臣。"这个回答既默认了自己是秦桧的后人，但又巧妙地赞扬了乾隆。因为当年正是有赵构那样的昏君，身边才会有秦桧那样的奸臣。听了秦大士的回答，乾隆笑了，于是钦点秦大士为状元。

秦大士中了状元之后，特意来到了岳飞墓地前，看着秦桧夫妇绑着双手，长跪在岳飞墓前时，心中颇有感触，于是提笔写道：

人从宋后羞名桧；

我到坟前愧姓秦。

秦大士回答乾隆的话，虽有为自己的先祖辩解的成分，却也是事实。冤杀岳飞的幕后真凶就是赵构，可他是皇上，在当时是不能说的，只好"委屈"一下前台帮凶秦桧了。

岳飞墓旁还有一通石碑，上面是明代文徵明挽岳飞的《满江红》词，就把矛头直接指向了杀害岳飞的首恶赵构：

拂拭残碑，敕飞字，依稀堪读。慨当初，倚飞何重，后来何酷！岂是功成身合死，可怜事去言难赎。最无辜，堪恨又堪悲，风波狱。

岂不念，封疆蹙！岂不念，徽钦辱！念徽钦既返，此身何属。千载休谈南渡错，当时自怕中原复。笑区区，一桧亦何能，逢其欲。

这首词，直指高宗赵构，斥责他为保帝位，根本不想恢复中原，更怕迎回徽、钦二帝，因而与秦桧狼狈为奸，杀害了民族英雄岳飞，甘心向金国屈辱称臣，割地赔款。全词揭示了岳飞悲剧的深刻原因。

历史是公正的，做了亏心事、杀害忠良、祸国殃民的赵构、秦桧等人，就该永远被钉在历史的耻辱柱上！

50　陆游——诗人中的打虎英雄

武松景阳冈打虎，几乎是家喻户晓的故事。然而，那是小说里写的，未必真有其事。可是，著名爱国诗人陆游打死老虎，而且不止一只，却是事实。

要成为打虎英雄，需具备三个条件：真本事，好胆量，合民意。那就看看陆游打虎，是否具备这三个条件。

陆游（1125—1210），字务观，号放翁，越州山阴（浙江绍兴）人。

1125年10月，时任淮南节度转运副使的陆游的父亲陆宰，忽然接到徽宗诏令，让其急往京城汴梁。陆宰不敢怠慢，只得带上临产的夫人，乘船由淮水北上。想不到途中遇到狂风暴雨，船滞留淮水，陆游就在这风雨交加中来到这动荡的人世。这一天是10月17日，离金兵南侵只有七天。第二年就发生了靖康之变，北宋灭亡。陆宰一家人又逃到了南方。

陆宰是个有强烈爱国思想的人，和他交往的也多是爱国志士。陆游童年时经常见这些人与父亲谈论国事，有的慷慨陈词，有的弹剑悲歌，有的疾首顿足，有的甚至抱头痛哭，这些给了陆游强烈的震撼。他虽未成年，但恍惚间明白了国与家都遭遇了千古惨变。这是一个浸染着血泪的沉重的童年。陆游更是听着岳飞、宗泽、韩世忠等人的传奇故事长大的。故国的覆亡、金兵的暴行、人民的苦难、英雄的壮举，如同一幅幅鲜明的画面刻在他幼小的心灵深处，铸就了他忧国忧民、抗金复国的热血情怀，使他从小就立下了"上马击狂胡，下马草军书"（《观大散关图有感》）的雄心壮志。

为了实现自己的愿望，陆游不仅习文，而且练武；他冬练三九，夏练三伏，"学剑四十年"，终于练成了诗剑双绝、筋骨强健的男儿体魄。

宋朝是个重文轻武的朝代，青年学子们一心想的是读诗书，考进士，好当官。学武从军是不符合社会潮流的。只有忧国忧民、胸怀壮志的人才会学武。陆游是一个，同时代的辛弃疾也是一个。辛弃疾自幼饱读诗书，还练就了一身武艺，并和金兵真刀真枪地打过仗。说他俩是文武双全的武林高手，一点也不过分。

可是，这两个文武全才的爱国志士，却得不到屈辱求和的南宋小朝廷的重用，而且多次被罢官，更不要说上前线杀敌了。

隆兴元年（1163年）宋孝宗迫于内外压力，起用张浚为右丞相兼大都督，率军北伐。此时，陆游是镇江通判，因镇江是战略要地，他得以参与军政大事。陆游的抗金决心和军事才能得到了张浚的赞赏。陆游很兴奋，觉得多年的期盼，有望一朝实现。但是由于高宗派的亲信邵宏渊监军，干扰指挥，导致北伐失败。南宋小朝廷为了与金议和，罢免了张浚，陆游也以"结交台谏，鼓唱是非，力说张浚用兵"的罪名被罢官，回到了老家山阴，一住就是几年。

乾道六年（1170年）由新任丞相陈俊卿推荐，46岁的陆游入蜀任夔州通判。乾道八年，四川宣抚使王炎邀陆游为干办公事，襄赞军务。于是陆游由夔州到了南郑（今陕西汉中）。南郑是当时抗金的最前线，这是陆游一生得以亲临前线的唯一机会。急于报国的他抑制不住激动的心情，写下诗篇："我行山南已三日，如绳大路东西出。平川沃野望不尽，麦垅青青桑郁郁。"

陆游是王炎的高级参谋，据宋史记载他屡次向王炎"陈进取之策"，以为"经略中原必自长安始，取长安必自陇右始"（刘小川《品中国文人》）。王炎接受了陆游的建议，制订了自大散关一线发起进攻，出陇右、取长安的作战计划。

陆游为参加战斗，坚持每天操练武艺。他身着戎装，亲临前线，察看地形，为鼓舞士气和将士共同生活，随时准备出战北伐。

大散关一带多有猛虎出没，"道边新食人，膏血染草棘"。为除虎患，陆游带领军士进山打猎，在一个大雪天与猛虎相遇。老虎咆哮着，像人一样直立起来向陆游一班人猛扑过来。30名身强力壮的士兵，都被吓瘫了，吓傻了。可是已经48岁的陆游没有惊慌，也没有退缩，而是挺起钢矛迎了上去。老虎吼，他也吼，恶战中钢矛刺中老虎咽喉，虎血喷射，把陆游的战袍都染红了。然而，老虎前扑的巨大冲力把陆游压倒在地。枪也离手了，老虎的前爪正搭在陆游后背上，把他的战袍撕了两道大口子。陆游用尽全身力气，挣扎着从老虎身底下爬了出来。这时候士兵们才惊醒过来，围着陆游齐声欢呼。

这场人虎大战使全军和山村都沸腾了。村里的孤儿寡妇提壶浆来拜谢打虎大英雄。

陆游也很以此为骄傲，曾在多首诗中提及此事。如："百骑河滩猎胜秋，至今血渍短貂裘。谁知老卧江湖上，犹枕当年虎髑髅。"（《醉歌》）又如《建安遣兴》："刺虎腾身万目前，白袍溅血尚依然。圣时未用征辽将，虚老龙门一少年。"

陆游的《十月二十六日夜梦行南郑道中》诗，详细地记叙了这场惊心动魄的人虎搏斗：

  孤云两角不可行，望云九井不可渡。
  嶓冢之山高插天，汉水滔滔日东去。
  高皇试剑石为分，草没苔封犹故处。
  将坛坡陀过千载，中野疑有神物护。
  我时在幕府，来往无晨暮。
  夜宿沔阳驿，朝饭长木铺。
  雪中痛饮百榼空，蹴踏山林伐狐兔。
  耽耽北山虎，食人不知数。
  孤儿寡妇仇不报，日落风生行旅惧。
  我闻投袂起，大呼闻百步，

> 奋戈直前虎人立，吼裂苍崖血如注。
> 从骑三十皆秦人，面青气夺空相顾。
> 国家未发度辽师，落魄人间傍行路。
> 对花把酒学酗籍，空辱诸公诵诗句。
> 即今衰病卧在床，振臂犹思备征戍。
> 南人孰谓不知兵？昔者亡秦楚三户！

陆游打死的另一只老虎是在凤州（今凤县双石铺）以北的秦岭山中，这里距宋军的前沿阵地大散关很近，正与陆游《怀昔》诗中"一日岁欲暮，扬鞭临散关"交代的地点相吻合。他打虎的时间应是九月中旬的一天傍晚，当时已是"增冰塞渭水，飞雪暗岐山"，一派冬初雪景。陆游一行赴大散关前线视察，傍晚经过秦岭，为防意外，均仗剑前行，走至山路拐弯处突遇乳虎，陆游即"挺剑刺乳虎，血溅貂裘后"，其英烈壮举"至今传军中，尚愧壮士颜"。

然而，北伐战役部署就绪，将士门个个摩拳擦掌，金兵也紧张得够呛，可朝廷就是不下命令。令人更不可思议的是，大战前夕朝廷竟把主帅王炎调走了。王炎幕府随之星散。英雄能杀死猛虎，却不能上前线杀敌。难怪陆游在诗中悲怆地叹息："国家未发渡辽师，落魄人间傍行路……南人孰谓不知兵，昔者亡秦楚三户。"

陆游寄予极大希望的北伐，由于投降派的搅和泡汤了。但是他在驻地打死老虎，保护了当地百姓的安全，终是一桩善事，值得肯定。

51 沈园悲歌《钗头凤》

——陆游与唐婉的凄美爱情

棒打鸳鸯　劳燕分飞

陆游是我国宋代著名的爱国诗人。他的一生有两件事抱恨终身：其一是，他为之奋斗一生的收复中原的愿望没能实现。怀着遗憾告别了人世；其二是，他与唐婉的爱情悲剧。陆游为此写下了许多感人至深、催人泪下的诗词。

这些诗词在陆游的作品中占有重要地位。然而,《宋史列传第一百五十四·陆游》1500多字，却对他与唐婉的爱情只字未提。也许很多人认为男女之情，不该写入正史。这就造成我们很难看到一个真实、丰满,可敬而又可亲的陆游，不得不说是一件令人感到遗憾的事情了。

然而，人性之美是抹杀不了的。江南越州那座小小的沈园，由于800多年前曾经上演过一个凄婉动人的爱情故事，成为一道穿越时空的风景线，保留至今。

陆游（1125—1210），字务观，号放翁，越州山阴（今浙江绍兴）人。幼年时正值金人南侵，他随家人逃难，吃尽了苦头。他的父亲陆宰是位具有爱国思想的士大夫，与他交往的也多是爱国志士。陆游从小见父辈这些人"相与言及国事，或眼眦嚼齿，或流涕痛哭，人人自期以杀身翊戴王室"。惨痛的经历和环境的熏陶，使陆游从小就有了忧国忧民的思想。

陆游12岁就能写诗作赋，在家乡小有名气。陆游19岁时到临安参加科举考试，住在亲戚（一说是舅舅，因陆游的母亲也姓唐，这事有待考证）唐仲俊家。唐婉就是唐仲俊的掌上明珠。那年春节，陆游在唐仲俊家过年。相处一段时间后，陆游喜欢上了端庄美丽，并且很有才华的唐婉。唐婉也很倾慕才华横溢的陆游。上元节那天，他们一起去观灯。圆圆的月亮挂在天空，与满街的灯笼相互辉映，使整个夜晚变得浪漫而温馨。一对相敬相爱的年轻人在月下观灯，有说有笑，柔情蜜意。这一切都被唐仲俊看在眼里，记在心上。

一年后，两个有情人终于走到了一起。在那个讲究男女授受不亲，婚姻要凭父母之命、媒妁之言的封建时代，两人美满的婚姻令人羡慕。绍兴有一座美丽的花园，因主人姓沈所以被命名为沈园。陆游和唐琬常到那里游玩、赏花、作赋,一起在小亭里看夕阳西下。桥下的一泓碧水,曾倒映着陆游与唐琬幸福的身影,火红的晚霞成为这对恩爱夫妻绚丽的背景。

然而好景不长,那年陆游参加科举考试,因秦桧的孙子秦埙的名次恰巧排在陆游的后面,更因他直言国事"喜论恢复",触怒了秦桧,遭黜落。陆游的母亲竟将此事迁怒于唐琬,恼怒她只顾和丈夫游玩,不知道督促丈夫读书上进;埋怨她对陆游太温情,使他贪图安乐,误了功名。

天下的父母都希望儿女婚姻幸福,陆游的母亲却不能容忍儿子与儿媳妇倾心相爱。在她看来,陆家是簪缨世家,这个门庭决不能出一个枉有万卷诗书在胸的白丁。尽管陆游一再申辩,他落第是因为触怒了权臣秦会,与妻子唐琬毫无关系,但母亲就是不依不饶。陆游与唐琬结婚仅仅两年,就被陆游的母亲棒打鸳鸯两分离。

陆游与唐琬真心相爱,虽然他们被迫离婚了,但仍无法割舍刻骨铭心的爱情。于是陆游在外面找了一个房子,常常和唐琬约会,彼此互诉衷肠,希望母亲能回心转意。此事后来还是被陆游的母亲知道了。为了让陆游死心,她又强迫陆游与一王氏女子成婚。不久,唐琬也改嫁了本郡名士赵士诚。这对恩爱夫妻就这样被生生拆散了。

千古绝唱 终生遗恨

绍兴二十五年(1155年),在一个春光明媚的日子,27岁的陆游踽踽独行,又来到与唐琬定情的沈园,与唐琬、赵士诚夫妇不期而遇,两人不禁感慨万千。唐琬在征得夫君同意后,置酒肴款待陆游,并亲自为他斟酒致意。两人回忆往昔,恍如隔世。陆游满怀伤感,酒入愁肠愁更愁,于是提笔在墙上写下《钗头凤》一词:

红酥手,黄縢酒,满城春色宫墙柳。东风恶,欢情薄,一怀愁绪,几年离索。错!错!错!

春如旧,人空瘦,泪痕红浥鲛绡透。桃花落,闲池阁,山盟虽在,锦书难托。莫!莫!莫!

词开篇的"红酥手"以手喻人,充满爱怜之意。说宫墙柳是因为绍兴曾是越国都城,南宋亦为陪都。眼前的意中人,如今已是他人妇,恰如宫墙内的杨柳,可望而不可即,杯中的美酒也化成了辛酸泪。"东风恶"一句,点出封建家长的冷酷无情,表达了满腔愤懑之情。接着含着血泪喊出:"错!错!错!"三个字,一个字比一个字沉痛,一个字比一个字锥心。究竟是谁之错?是陆母的无情?是自己的软弱?还是两人的命太苦?没有说也无须说,反正已经铸成了悔恨终生的大错。

下阕写相逢,只是"物是人非事事休",怎能不"人空瘦"?原来举案齐眉的夫妻,如今却咫尺天涯,连书信都无法托寄,怎不令人肝肠寸断?于是陆游发出了绝望而又无奈的叹息:"莫!莫!莫!"莫悲伤,莫流泪,莫再提起。

这首《钗头凤》既诉说了二人深挚而又无告的爱情悲剧,表达了难以解脱的离愁别恨,又充满对封建礼教及其代表者的愤懑与抗议,真是字字血,声声泪,读来如歌如怨,如泣如诉,令"闻者为之怆然",遂成千古绝唱。

唐琬读了陆游这首词,更是悲痛不已,回去后由于愁怨难解,积郁成病,在病中她和了陆游一首《钗头凤》:

世情薄,人情恶,雨送黄昏花易落。晓风干,泪痕残,欲笺心事,独语斜阑。难!难!难!

人成各，今非昨，病魂常似秋千索。角声寒，夜阑珊，怕人寻问，咽泪装欢。瞒！瞒！瞒！

不久唐婉就含恨离世。在这场爱情悲剧中，最不幸的当属唐婉。在封建时代，一个弱女子，婚姻和家庭就是她的全部，因此唐婉为这份爱情付出生命的代价，也就不足为奇了。

伤心之地　声声叹息

这段辛酸往事和唐婉的不幸早逝成为陆游的终生之痛。然而，儿女情长并没有让陆游消沉落魄，恰恰是这种儿女之情滋养着他，激励着他不断前进。陆游也没有按照母亲为他设计的仕途道路走下去，而是全心全意地走上了恢复中原、以求国家统一的奋斗之路。

陆游是性情中人，血管里流淌的是诗人的血液，一生都深深地眷恋着唐婉，写下许多感人至深的诗篇。乾道六年(1170年)，陆游46岁，四川宣抚使王炎请他襄赞军务。这是他一生唯一一次身临前线的机会。急于杀敌报国的陆游，心情十分振奋，然而在入蜀途中，陆游还写了怀念唐婉的诗《重阳》："照江丹叶一林霜，折得黄花更断肠。"另外，陆游63岁时，严州行上作《余年二十时尝作菊枕诗颇传于人今秋偶复采菊》诗两首，回忆了与唐婉采菊缝枕囊的往事：

一

采得黄花作枕囊，曲屏深幌闷幽香。
唤回四十三年梦，灯暗无人说断肠！

二

少日曾题菊枕诗，囊编残稿锁蛛丝。
人间万事消磨尽，只有清香似旧时！

陆游68岁时，再一次来到沈园，但见亭台深闭，楼阁长扃，鸿影不留，而当年题《钗头凤》的半面破壁犹在。陆游触景生情，感慨万千，写下一首怀念唐婉的《禹迹寺南有沈氏小园》诗，前有小序："禹迹寺南有沈氏小园，四十年前，尝题小阕壁间，偶复一到而园已易主，读之怅然。"下面是这首七言律：

枫叶初丹槲叶黄，河阳愁鬓怯新霜。
林亭感旧空回首，泉路凭谁说断肠。
坏壁醉题尘漠漠，断云幽梦事茫茫。
年来妄念消除尽，回向蒲龛一炷香。

庆元五年(1199年)，陆游75岁时，正值唐婉逝世四十周年，陆游专程到沈园寻迹凭吊，写下《沈园二首》：

其一

城上斜阳画角哀，沈园非复旧池台。
伤心桥下春波绿，曾是惊鸿照影来。

其二

梦断香消四十年，沈园柳老不吹绵。
此身行作稽山土，犹吊遗踪一泫然。

陈衍在《宋诗精华录》中评价这两首诗说："无此绝等伤心之事，亦无此绝等伤心之诗。

就百年论,谁愿有此事？就千秋论,不可无此诗。"可见评价之高。陆游81岁那年12月2日,又梦到沈园。随后,他便写下《十二月二日夜游沈氏园亭》诗二首:

其一
路近城南已怕行,沈家园里最伤情。
香穿客袖梅花在,绿蘸寺桥春水生。

其二
城南小陌又逢春,只见梅花不见人。
玉骨久成泉下土,墨痕犹锁壁间尘。

陆游82岁作《城南》,83岁作《禹祠》,直到他去世的前一年,还写下《春游》诗四首,其四为:

沈家园里花如锦,半是当年识放翁。
也信美人终作土,不堪幽梦太匆匆。

造成陆游与唐婉的爱情悲剧,主要原因是陆母的霸道与无情,当然,陆游自身受礼教束缚、不敢反抗也有间接影响。

据史料记载有:李清照晚年有一姓孙的朋友,该人的女儿十岁,极为聪慧。李清照很喜欢这个女孩,曾对她说:"你这么聪明,该学点东西,我愿把我终生所学传授给你。"想不到小女孩脱口说道:"才藻非女子事也!"把李清照噎了个倒憋气。后来,这个孙姓女子成了陆游的续弦夫人,她去世后,陆游在《渭南文集·夫人孙氏墓志铭》中说:"夫人幼有淑质,故赵建康明诚之配李氏,以文辞名家,欲以其学传夫人。时夫人始十余岁,谢不可,曰:'才藻非女子事也。'"墓志铭文中陆游对"才藻非女子事也"这句话大加称赞。看来像陆游这样满腔热血的爱国诗人,内心也被封建礼教思想所禁锢,难怪当年他不敢反抗母亲的严命,酿成了终生遗恨。

陆游愈到晚年,愈感到愧对唐婉,也许是对此有所悔悟,也许是"不思量,自难忘"。反正沈园已注定成为陆游的伤心之地,他一走入沈园、一想到沈园、一梦见沈园就会老泪纵横,"不能胜情",而他因沈园写下的诗词,也就成了千古传诵的爱情悲歌。

52 小范接班老范

唐太宗李世民曾写下《赠萧瑀》一诗：
疾风知劲草，板荡识诚臣。
勇夫安识义，智者必怀仁。

诗中"疾风知劲草，板荡识诚臣"，成为千古传诵的名句，其意思是：在狂风中才能看出草的坚韧，乱世里方能显出忠臣的赤诚之心。这一点一再被历史证明。

宋朝在中国历史上，是个只拥有半壁江山的弱势王朝。正因如此，整个宋朝涌现出不少忠诚爱国、力挽狂澜的"诚臣"。说到"诚臣"，北宋应首推范仲淹，他是中国历史上少有的文武政全才。在陕西卫国戍边，他成功抵御了西夏入侵，连敌军都惊呼他"胸中有数万甲兵！"他竭力推行"庆历新政"，力图挽救大宋江山；他多次被贬也不改初心，兢兢业业，任劳任怨。他的《岳阳楼记》中那句振聋发聩的长叹，"先天下之忧而忧，后天下之乐而乐"，更是"激励着多少仁人志士，匡正了多少仕人官宦"（梁衡《一个永恒的范仲淹》）。

范仲淹百年以后，在苟延残喘、"山河破碎风飘絮"的南宋，又出了一个有名的"诚臣"——范成大。当时的文学家、吏部尚书楼钥，曾在一篇"告文"中说："胸中之有甲兵，世称小范之才高。"他拿范成大与范仲淹相比，并称其为"小范"。

范成大（1126—1193），字至能，号石湖居士，平江府吴县（今江苏苏州）人，南宋名臣、文学家、诗人，与杨万里、陆游、尤袤合称南宋"中兴四大诗人"。

范成大生活在南北方人民都承受着异族压迫的南宋时期。青少年时期，家境贫寒，父母双亡，他带着两个妹妹，借住在昆山的一座寺院里。尽管生活艰难，范成大依然刻苦读书。一个秋天的早晨，正在屋内读书的范成大，看见窗外木芙蓉迎着寒霜，开出鲜艳的花，他既惊喜又心酸，提笔写了一首《窗前木芙蓉》：
辛苦孤花破小寒，花心应似客心酸。
更凭青女留连得，未作愁红怨绿看。

诗人以木芙蓉自比，显露出虽然正处于艰辛的环境里，任凭霜雪肆虐，但决不惧怕的决心。果然，范成大通过刻苦学习，在29岁时考中进士。

范成大刚步入仕途，只是徽州（今安徽歙县）的司户参军——一个掌户籍、赋税、仓库的小官,但是他对农事和民间疾苦非常关切。作为诗人,他还把农民种田插秧、植桑养蚕的辛劳,贪官污吏催租逼债的情境都一一写入诗中。官场中那些尔虞我诈、相互勾结、唯利是图的丑恶行径,也成了他的抨击对象。由于他坚持正义,勤于公事,才干出众,得到了宰相洪适的赏识,被调入朝中,升为吏部员外郎。此后他又由中书舍人,累官至四川制置使、参知政事,在南宋诗人中算是最显达的一位。

然而,范成大官运顺,国运却极不顺。范成大生活的时代,正是南宋王朝在"绍兴和议"阴影下屈辱生活的时代。"靖康之变"后,金兵把宋徽宗、宋钦宗掳走,徽宗第九子康王赵构侥幸当了皇帝,即南宋高宗。这个宋高宗是中国历史上著名的投降派,根本不打算收复中原。他心中有个小算盘,徽宗、钦宗都还活着,如果收复中原,迎回了徽宗、钦宗二帝,他的皇位就不保了。所以,他为了保住皇位,甘心向金朝称臣。为了签订"绍兴和议",他和秦桧勾结,杀了抗金英雄岳飞,自毁长城。

高宗的倒行逆施,遭到朝野的反对。他也知道自己威风扫地,为平息众怒,不得不退一步,当了太上皇,把皇位让给养子赵昚,即宋孝宗,自己则在幕后牵线操纵。孝宗生性懦弱,而赵构竟活到85岁,这期间他的那双"黑手"一直操控着南宋的政局。

孝宗即位的第二年(1163年),张俊北伐全军覆没,南宋被迫议和,于1164年,签订了更加屈辱的"隆兴和议"。把金宋的君臣关系,改为叔侄关系,宋孝宗成了名副其实的"儿皇帝"。

乾道六年(1170年),孝宗想派"祈请使"出使金国。目的有二:一是要求归还赵宋皇室陵墓所在的河南巩、洛之地;二是重议两国交换国书的礼仪,改变跪拜之礼。

孝宗与左右相陈俊卿、虞允文商量派谁出使,陈俊卿怕引起事端,不置可否,虞允文则推荐了李焘、范成大两人。

李焘当时是以气节著称的名流,但是听到任命,吓得连连推辞:"这不是让我去送命嘛!"而范成大却一口答应,慨然请行。于是,范成大被任命为起居郎,假资政殿大学士"祈请国信使",受命出使金国,当时他45岁。

宋孝帝本人也知道,此行不但没啥胜算,还凶多吉少,临行前他召见范成大说:"我知道你气宇不凡,所以亲自选了你。我听说朝中议论纷纷,有的人竟不敢出使金国,你怎么看这件事?"范成大从容回答道:"无缘无故派遣专使,本身就是一种挑衅。作为使者,不是被杀就是被拘禁。但这件事关乎国家荣誉,我愿前往。而且,臣已有后代,并且已安排好了家事,做好了回不来的准备。"孝宗听后感动地说:"朕不败盟发兵,何至害卿!啮雪餐毡,理或有之。"意思是让他做好当苏武的心理准备。范成大毅然出使金国。

范成大此行真是九死一生。他长途跋涉到达金都燕山(今北京市)后,不顾旅途劳顿,在驿馆里思考着朝见金国皇帝时的细节。这时,驿馆小吏偷偷来到房中,对他说:"大人来京,满朝哗然。不少大臣建议皇上把你扣留下来。皇太子还要杀了你,你可要小心哪!"小吏走后,范成大思绪起伏,毅然写下了《会同馆》一诗:

> 万里孤臣致命秋,此身何止一沤浮!
> 提携汉节同生死,休问羝羊解乳不。

范成大已做好了像汉代的苏武那样,饥吞毡、渴饮雪,不屈不挠,与南宋共存亡的思想准备,同时也想好了明天朝会时的应对办法。他知道,金国向来有不准使臣私自递呈书奏的法规,可范成大携带的正式国书上只有索回"陵寝"一事,对于改变跪拜礼没敢提,要他随机应变,进行处置。于是他书写了一份书奏,藏在怀中备用。

第二天朝会,气氛果然异常紧张。金国皇帝召见范成大,在他递上国书并行礼如仪后,就让他退下。可范成大不肯走,突然拿出书奏,请求金国皇帝接受。金国皇帝又惊又怒,厉声斥责道:"这里是献书的地方吗?你竟敢如此无礼!"说着就要起身离位并下令把范成大轰出朝堂。范成大不为所动,坚持上奏道:"此书不达,我回去也是死,与其回去死,还不如死在这里!"

范成大的凛然风骨,使金国君臣都感到震惊,金主甚至认为,这种精神"可以激励两国臣子",便没有再发威。金太子也听人劝阻,打消了杀死范成大的念头。

范成大临危不惧,大义凛然,面折金国皇帝,终于全节而归。虽然此次出使的预期目标没能达到,但要知道战场上得不到的东西,一纸"祈请信"又怎能"求"得来呢?能争取一点精神上的尊严,已经是弱国外交的极致了。

范成大此行著有旅行日记一卷,名为《揽辔录》,取东汉名士陈蕃"登车揽辔,有澄清天下之志"的意思。据此书记载,他于六月"出国门","八月戊午"渡淮出国界,十月"戊午"复渡淮归来,在金国境内逗留了两个月,加上旅途共历时五个月。

这次出使是范成大一生中心情最为复杂的一次。他压抑、悲怆,而又满怀忠义,因此《揽辔录》中的许多文字特别感人。如写北宋旧都东京汴梁的残破:新宋门内"弥望悉荒墟","大相国寺,倾檐缺吻,无复旧观"。文中凡东京的一门一楼,他都罗列其旧名与"虏改"之新名,貌似简单的记录,而亡国之痛与黍离之悲尽在其中。

更让人心碎的当然是中原的遗民,因为沦陷已久,"民亦久习胡俗","男子髡顶","村落间多不复巾,蓬辫如鬼",然而父老"遗黎往往垂涕嗟啧,指使人(范成大)云:'此中华佛国人也。'老妪跪拜者尤多"。除《揽辔录》外,此次使金他还写下72首绝句,汇集为《北征小集》,其中也有不少佳作。如范成大经过河南商丘时,看到唐代张巡庙、许远庙时,借古讽今,写了这样一首诗:

平地孤城寇若林,两公犹解障妖祲。
大梁襟带洪河险,谁遣神州陆地沉?

当年张巡、许远二将,凭借平地孤城,尚能抵御安、史叛军,保住了睢阳。而北宋汴京,北有黄河为屏障,仍轻易沦丧敌手,是谁导致北宋灭亡的呢?该诗有力地谴责了对中原沦丧负有罪责的徽宗赵佶和高宗赵构。再如他踏上汴京城南的州桥时,写下《州桥》一诗:

州桥南北是天街,父老年年等驾回。
忍泪失声询使者,"几时真有六军来?"

诗前有小序:"南望朱雀门,北望宣德楼,皆旧御路也。"可见范成大对故国都城的怀念之情。诗人没有直写自己内心的亡国之痛,而是写中原父老丧国的痛楚,即被异邦蹂躏的凄惨。他们盼望宋军北伐,盼了几十年,如今忽然见到宋朝使者,于是忍泪失声询问:"几时真有六军来?"深刻地表现了中原人民盼望北伐的心情,以及诗人心中的沉痛。钱钟书先生称赞这是一首"可歌可泣的好诗"。

这72首诗，或抒发踏上中原沦陷区的感受，或借古讽今，批评两宋朝廷的错误决策，或描写故土遭受战乱破坏的荒凉景象，或表达沦陷区人民对恢复国土的渴望，或宣示收复河山的壮怀。范成大这次出使，在诗歌创作上再创辉煌。

范成大因出使金国，全节而归，受到朝野称赞，被提升为中书舍人。然而，没过多久他就因仗义执言，得罪了孝宗与外戚，被赶出了朝廷。起因是孝宗要任用奸佞外戚张说为签书枢密院事，这可是执掌军权的要职。消息传出，满朝哗然。可是满朝文武官员，都害怕张说的权势，全成了缩头乌龟。

作为中书舍人的范成大，职责之一便是替皇帝起草授官诰文。得知消息的他竟然"封还词头"，拒绝起草（授官论文）。孝宗大怒，范成大也毫不退缩，引喻史实说明不应任用的道理。孝宗被驳得无言以对，只得暂时搁置了任命。然而，范成大却因此得罪了孝宗和外戚佞臣。不久就被排挤出朝廷，到边远的桂林、四川等地当了地方官。

范成大关心民众疾苦，他到桂林后，严禁监司和州县加税，减轻了百姓的负担。在四川，他挑选精兵良将，既巩固了边防，又压缩了军费开支，还减免了一些过重的税负，使百姓得到实惠。在明州（宁波），他废除了前皇子遗留的害民虐政。为此他还写了一首诗：

老身穷苦不须忧，未有毫分慰此州。
但得田间无叹息，何须地上见钱流。

在建康（今南京），为救灾，他动用了二十万担军粮赈济灾民，减租十多万斛，受赈者四万五千余户，使当地没有一人饿死，也没有一户人家逃荒。

范成大作为诗人，无论是辗转万里为官，还是冒死出使金国，都没丢下手中的笔，一生留下一千九百多首诗，是南宋"中兴四大诗人"中仅次于陆游的杰出诗人。钱钟书先生说在范成大的笔下，"田园诗又获得了生命，扩大了境地，范成大可以跟陶渊明相提并称，甚至比他后来居上"。（《宋诗选注》）

范成大年轻时就写过一些揭露封建剥削、同情农民疾苦的诗，如《催租行》和《后催租行》。他晚年写的《田园四时杂兴》更是广为传颂。这组诗分"春日""晚春""夏日""秋日""冬日"五组，每组12首，共60首。像一轴农村生活的风俗长画卷。更为可贵的是，他把对农村自然景色的描写和对封建剥削的揭露结合起来，赋予田园诗更为深刻的内容。如描写农村田园风光的诗：

梅子金黄杏子肥，麦花雪白菜花稀。
日长篱落无人过，惟有蜻蜓蛱蝶飞。

写农民辛苦劳作，孩子们也积极参加劳动的诗：

新筑场泥镜面平，家家打稻趁霜晴。
笑歌声里轻雷动，一夜连枷响到明。

昼出耘田夜绩麻，村庄儿女各当家。
童孙未解供耕织，也傍桑阴学种瓜。

然而，农民辛辛苦苦，劳累一年，结果又是怎样呢？

> 垂成穑事苦艰难，忌雨嫌风更怯寒。
> 牋诉天公休掠剩，半偿私债半输官。
> ……
> 租船满载候开仓，粒粒如珠白似霜。
> 不惜两钟输一斛，尚赢糠核饱儿郎。

写有些农民交不起田租，只得到水塘里种菱藕，但同样逃脱不了租税的催逼：

> 采菱辛苦废犁锄，血指流丹鬼质枯。
> 无力买田聊种水，近来湖面亦收租。

《田园四时杂兴》可说是"田园诗"的集大成者。若没有对农民辛劳的深切体会和同情，是写不出这样的诗的。所以，明朝有一位学者，评价这组诗说："虽老于犁锄者或不能及。"当然，范成大晚年因受佛教、道教的影响，诗中有一些消极颓废的思想是不足取的。

全面来看，范成大的一生，无论是在朝中官居参知政事，还是在地方为官；无论是出使金国，还是镇守边防，都表现出政治、经济、军事、文学等多方面的才能。当时人把他与北宋的范仲淹相提并论，可以说是"小范接了老范的班"。

53 浩然正气文天祥

"家贫出孝子,国难显忠臣。"这句流传很广的老话,意义深长。人们在国泰民安的时候高喊爱国,往往分不出真假;国家有难时,才是对一个人是否爱国的真正考验。

南宋朝廷为了苟安享乐,不惜对金国称臣、称侄、割地、赔款,最后把锦绣河山送给了元人。然而,就是这样一个风雨飘摇的朝代,爱国诗人、忠勇志士、民族英雄却层出不穷。其中,精忠报国的岳飞、"留取丹心照汗青"的文天祥,就是代表。

少年立壮志

文天祥(1236—1283),初名云孙,中贡士后,改名天祥,字履善,又字宋瑞,自号文山,江西吉州庐陵(今江西吉安县)人,南宋末爱国诗人,民族英雄。

文天祥有良好的家教。父亲文仪,学问渊博,对经史、诸子百家无不精研,甚至天文、地理、中医、占卜之书也广泛涉猎。他有读书救世的志向,却一生不做官,对劳苦的百姓充满同情。文天祥之所以文才出众,一身正气,少不了父亲的教育。

文天祥童年时,就很仰慕英雄人物,尤其爱读忠臣传。有一天,他来到吉州的学宫瞻仰先贤遗像,看到吉州的欧阳修、杨邦乂(yì)、胡铨的遗像陈列其中,且谥号都为"忠",令他十分敬慕,当时就说:"如果不成为其中的一员,就不是真正的男子汉!"

宋理宗宝祐四年(1256年),文天祥赴京师临安(今浙江杭州)参加科举考试。通过了会试,殿试时,文天祥患了病,但仍勉强带病赶到考场。进场时一阵拥挤,出了一身汗,他竟感到身体舒服了许多。考试时他草稿也没打,一挥而就。理宗亲临集英殿阅读考生的卷子,把文天祥钦定为一甲第一名。时年文天祥才二十一岁。

当时参与复审的著名学者王应麟称赞道:"这份卷子,议论卓绝。文中表现的忠君爱国之心,坚如铁石。陛下能得到这样的人才可喜可贺!"卷子是密封的,拆开一看,考生姓名是文天祥。理宗觉得很吉利,高兴地说:"天祥,天祥,这是天降的吉祥,是宋朝有瑞气的预兆啊!"此后,文天祥便以"宋瑞"作为自己的字。

开庆元年(1259年),蒙古元兵向南宋发动大规模入侵。九月,忽必烈围鄂州(今湖北武昌)。消息传到临安,朝野震动。外号"活阎罗"的宠宦董宋臣建议迁都四明(今浙江宁波),以避兵锋。

文天祥知道自己人微言轻，可是为了社稷人民，他毫不犹豫地挺身而出，向皇帝上书，指出迁都是重蹈南宋高宗赵构逃亡海上的覆辙，对团结军心、民心十分不利。并指出董宋臣之议是小人误国之言，应予斩首。他还建议改革政治、扩充兵力、抗元救国。

可惜理宗没有采纳文天祥的建议。时任礼部尚书的江万载向宋理宗建议，请皇后谢道清出朝议政，才劝得理宗打消了迁都念头。并派江万载协助贾似道督军出战。碰巧蒙古内乱，忽必烈急于回兵北方争夺汗位，南宋这才"打退"了元兵。

然而，这次所谓的鄂州"大捷"，却使奸臣贾似道更加得势。江万载不愿与贾似道同流合污，辞官归里奉养慈母，远离混浊不堪的南宋官场。

景定四年（1263年），由于皇帝重新起用董宋臣，文天祥愤而辞职，后被朝廷贬到瑞州（今江西高安市）任知州。瑞州曾遭蒙古人蹂躏，城垣屋宇被毁，人民惨遭虐杀，文物古迹被洗劫。文天祥履任后，实行宽惠政策，尽力安抚百姓，筹集资金建立"便民库"，供借贷和救济之用，使地方秩序重新恢复。他还修复了古迹"碧落堂""三贤堂"，新建"野人庐""松风亭"，以发扬先贤的民族正气，鼓舞人民的爱国精神。瑞州在文天祥治理下，一时百废俱兴。

景定五年（1264年），理宗逝世。权臣贾似道拥立太子赵禥（qí）为帝，为宋度宗。贾似道一手遮天，南宋朝政更为腐败。有一次贾似道以有病去职要挟度宗，度宗竟涕泣挽留。文天祥没像其他大臣那样，随声附和恭维贾似道，而是直言贾似道的行为是"惜其身，违皇心"。结果惹恼了贾似道，被免去了所有职务。

文天祥罢官后回到家乡，深感人心险恶，世道污浊，决意息影林泉。他在文山修建了一所山庄，隐居于此。然而，他的内心一点也不宁静，看见落叶萧萧，凉月堕阶，忧国忧民之情便油然而生。咸淳九年（1273年），朝廷起用他为湖南提刑，他又欣然启程上任。

国难显忠臣

文天祥是著名诗人，他后期写的《指南录》《指南后录》，堪称自传体的诗史。他留下的诗歌，后来被编为《吟啸集》。这些诗不仅记录了他经历的种种磨难，更表现了他的爱国精神和忠贞气节，成为中国文学史上最打动人心的作品。

咸淳十年（1274年），宋度宗去世。度宗之次子赵㬎（xiǎn）继位，称宋恭帝。赵㬎只有三岁，朝政由太皇太后谢道清代理。时蒙古军已经占据襄阳，又于12月攻占了鄂州，一路沿长江东下。谢道清命贾似道率军13万迎敌，结果被元军击溃，南宋主力尽丧，危在旦夕。谢道清急忙下哀痛诏，号召各路军民起兵勤王。可是各地文武将官都在观望，奉诏起兵勤王的只有文天祥和张世杰两人。

文天祥接到哀痛诏，捧着诏书流涕哭泣，立即捐献家资充当军费，组建了一支万余人的义军，准备开赴临安。他的朋友劝他说："现在元兵分三路南下，已攻破京城市郊，进迫内地。你以乌合之众赴京入卫，这和赶着羊群同猛虎相斗没有什么差别！"文天祥答道："我也知道此行很危殆。但是，国家培育臣民多年，一旦有危急，征集天下的兵丁，却没有一人一骑入卫京师，我为此感到深深的遗憾和羞愧。所以我不自量力，愿以身殉国，希望以此号召天下忠臣义士奋起救国，如能这样，国家就有救了！"

文天祥率义军到临安后，朝廷委任他为最前线的平江知府。由于元军攻势猛烈，文天祥的义军虽英勇作战,但最终也未能挡住元军。

时任南宋宰相的陈宜中主张向元纳贡求和,谢道清同意,她先派柳岳等三人前往元朝丞相伯颜营中议和,主动提出称侄、称孙、纳币的屈辱条件,却遭到伯颜拒绝。随后,她又向元请求"奉表求封为小国",伯颜也不答应。谢太后又任命文天祥为右丞相兼枢密使,作为使臣到元军中,谈判讲和。这是她下的最后一道任命。然而,文天祥可不是去求和的,他与伯颜展开了针锋相对的争论,伯颜大怒,当即拘捕了他。

谢太后得知文天祥被拘,无奈只得向伯颜奉上传国宝玺和降表,开城投降。德祐二年(1276年),元军占领临安,俘获年仅五岁的宋恭帝,南宋基本灭亡。

伯颜拘捕文天祥后,许以丞相高位劝其投降,遭到文天祥严词拒绝。元军占领临安后,押送文天祥北行。同年二月十八日,文天祥等十二人被押送到京口(今江苏镇江),夜里被关押在民房里。巡卫们聚集饮酒,文天祥决心趁机逃走。他派部下许浒装成醉汉,找到当地人寻求帮助。可是,他联络的人虽然都愿意提供帮助,但却找不到船。所幸许浒的活动没有暴露,文天祥既感慨又欣慰,写诗记述道:

一片归心似乱云,逢人时漏语三分。
当时若也私谋泄,春梦悠悠郭璞坟。

郭璞是西晋诗人,《江赋》是他的名篇,死后葬在京口。文天祥这首诗的意思是,如果逃跑的事被元军发觉被杀,就只能和埋在这的郭璞做伴了。

文天祥又派部下余元庆去找人,这次遇到一位同乡,正好做着为元军管船的差事。余元庆对他说,如能帮他们逃走,会给他一千两银子和承宣使的官爵。那人笑道:"我为大宋救回一个丞相,难道是为了钱财和当官吗?只要你们给我一纸文书,证明我立过这一功就行了。"文天祥听了深为感动,立即给他写了文书,并附了一首诗:

经营十日苦无舟,惨惨锥心泪血流。
渔父疑为神物遣,相逢扬子大江头。

当天夜里,文天祥一行逃出驿馆,终于来到约定的甘露寺下的江边。可是,等来等去不见船的踪影。文天祥觉得一定是出了变故,他让大家各自逃生,说:"元军要抓的是我,我身上带有匕首,眼前还有长江,我随时可以做三闾大夫。"余元庆说:"与其束手待毙,不如让我再去找一找。"他顺着长江找了二里路,竟发现了等他们的小船。原来他们记错了约定的地点,正在着急。文天祥一行顺利登船逃出了京口。文天祥事后追忆这次脱险,写下了两首诗,其中一首是:

待鼍三五立江干,眼欲穿时夜渐阑。
若使长年期不至,江流便作汨罗看。

小船载着十二个人,如脱弦之箭驶向江北,直奔仍由宋军将领苗再成守卫的真州。船在五里头靠岸,待赶到城下时,已是凌晨了。此时追捕他们的元军也已到五里头了。文天祥写诗记叙道:

岸行五里到真州,城外荒荒凫也愁。
忽听路人嗟叹说,昨朝哨马到江头。

文天祥虽逃出虎口,但劫难并未结束。他本想联络处置使李庭芝联合抗金,可苗再成汇报后,李庭芝却认为文天祥等十二人,绝无逃脱的可能,定是元人派来的奸细,于是命令苗再成杀掉文天祥。苗再成不忍心杀文天祥可又难违抗命令,只好在文天祥出城巡视时,将其关在城门外,让其另找出路。文天祥不得不再冒险奔赴扬州。

文天祥在《指南录后序》中记叙了这段经历:"去京口,挟匕首以备不测,几自到死;经北舰十余里,为巡船所物色,几从鱼腹死;真州逐之城门外,几彷徨死;如扬州,过瓜洲扬子桥,竟使遇哨,无不死;扬州城下,进退不由,殆例送死;坐桂公塘土围中,骑数千过其门,几落贼手死……呜呼!死生,昼夜事也。死而死矣,而境界危恶,层见错出,非人世所堪。痛定思痛,痛何如哉!"

文天祥九死一生逃出虎口,就是要投奔已在福州即位的宋瑞宗赵昰(shì)。在奔赴福州的路上,文天祥写下了《扬子江》一诗:

几日随风北海游,回从扬子大江头。

臣心一片磁针石,不指南方不肯休。

浩然歌正气

宋恭帝被俘以后,南宋忠臣陆秀夫、文天祥、张世杰拥立益王赵昰(shì 恭帝赵㬎的长兄)为皇帝,史称宋端宗,改元景炎,成立南宋流亡政府。任命张世杰为枢密副使,文天祥为右丞相兼知枢密院事,陆秀夫为签书枢密院事,希望能再度中兴。

然而,这个刚成立的朝廷并不团结。张世杰专制朝政,又与陈宜中意见不合。文天祥极为不满,于是离开南宋行朝,以同都督的身份在南剑州(今福建南平)开府,指挥抗元。后又转移到汀州(今福建长汀)、漳州、龙岩、梅州等地,联络各地的抗元义军,坚持斗争。

景炎二年(1277年)夏,文天祥率军由梅州出兵,进攻江西,在雩都(今江西于都)获得大捷后,又以重兵进攻赣州,以偏师进攻吉州(今江西吉安),陆续收复了许多州县。元军集中兵力在兴国县发动反攻,文天祥兵败,除他本人和他12岁的儿子外,妻女都被元军所俘。文天祥收容残部,退往循州(今广东龙川西)。

祥兴元年(1278年)夏,十岁的端宗赵昰病死,张世杰与陆秀夫拥立广王赵昺(bǐng)(赵㬎的弟弟)为帝,并携小皇帝赵昺逃往崖山(今广东珠海一带)。文天祥得知南宋行朝移驻崖山,为摆脱艰难处境,便要求率军前往会合。可是张世杰坚决反对,文天祥只好作罢,率军退往潮阳县。同年冬,元军大举来攻,文天祥率部向海丰撤退的途中遭到元将张弘范的攻击,祥兴元年(1278年)十月二十六日,兵败被俘。文天祥被擒时吞噬了二两脑子(冰片)自杀,却未遂。

张弘范捕获文天祥后,又去追击在崖山的赵昺,强迫文天祥随船同往,以便劝降。在船过零丁洋(今广东珠江口)时,文天祥写下了著名的《过零丁洋》一诗:

辛苦遭逢起一经,干戈寥落四周星。

山河破碎风飘絮,身世浮沉雨打萍。

惶恐滩头说惶恐,零丁洋里叹零丁。

人生自古谁无死,留取丹心照汗青。

这首诗写得沉痛悲凉,既叹国运又叹自身,把家国之恨、艰危困厄之境渲染到极致。最后两句由悲而壮、由郁而扬,迸发出"人生自古谁无死,留取丹心照汗青"的警句,显示了诗人的民族气节和舍生取义的凛然正气,遂成为千古传诵的名言。它对后世志士仁人影响深远,成为中华民族宝贵的精神财富。

张弘范在崖山派部将李恒来到文天祥的船上,要文天祥给张世杰写信劝降。文天祥断然拒绝,回答道:"我自救父母不得,乃教人背父母,可乎?"说罢,把自己写的《过零丁洋》一诗给了来人,让他拿去复命。李恒将文天祥的话一五一十向张弘范做了禀报,又把这首诗递上。张弘范也是汉人,读了文天祥的诗,羞愧不已,连连称赞:"好人!好诗!"从此不再强逼文天祥劝降了。

张弘范大军围攻崖山时,张世杰要把小皇帝转移到自己船上,准备突围。但陆秀夫见大势已去,又怕小皇帝被元军俘虏,拒绝了张世杰的建议,劝小皇帝以身殉国。之后,陆秀夫先让自己的家人投海自尽,然后背着小皇帝投海身亡。张世杰收拾残部,继续与元军对抗,不久也死于海上。崖山之战标志着南宋流亡政府的彻底灭亡,战后几天,海上浮尸竟达十万多具。这是一首悲壮的史诗。

南宋在崖山灭亡后,张弘范向元世祖请示如何处置文天祥,元世祖说:"谁家无忠臣?"命令张弘范对文天祥以礼相待,将文天祥送到大都(今北京),想要劝降文天祥。

张弘范将文天祥从广东押往北方,途经江西大庾岭。这里是文天祥的故乡,一进入江西,他就开始绝食,想死在家乡。可是,绝食八天竟然没死!当走到南安军时,文天祥写下《南安军》一诗:

> 梅花南北路,风雨湿征衣。出岭同谁出?归乡如不归!
> 山河千古在,城郭一时非。饿死真吾志,梦中行采薇。

还有《金陵驿》二首,是北去途经金陵时所作,下面是其一:

> 草合离宫转夕晖,孤云飘泊复何依!
> 山河风景元无异,城郭人民半已非。
> 满地芦花和我老,旧家燕子傍谁飞?
> 从今别却江南路,化作啼鹃带血归。

文天祥被押送途中,触景生情,抚今追夕,引发无限悲恨和怅惘,留下了沉郁苍凉寄托亡国之恨的著名诗篇。一个空怀"恨东风不借、世间英物"复国壮志的爱国者的形象跃然纸上。

文天祥被押解到大都后,元世祖首先派降元的原南宋左丞相留梦炎对文天祥进行劝降。文天祥一见留梦炎便怒不可遏,留梦炎只好悻悻而去。元世祖又让被俘的宋恭帝来劝降。文天祥跪拜于地,痛哭流涕地说:"圣驾请回!"赵㬎无话可说,怏怏而去。

元世祖见软的不行,又来硬的,让元朝丞相孛罗亲自开堂审问文天祥。文天祥被押到枢密院大堂,昂然而立。孛罗喝令左右强制文天祥下跪。文天祥竭力挣扎,始终不肯下跪。孛罗问文天祥:"你现在还有什么话可说?"文天祥回答:"天下事有兴有衰。国亡受戮,历代皆有。我为宋尽忠,只愿早死!"孛罗大发雷霆,说:"你要死?我偏不让你死。我要关押你!"文天祥毫不畏惧,说:"我为正义,死都不怕,何惧你关押!"

元世祖想劝降文天祥,又想了一招,让被抓的文天祥的女儿柳娘给文天祥写信。文天祥从信中得知妻子和两个女儿都在宫中为奴,过着囚徒般的生活。元世祖是要让文天祥知道:

只要投降，家人即可团聚，妻女也不再受苦。然而，文天祥尽管心如刀割，却不愿因亲情而丧失气节。他在写给自己妹妹的信中说："收柳女信，痛割肠胃。人谁无妻儿骨肉之情？但今日事到这里，于义当死，乃是命也。奈何？奈何！……可令柳女、环女做好人，爹爹管不得。泪下哽咽，哽咽！"

文天祥在牢中被关押了三年，始终不肯投降。至元十八年（1281年）除夕，元世祖让人把文天祥带到宫里。文天祥见了元世祖，只作了个揖，不肯下跪。元世祖问他还有什么话说。文天祥说："我是大宋宰相，竭心尽力扶助朝廷。可惜奸臣卖国，叫我英雄无用武之地，不能恢复国土，反落得被俘受辱。我死也不甘心！"

元世祖和颜悦色地劝说："你的忠心，我完全理解。你如能改变主意，做元朝的臣子，我仍旧让你当丞相怎么样？"文天祥说："我是宋朝的宰相，哪有服侍两朝的道理？"元世祖说："你不愿做丞相，做个枢密使也行。"文天祥斩钉截铁地回答说："我只求一死，别的没有什么可说了。"元世祖知道劝降已没有希望，才叫侍从把文天祥带了出去。

就在这除夕夜，文天祥写下了最后一首诗《除夜》：

乾坤空落落，岁月去堂堂。末路惊风雨，穷边饱雪霜。
命随年欲尽，身与世俱忘。无复屠苏梦，挑灯夜未央。

第二天，正是1282年古历正月初一，北风怒号，阴云密布。京城柴市刑场上（在今东城交道口南），戒备森严。市民们听说文天祥将要就义的消息，自发来到柴市。刑场上一下子就聚集了上万人，把其团团围住。只见文天祥戴着镣铐，神色从容，来到刑场。他问旁边的百姓，哪一面是南方。百姓们指给了文天祥。他朝着正南方向拜了几拜，端端正正坐了下来，对监斩官说："我的事结束了！"……

文天祥就义后，人们在他衣袋中发现一张信笺，上面写着："孔曰成仁，孟曰取义，惟其义尽，所以仁至。读圣贤书，所学何事？而今而后，庶几无愧。"这是他的绝笔书，文天祥死时年仅47岁。这位民族英雄，在民族危亡时刻，表现了一身浩然正气。

文天祥在牢房中，写下了千古传诵的《正气歌》：

天地有正气，杂然赋流形，下则为河岳，上则为日星，
于人曰浩然，沛乎塞苍冥。皇路当清夷，含和吐明庭；
时穷节乃见，一一垂丹青。在齐太史简，在晋董狐笔，
在秦张良椎，在汉苏武节。为严将军头，为嵇侍中血，
为张睢阳齿，为颜常山舌。或为辽东帽，清操厉冰雪；
或为出师表，鬼神泣壮烈；或为渡江楫，慷慨吞胡羯；
或为击贼笏，逆竖头破裂。是气所旁薄，凛烈万古存。
当其贯日月，生死安足论！地维赖以立，天柱赖以尊。
三纲实系命，道义为之根……

文天祥这首气壮山河的《正气歌》和他的感人事迹，将永留史册。

54　郑思肖的失根兰花

香港中文大学教授陈之藩先生的散文《失根的兰花》入选初中语文教材。该文写了他从"离家"到"离国"再到"国破"的情感变化,抒发了自己对家乡、祖国的挚爱深情,发出"身可辱,家可破,国不可忘"的呼号。

《失根的兰花》引用的是南宋爱国诗人、画家郑思肖画兰花从不画根的故事,耐人寻味、发人深省。

郑思肖(1241—1318),字所南,号忆翁,福建连江人。他的名、字、号都是在南宋灭亡之后改定的,而且都含有怀念故国的深情。"思肖"即"思赵",宋朝的皇帝都姓赵。赵的繁体字是"趙","走"的上面是个"肖"字,"思肖"就是不忘故国皇帝;"所南"意思是"属南",因为忽必烈建立元朝后,称宋朝为南朝,宋人为南人,"属南"意思是"我仍然是宋朝人";"忆翁"即所忆,不言而喻,就是始终不忘大宋王朝。

郑思肖在南宋不过是个普通的太学生,然而,他对故国的思念与忠诚,足以愧杀无数"世受皇恩"的衣冠中人。

郑思肖既是诗人也是画家,画的兰花最为出名。宋亡后他画的兰花十分特别:只画花叶,从不画土,人称"失根的兰花"。有人问他缘故,他回答说:"土地已尽为番人夺去,汝犹不知耶?"

有一次,一位元朝委派的县官向他求画,他坚决不画。县官利用权势要加重他家的田赋,逼他屈服,郑思肖愤怒地回答:"头可断,兰不可画!"

郑思肖为了消愁解闷,偶尔也画几笔,但是常常画完以后就撕碎。原来他画兰花完全是以其高洁,寄托自己的一腔孤愤。他的《题画兰诗》就写道:

　　花开不并百花丛,独立疏篱趣未穷。
　　宁可枝头抱香死,何曾吹堕北风中。
　　玉佩凌风挽不回,暮云长合楚王台。
　　青春好在幽花里,招得香从笔砚来。

诗中的"北风"指元朝的统治,"楚王台"则是故国的象征。山河易主,兰已失根,他只有在心灵深处保留一片属于自己的土地,也只有将笔下的兰花,作为自己节操的象征了。

郑思肖是宋末著名的爱国诗人,写了不少爱国诗篇。在宋恭帝投降元朝的德祐二年(1276年),他怀着沉痛的心情写下《德祐二年岁旦》诗二首,下面是其一:

力不胜于胆,逢人空泪垂。一心中国梦,万古下泉诗。

日近望犹见,天高问岂知!朝朝向南拜,愿睹汉旌旗。

《下泉》是《诗经·曹风》中的一篇,诗序说:"《下泉》,思治也。曹人疾公共(曹国诸侯)侵刻,下民不得其所,忧而思明王贤伯也。"郑思肖在诗中引用诗序的意思,是要表达自己对南宋朝廷腐败、投降的强烈不满,也希望有人能靖难勤王,收复失地。

郑思肖曾为自己画了一幅自画像,上面的题字是:不忠可诛,不孝可斩,敢悬此头于洪荒。

郑思肖不忘故国的爱国情怀,表现在生活的方方面面。比如,他平时坐必南向,每逢节日,总是独自跑到旷野,向南遥拜,大哭一场后才回来。而且他从不与来自北方的元朝本土人交往。即使是在朋友家中,一听到有北人的语音,就会拂袖而去。他家的客厅里挂了一块匾,上书"木穴世界"四个字,有人不明白意思,他把"木""穴"二字一组合,就成了"大宋"了。

对于郑思肖的行为,有人称颂,也有人认为是怪癖。而他依然我行我素,全不理会。他还为此写了两首诗:

过徐子方书塾

天垂古色照柴门,昔日传家事具存。

此世但除君父外,不曾别受一人恩。

题伯牙绝弦图

终不求人更赏音,只当仰面看山林。

一双闲手无聊赖,满地斜阳是此心。

读了此诗,我们对郑思肖不得不肃然起敬了。他还写了一首:

送友人归

年高雪满簪,唤渡浙江浔。花落一杯酒,月明千里心。

凤凰身宇宙,麋鹿性山林。别后空回首,冥冥烟树深。

从诗中可以看出他隐迹山林,却又心系天下的抱负和性格。郑思肖留有诗集《所南集》。据说明崇祯时,在吴中承天寺一口井中,发现了有铁函固封的郑思肖的《心史》诗集,顾炎武还为此写了《井中心史歌》。此事虽是传说,但在当时爱国诗人中确实产生了积极影响。

55 贬谪文学,诗人的别样人生

翻开中国文学史会发现一个很有意思的现象:古代诗人、作家中不少人都有被贬谪的经历。当他们因一片赤诚、一篇诤言,被无辜贬斥到偏远、荒凉的地域,于无奈中这里走走,那里看看。秀美的山水,陶冶了他们的性情;淳朴的民风,暖热了他们的身心;愚昧和陋俗,使他们愕然;民生的艰难,更使他们忧心。这些经历和认识几乎全都变为了优美的文字,凝结成为贬谪文化。

这些诗人、作家因性格各异,经历不同,活出了各自不同的精彩,像繁星一样在历史的天空中熠熠生辉。让我们走近他们,触摸这些既平常又不平凡的灵魂。

一

屈原(约前340—前277),名平,字原,又字灵均,楚国人,祖根却是河南濮阳。他处在楚国由强转弱的时代,内政外交都有尖锐的斗争,一生都处于斗争的旋涡之中。为了挽救日渐衰落的楚国,屈原提出了改革弊政、联齐抗秦、壮大国力的政治主张,曾一度得到楚怀王信任,没过多久,却遭到上官大夫、靳尚等佞臣的嫉恨,他们不断在楚怀王面前进谗言,加害屈原。庸懦无能的楚怀王终于将屈原放逐。

屈原被贬,秦惠王觉得有机可乘,于是派张仪到楚国挑拨离间。张仪到楚国对怀王说:"秦国恼恨齐国,如果楚国能与齐国绝交,秦愿将商、於之地六百里献给楚国。"楚怀王贪图小利,竟相信了张仪的鬼话,遂与齐国绝交。后来,楚怀王派使者去秦国要当初答应的商於六百里土地,秦国却不认账了。楚怀王大怒,立即发兵攻打秦国。可秦国早有准备,打败楚军,又攻占了楚国汉中大片土地。

后来,秦国又声称愿归还汉中二地与楚讲和,还要与楚国结为姻亲,请楚王赴秦国会面。屈原听说后立即劝阻:"秦是虎狼之国,千万不能去!"怀王的幼子子兰却极力怂恿父亲去。怀王听了子兰的话,去了秦国,谁知一入关就被扣留,逼其割地,最后死在了秦国。

楚怀王死后,其长子熊横继位,为顷襄王,他让弟弟子兰当了令尹。这事引起楚国人的公愤,他们认为楚怀王正是听了子兰的话,才不得生还的。子兰则反诬是屈原鼓动的,于是在顷襄王面前说屈原的坏话,顷襄王一怒之下,把屈原放逐到更远的地方。屈原被一贬再

— 167 —

贬,感到无比愤懑和孤独。他在《渔父》一文中感叹:"举世皆浊我独清,众人皆醉我独醒!"最后悲愤地投了汨罗江。

屈原为了楚国,九死而不悔。他写下的《离骚》等诗歌,倾注了深沉的爱国之情,成为千古传诵的杰作,也为贬谪文学开了先河。

屈原死后千年,唐代出了个柳宗元。他20岁中进士,32岁任礼部员外郎,成为朝廷的重要官员,也是王叔文"永贞革新"的核心人物。不久,革新失败,柳宗元被贬永州,这颗刚刚升起的"新星"还没来得及"发光",就被"打落"下来,沦为失魂落魄的罪臣。柳宗元贬到永州不到半年,母亲因远谪之苦去世,之前他的妻子杨氏也亡故,而且没有留下孩子。一连串的打击使柳宗元受到极大伤害,当时,他才32岁,正是身强力壮的年龄,竟然消磨到了"行则膝颤,坐则髀痹"的程度,其所受的煎熬和痛苦,可想而知。

宪宗元和九年(815年),柳宗元被贬已经11年,对东山再起已不抱希望。但令人想不到的是这年正月,他与刘禹锡等人同时被召进京,柳宗元抑制不住内心的兴奋,写下《诏追赴都二月至灞亭上》一诗:

　　十一年前南渡客,四千里外北归人。
　　诏书许逐阳和至,驿路开花处处新。

然而其好友刘禹锡在当时也写了一首小诗,不曾想又惹怒了当朝权贵。结果柳宗元和刘禹锡二月回京城,三月又被贬到更偏远的柳州、连州。

这对患难兄弟一同离开长安,再次踏上了贬谪苦旅,一路上有说不尽的背井离乡之苦,道不完的穷途失路之悲,一直同行到衡阳,才不得不分手。两人心里都明白,今此一别,也许今生今世都无缘相见了。柳宗元悲愤地写下了赠别诗《衡阳与梦得分路赠别》:

　　十年憔悴到秦京,谁料翻为岭外行。
　　伏波故道风烟在,翁仲遗墟草树平。
　　直以慵疏招物议,休将文字占时名。
　　今朝不用临河别,垂泪千行便濯缨。

柳宗元来到柳州,看到的是一片落后荒凉的景象。当地百姓迷信神灵,甚至不敢动土打井,生产落后,生活贫困。柳宗元抛开个人不幸,不顾疾病缠身,为柳州人办了不少好事,如改变蓄奴陋习,兴办学校,推广医学,打井取水,改善民生,还写了不少揭露社会矛盾,批判黑暗现实的诗文。当地人为纪念他的功绩,称他为"柳柳州"。

柳宗元被贬期间,常游览山水自娱,排解胸中苦闷。写下了著名的《永州八记》《江雪》《渔翁》等诗文。但是,读柳宗元这些诗文,总使人感到,他越是想排解苦闷,越是苦闷;越想摆脱痛苦,越是陷在痛苦中难以自拔。诗文表达的心情过于孤独、清冷,似乎不带一点人间烟火气。这些都极大地损害了他的健康,以致他46岁就英年早逝。屈原、柳宗元,应属于贬谪文学中孤独悲苦的类型。

二

司马迁在《报任安书》中说:"屈原放逐乃赋《离骚》"。而他自己受其激励,甘受"宫刑"完成了《史记》,应属于忍辱负重型。

司马迁(前145—前87?)，字子长。他的父亲司马谈在生命垂危时，把著述历史的愿望留给了儿子。司马迁流着泪说："小子不敏，请悉论先人所次旧闻，弗敢阙!"三年后，司马迁继承父职当了太史令。他"绝宾客之知，亡室家之业，日夜思竭其不肖之才力，一心营职"，投入了继承《春秋》的著述事业。然而，就在此时一个巨大的灾难降临到他的头上。

天汉二年(前99年)，李陵抗击匈奴，兵败投降，朝廷震惊。武帝刘彻问司马迁对这件事的看法。司马迁说，李陵是出于一时无奈，才投降的。武帝大怒，说司马迁是为李陵开脱罪责，借以打击贰师将军李广利。原来，这李广利是刘彻的大舅哥，派他出征就是想让他立功封侯的。司马迁直言不讳，被刘彻以"诬罔君上"论罪：要么死，要么受"宫刑"。司马迁想自尽，可是想到他倾注心血的著述还没完成，只得接受了"宫刑"。这场灾难磨砺了司马迁的意志，迫使他重新审视现实，从而使其著述有了批判精神。

司马迁用了18年时间，完成了这部"究天人之际，通古今之变，成一家之言"的伟大著作。只可惜，他没能看到自己的著述刊行。直到汉宣帝时，他的外孙杨恽才把书稿整理问世。世人称该书为《太史公书》。到了唐代编撰《隋书》时，才将其定名为《史记》。

三

贬谪文学不屈不挠型的诗人，当属唐代的刘禹锡。他21岁进士及第，是王叔文革新集团的中心人物之一。"永贞革新"的目的是"内抑宦官，外制藩镇"，可谓招招都触动了对手们的命根子。把持朝政的宦官集团和手握重兵的藩镇势力联合起来，疯狂反扑。"永贞革新"失败了，"二王八司马"杀的杀，贬的贬，刘禹锡被贬为朗州(今湖南常德)司马。唐宪宗又追加一条硬性规定："纵逢恩赦，(八司马)不在量移之内'。明摆着要把这帮人一棍子打死。刘禹锡被贬时才34岁，被贬11年，也用诗歌毫不妥协地与黑暗势力斗争了11年。

元和九年(815年)，唐宪宗忽然动了恻隐之心，下诏书让被贬的八司马回到京城。这些苦熬了11年的罪臣们欣喜万分。柳宗元还写下了"诏书许逐阳和至，驿路花开处处新"的诗句。

但刘禹锡没有感激涕零，他回到长安后，不听朋友劝告，拒绝去拜见权贵服罪谢恩，而是去玄都观赏桃花，写了那首《元和十年自朗州至京戏赠看花者君子》诗：

紫陌红尘拂面来，无人不道看花回。

玄都观里桃千树，尽是刘郎去后栽。

这首诗轻蔑、讽刺的意味太明显了。诗中"尽是刘郎去后栽"的"桃花"指的就是那些靠投机、钻营、检举、告密、迫害，踩着别人的肩膀爬上高位的朝中权贵。

此诗一出全城哗然。《旧唐书·刘禹锡传》说此诗"语涉讥刺，执政不悦"。这一来，回到京城才一个月的罪臣们再次被贬。刘禹锡被贬到更为荒凉的播州(今贵州遵义)。

直到文宗大和二年(828年)，刘禹锡才又回到了京城，任主客郎中。按说刘禹锡上次回京因为一首小诗惹了祸，再被贬13年，总该接受教训，别再祸从口出了吧。然而，刘禹锡是谁？那是个宁折不弯的铮铮硬汉。他特意又来到玄都观，当看到"刘郎去后栽"的桃树已经没了踪影，满园尽是青苔和蔬菜时，又写下《再游玄都观》：

百亩园中半是苔,桃花净后菜花开。
种桃道士归何处,前度刘郎今又来。

诗人写了诗还觉不尽兴,又在诗前加了小序,当年"红桃满观",如今"荡然无复一树,唯兔葵燕麦动摇于春风,因再题二十八字,以俟后游"。遭受了两次打击,刘禹锡没有认输,还要"以俟后游"。这首诗一出,满京城又是一片哗然。有人表示同情、有人表示赞叹、有人表示担心,更有人恨得咬牙切齿,连《旧唐书·刘禹锡传》都说:"人嘉其才而薄其行。"

"薄其行"的是些什么人?就是那些靠打击永贞革新人士爬上高位的权臣。所谓的"行",无非是这些"罪臣"向他们低声下气地摇尾乞怜的奴性。刘禹锡无"行",正是他可贵、可敬、可爱之处。

唐敬宗宝历二年(826年),刘禹锡被罢和州刺史返回洛阳,途经扬州时与白居易相逢。白居易为了安慰命途多舛的好朋友,在相聚的宴席上,赋诗《醉赠刘二十八使君》:

为我引杯添酒饮,与君把箸击盘歌。
诗称国手徒为尔,命压人头不奈何。
举眼风光长寂寞,满朝官职独蹉跎。
亦知合被才名折,二十三年折太多。

白居易的这首诗充满了感慨、惋惜与不平,所以在诗的尾联写道:"亦知合被才名折,二十三年折太多!"刘禹锡读了白居易的诗很是感动,立即和诗《酬乐天扬州初逢席上见赠》答谢:

巴山蜀水凄凉地,二十三年弃置身。
怀旧空吟闻笛赋,到乡翻似烂柯人。
沉舟侧畔千帆过,病树前头万木春。
今日听君歌一曲,暂凭杯酒长精神。

白居易诗的尾句是"二十三年折太多",所以,刘禹锡答诗的首联颔联说自己被弃置在巴山蜀水这个凄凉的地方,一晃就是二十三年。如今早已物是人非,刘禹锡既感慨岁月如梭,又感念朋友的不离不弃。颈联没再悲悲切切地说下去,而是突然振起,吟出"沉舟侧畔千帆过,病树前头万木春"两句,表现出豁达的胸怀。此联不仅形象生动,还包含着深刻的哲理,遂成千古名句。尾联又反过来劝白居易:咱们都暂且借酒来振奋精神,重新投入到生活中去吧!整首诗表现出刘禹锡坚忍不拔的意志和豪迈旷达的胸怀。刘禹锡被称为"诗豪",那是说对了,他不仅是诗中豪杰,更是人中豪杰。

四

贬谪心态的最高层次:忧国忧民型,应属于韩愈和范仲淹。

韩愈(768—824),字退之,河阳(今河南孟州)人。他一生坎坷,饱经磨难,两次被贬。第一次得罪了皇亲国戚,第二次得罪了皇帝。唐德宗贞元十九年(803年),长安一带发生了严重饥荒。京兆尹李实不但不救灾,反而向皇帝谎报,"今年岁旱,谷田甚好",照样收税催租,逼得百姓变卖田产,甚至卖儿卖女。

当时有个叫成辅端的艺人,编了歌词反映人民的苦难:"秦地城池二百年,何其如此贱田园？一顷麦苗五石米，三间堂屋二千钱。"李实听说后大怒，竟差人将他活活打死。李实是谁？是唐高宗李渊的后代，德宗皇帝身边的红人。文武百官没有一个人敢出声，可韩愈忍不住了，不顾自己的仕途前程，毅然向德宗皇帝上书《论天旱人饥状》。不久，诏书下达，将韩愈贬为连州阳山（今广东阳山）县令，多年后遇赦才返回朝廷。

元和十二年（817年），韩愈从裴度平淮西节度使吴元济立了大功，升任刑部侍郎，位居四品。韩愈能熬到这一步实在不易，要是换了别人，肯定会珍惜自己的乌纱帽，别再多生事端。然而，两年后，刚直不阿、敢说敢为的韩愈又因谏迎佛骨，惹恼了宪宗皇帝，不仅丢了四品大员的乌纱帽，还差点掉了脑袋。

元和十四年，笃信佛教的唐宪宗搞了个迎佛骨活动，修路盖庙，兴师动众，声势浩大，上演了一场劳民伤财的迷信闹剧。当时，几乎所有官员都在随声附和，推波助澜，只有一个人看不下去愤怒了，这个人又是韩愈。他置生死于度外，勇敢地上奏《论佛骨表》。

这封奏折写得有理有据，铿锵有力，语言直白，毫不客气。奏折开头就写道："臣某言：伏以佛者，夷狄之一法耳，自后汉时流入中国，上古未尝有也。"皇帝不是想求长生不老吗？韩愈说，汉以前的皇帝大都在位七八十年，活了百岁左右，那时"佛法亦未入中国"。而"汉明帝时，始有佛法，明帝在位，才十八年耳。其后乱亡相继，运祚不长。宋、齐、梁、陈、元魏已下，事佛渐谨，年代尤促"。

韩愈接着指出这场闹剧的实质：皇帝亲自"为京都士庶设诡异之观，戏玩之具"，老百姓则"焚顶烧指，百十为群，解衣散钱，自朝至暮，转相仿效，惟恐后时，老少奔波，弃其业次……伤风败俗，传笑四方，非细事也。"韩愈最后说，所谓"佛骨"，不过是一块脏兮兮的朽骨，而皇帝您"今无故取朽秽之物，亲临观之"，而"群臣不言其非，御史不举其失，臣实耻之。乞以此骨付之有司，投诸水火，永绝根本，断天下之疑，绝后代之惑……岂不盛哉！岂不快哉！佛如有灵，能作祸祟，凡有殃咎，宜加臣身，上天鉴临，臣不怨悔"。

读到这里，我们为韩愈不怕鬼、不信邪、不惜死的凛然正气所折服感动。遗憾的是，宪宗皇帝不仅没感动，反而是彻底被激怒了，特别是那句"事佛渐谨，年代尤促"刺到了他的痛处。他认为韩愈是在诅咒他短命，一怒之下就要砍韩愈的脑袋，幸亏裴度等大臣极力说情，才改贬为潮州刺史。

潮州距长安有八千里之遥，真的是一路艰辛，年仅12岁的小女儿竟惨死在驿道旁。当韩愈走到蓝田县时，他的侄孙韩湘赶来送行，韩愈此时悲歌当哭，写下了著名的《左迁至蓝关示侄孙湘》：

> 一封朝奏九重天，夕贬潮阳路八千。
> 欲为圣朝除弊事，肯将衰朽惜残年！
> 云横秦岭家何在？雪拥蓝关马不前。
> 知汝远来应有意，好收吾骨瘴江边。

这首诗只有对因忠而获罪的愤慨，没有认错，更没有表示对上书《论佛骨表》的后悔之意。

韩愈走了一百多天才到潮州，这里的荒蛮、落后、愚昧使他大为吃惊。唐朝早已是封建社会，这里却蓄奴成风：人有了病不去求医，而是求神拜佛；气候水利条件不错，农耕方式却很原始;学校很少,文化十分落后。此外,还有鳄鱼为害。面对这些情况,韩愈把自己的不幸放在一边,决心予以治理。他决定首先为民除害——驱赶鳄鱼。

韩愈驱鳄很有戏剧性,也颇具文人色彩。他先礼后兵,先大声宣读"檄文——《鳄鱼文》",命鳄鱼"尽三日,其率丑类南徙于海,以避天子之命吏……终不肯徙也,必尽杀乃止。其无悔!"据《新唐书》记载,当天晚上就有暴风雷起于潭中,使潭水干涸。鳄鱼也不见了踪影。今天看应该是遇到了热带风暴。这篇奇文,让我们读出了韩愈一心为民的赤诚之心。

韩愈接着兴修水利,推广先进的耕作技术,下令赎放奴婢;兴办教育,建学校、请先生,还"正音为潮人语"推广普通话。韩愈在潮州只待了八个月,就为老百姓办了这么多好事。潮州的这些问题由来已久,过去多少任刺史怎么就没想到解决?非要等一个戴罪之人来治理?相比之下,我们只能说,韩愈真了不起!

谁真心实意为老百姓办好事,百姓就会记得谁。为了纪念韩愈,潮州人把笔架山改名为韩山,把原名为鳄溪的河流改名为韩江,又建了韩公祠。一个罪臣在这里只生活了八个月,就忽然山河易名了。正是:

八月时光一瞬间,除害兴利非等闲。
舍身为民民不忘,一片河山尽姓韩。

到了宋代,又出了个范仲淹,他是先得罪太后,后得罪皇帝,再得罪宰相。范仲淹(989—1052),字希文,两岁的时候,父亲病逝,随母亲改嫁到长山朱家,改名朱说。朱家是富户,兄弟几个不知节俭。有一次范仲淹劝他们不要挥霍浪费,朱家兄弟反唇相讥:"我们花的是朱家的钱,关你什么事?"范仲淹很吃惊,去问母亲,才知道自己是个被人看不起的"带犊"。于是他流着泪告别母亲,决心自己闯一条路来。他先到博山的荆山寺刻苦攻读,后来又到应天书院苦读。一般人不能忍受的困苦生活,范仲淹却从不叫苦。经过苦读,范仲淹终于在大中祥符八年(1015 年)进士及第,授广德军司理参军,把母亲接到身边奉养,改回了本名。

艰苦的生活,磨砺出范仲淹刚直不屈的性格。起初他只是地方小官,却为当地百姓做了不少好事,而且关心国家大事,曾针对朝政弊端上了万言书。此事受到宰相晏殊、王曾的赏识,极力向朝廷推荐他。于是,范仲淹应诏入京当了个秘阁校理。从此,朝中也多了一个宁折不弯的"刺儿头"。

入京不久,范仲淹就戳了个大马蜂窝,令晏殊都感到害怕。当时,宋仁宗早已成年,可是垂帘听政的刘太后脸皮太厚,绝口不提"归政"的事。满朝文武没人敢吱声,范仲淹忍不住要为此上本。晏殊得知后,劝他说这是惹祸,还会连累举荐人。范仲淹坚定地说:"宁鸣而死,不默而生"。奏折一上,刘太后勃然大怒,立刻把他贬出朝廷。直到刘太后死了,宋仁宗亲政,感念当时范仲淹敢为自己说话,才下诏又把他调回朝廷。

宋仁宗把范仲淹当成自己人,换了别人,这是多好的升迁机会,感恩戴德还来不及。然而,范仲淹只肯"站对",从不"站队"。不久,就因郭皇后的事又得罪了皇帝。

郭皇后是仁宗 15 岁时由太后做主册封的,仁宗本就不喜欢她。宰相吕夷简也与郭皇后有隙,趁机暗中撺掇手下人,以皇后九年不育为由上书请求废黜她,这正合仁宗心意。废后之事一时闹得满朝风雨。范仲淹听说后,立即向仁宗进言直谏,认为皇后没什么大错,怎能说废就废?结果,宋仁宗把范仲淹贬到了更远的睦州。

景祐二年(1035年),范仲淹因在地方治水有功,又被调回汴京,任礼部员外郎,并做了开封知府。此时的吕夷简把持朝政,任人唯亲,提拔官员多出其门。朝内也多是敢怒而不敢言。范仲淹就下功夫搞了个《百官图》,献给仁宗。他在其中指出哪些人是合格升迁的,哪些人是私自提拔的,痛责吕夷简以权谋私。可吕夷简反诬他离间君臣关系,图谋结党营私。仁宗也不查证落实,就罢了范仲淹的官,贬到饶州。

范仲淹三次被贬,名望却越来越高。第一次被贬时,亲朋们就把他送到都门外,称赞他说:"此行极光(非常光荣)。"这次複贬,仍有人不顾吕夷简的威胁、恫吓去为范仲淹送别,并安慰他说:"此行尤光(尤其光荣)。"范仲淹听罢大笑道:"仲淹前后已是三光了。"

白驹过隙,一晃8年,北宋统治已是岌岌可危?宋仁宗很想挽救危局。庆历三年(1043年),欧阳修力荐:"范仲淹是众望所归,天子应拔用之。"于是,已54岁的范仲淹又回京擢升为参知政事(副宰相)。他虽几经贬黜,仍壮心不已。这时,吕夷简退职养病,仁宗让范仲淹与富弼、韩琦等实主朝政。很快,范仲淹就搞出了改革方案《答手诏条陈十事》,在全国推行。这就是有名的"庆历新政"。

改革中,范仲淹处理贪污腐败的官员毫不手软,凡查实腐败的官员,大笔一挥就拿下。富弼担心地说:"你一笔勾了他容易,可你知道他全家都在哭吗?"范仲淹回答说:"一家哭总比一路(省)哭要好。"然而不到一年,吕夷简又纠集那些既得利益者和皇室权贵猛烈反扑。在激烈碰撞下,仁宗退缩了,下诏撤了范仲淹的职务,改革无奈告吹。

悲愤与无奈之下的范仲淹,去邓州做了知州。在知邓州期间,应好友滕子京之请,他写下了名垂千秋的《岳阳楼记》。文章全文贯穿着一个"忧"字,"是进亦忧,退亦忧",忧国忧民忧社稷,唯独没有忧自己!这一腔"忧愤"最后化作一声长叹:"先天下之忧而忧,后天下之乐而乐!"这一声长叹,穿越历史的天空,千百年来,匡正了多少仁人志士,凝聚了无数义胆侠风。

韩愈、范仲淹不惧雷霆之怒、敢说真话的人品骨气,忧国忧民的人生境界,让今天的一些文化人,特别是官场人对镜而视,肯定会自惭形秽,望尘莫及。

五

欧阳修和苏轼应属于达观潇洒型。欧阳修(1007—1072),字永叔,自号醉翁,庐陵(今江西吉安市)人。他积极参与"庆历新政"。范仲淹被罢官后,他"慨言上书"为其申辩,触怒了吕夷简,先被借故下狱,后被贬到滁州当了两年知州。随后写下《醉翁亭记》。他把政治失意和仕途坎坷的内心抑郁和苦闷,寄情于山水,消融于与民同乐之中,描绘出一幅幅变化多姿、秀丽妩媚的优美图画,表现出随遇而安的旷达情怀。

欧阳修比范仲淹小18岁,写《醉翁亭记》时才40岁,怎能算"老翁"呢?他在一首诗中就说,"我虽被谪居滁山,名虽为翁实少年"。欧阳修自称"醉翁",不过是"幽"他一"默"。"醉翁"其实不醉,其灵魂是清醒的,心态是积极的。他虽是贬官,却发挥了"宽简而不扰"的作风,尽心尽力为百姓办实事,取得了好政绩,受到百姓拥戴,所以才自愿与太守"前者呼,后者应",同其乐也。这样的"醉翁"实在是可亲、可敬又可爱。

范仲淹的《岳阳楼记》与欧阳修的《醉翁亭记》,都写于庆历六年。《岳阳楼记》通篇渗透了一个"忧"字，《醉翁亭记》则以一个"乐"字贯穿全篇，一"忧"一"乐"，却有异曲同工之妙，且都表现了坚毅、不屈的高尚情怀。《岳阳楼记》写红了一座楼，《醉翁亭记》写火了一座城。这也许就是贬谪文学的魅力。

比欧阳修稍晚一点的苏轼，也是一位天才艺术家，又是一个一生都搅在政治斗争旋涡中的"倒霉蛋"，历经一次大狱、多次贬谪。

苏轼刚刚步入政坛，正赶上神宗皇帝锐意变法，而苏轼却站在了反对派一边，直言皇帝"求治太速，进人太锐，听言太广"。其中"进人太锐"，指的就是王安石大量起用新人，造成一些投机取巧的小人，乘机混入变法队伍之中。后来，苏轼的小命都差一点断送在这些小人手里。

苏轼反对变法不仅惹恼了王安石，连皇帝也不耐烦了。苏轼自知在朝中难有作为，于是主动要求到地方上去为官，为百姓干些实事。这一下去就是八年，无论在哪他都政绩卓著，深受百姓爱戴，还得到了皇帝的嘉奖。这就引起变法派中那些小人的嫉恨与恐惧。他们知道神宗赏识苏轼，担心哪一天神宗改主意了，再把苏轼调回朝中，就没他们的好日子过了。所以，他们决心先下手为强，将苏轼扳倒，最好将他置于死地，以绝后患。于是，御史中丞李定、何正臣，权监察御史里行舒亶等人，从苏轼的诗文中寻章摘句，断章取义，竟然罗织出苏轼该杀的"四大罪状"，以此把苏轼缉捕。御史台自汉代以来又称"乌台"，此案也称"乌台诗案"。

苏轼身陷冤狱，三朝元老张方平、宰相吴充、王安石等许多人奔走呼号、施救。他的弟弟苏辙也"乞以官爵赎兄罪"。神宗也不想杀苏轼，可是，若免他的死罪，总得有个说得过去的理由。于是神宗派了个心腹太监，到狱中探听虚实。

苏轼入狱之后自知难逃一死，只是不知哪一天。就与送饭的大儿子苏迈约定，如果要执行死刑，就以送鱼为信号。有一天苏迈托一位朋友替他送饭，这位朋友很敬仰苏轼，特地做了一条鱼送去。苏轼见了大吃一惊，以为死期已到，想到自己死后，一家妻儿老小只能托付给弟弟苏辙了，于是提笔写了《狱中寄弟子由》诗两首，其一为：

> 圣主如天万物春，小臣愚暗自亡身。
> 百年未满先偿债，十口无归更累人。
> 是处青山可埋骨，他年夜雨独伤神。
> 与君今世为兄弟，更结来生未了因。

苏轼写完诗后，掷笔倒头便睡。这时牢门打开，进来一个人，打开铺盖在他身旁睡下。苏轼只当是新来的犯人，心想自己是将死之人，不愿与他说话，只顾睡自己的觉，一会便鼾声大作。快天亮时，那"新犯人"将苏轼摇醒，连声说："恭喜学士，贺喜学士！"闹得苏轼莫名其妙。原来"新犯人"是皇帝派来的小太监。他回去向神宗禀报："苏轼举止坦然，一夜熟睡，鼾声如雷。"神宗听后高兴地对大臣们说："我早就说苏轼胸中无事，心里没鬼嘛！"

神宗读了诗后大为感动，终于免了苏轼的死罪，改贬为黄州团练副使。

苏轼被贬黄州，一家20多口人吃饭都成了问题。他的好朋友马正卿特地为他申请了一块数十亩的荒地。苏轼将其起名"东坡"，自号"东坡居士"，整天乐呵呵地带着全家人开荒种地，还作诗《东坡八首》，中有诗句："朝上东坡步，夕上东坡步。东坡何所爱，爱此新成树。"可见他"随遇而安,知足保和"的旷达心态。

苏轼在黄州艰难的环境下,仍然不忘记生活中的美好片段,并将其记录下来,留下了一词二赋:《念奴娇·赤壁怀古》,前《赤壁赋》和后《赤壁赋》。苏轼被贬黄州的第三个春天,一次与朋友外出遇雨,写下了《定风波》一词:

莫听穿林打叶声,何妨吟啸且徐行。竹杖芒鞋轻胜马,谁怕? 一蓑烟雨任平生。

料峭春风吹酒醒,微冷,山头斜照却相迎。回首向来萧瑟处,归去,也无风雨也无晴。

多么豪迈的诗句,多么安闲的心态,多么开阔的胸襟! 这首词表现了苏轼面对政治、生活中的"风雨",淡定从容、超脱达观的人生态度。

苏轼黄州一贬就是五年。直到神宗去世,哲宗即位,高太后垂帘听政,司马光主政,才把苏轼召回京城。苏辙担心哥哥再惹是非,特意送他两句诗:"北客若来休问事,西湖虽好莫吟诗。"可是,苏轼是谁? 他是个本性难移,刚正不阿的汉子。回朝不久就和司马光同掰了。司马光召回苏轼是想让他与自己合作,彻底废除王安石新法的,可苏轼坚持不能因人废言。当司马光提出废除"免役法"时,苏轼当面指责这是荒唐之举,并接连上书反对,激怒了司马光等人,又被赶出了朝廷。

经史学家考证,"免役法"确实是成效最好的一项改革。可见苏轼有眼光、有骨气、无私心。他之所以"里外不是人",是因为他和范仲淹一样,只肯"站对"从不"站队"。

绍圣元年哲宗亲政,新党重新得势,只因苏轼属于旧党,被贬到惠州。那时的惠州是个非常荒凉的小镇,每天只准杀一只羊。苏轼是犯官,没资格买羊肉。为了吃到羊肉,他叮嘱屠夫,把没人要的羊脊骨卖给他,用米酒浸泡去腥味,然后在炭火上烤到微焦啃着吃。苏轼在《与子由书》中说:"(啃羊脊骨)意甚喜之,如食蟹螯。率数日辄一食,此说行则众狗不悦矣!"苏轼不仅羊脊骨啃得津津有味,还写了不少诗,其中有一首《惠州一绝》:

罗浮山下四时春,卢橘杨梅次第新。

日啖荔枝三百颗,不辞长作岭南人。

这些诗传到京师,已经爬上高位的章惇冷笑一声:"苏子尚尔快活耶?"于是,把他再贬到海南儋州。为什么会被贬到儋州? 因为苏轼号子瞻,瞻含有"詹"字,就贬往儋州。苏辙字子由,由字与雷字的下半部相近,就罚往雷州。章惇这种挖空心思的刁钻刻薄、卑污龌龊的施虐心态,真是让人又愤恨又恶心。

章惇把苏轼贬到儋州,就是想让他老死在人烟稀少、瘴疠肆虐的海南。然而苏轼不改乐观豁达的本性,在过琼州海峡时给弟弟写了一首《九疑吟》,诗中说:"他年谁作舆地志,海南万里真吾乡。"

这首诗传到朝中,让那帮陷害他的小人彻底失望了。

苏轼一生多次被贬,不仅留下了许多流传千古的诗词美文,而且还不顾自己的贬官身份,勤政为民,造福百姓。他在杭州只当了 22 个月知州,就疏浚、拯救了西湖;他在儋州办学堂、兴教育、倡学风,许多人追到儋州,从苏轼学。当地人一直把苏轼看作儋州文化的开石者、播种人。儋州至今还留有东坡井、东坡路、东坡桥、东坡村。苏轼临终在《自题金山画像》诗中,这样概括自己的一生:

心似已灰之木，身如不系之舟。
　　问汝平生功业，黄州惠州儋州。

　　正是贬谪一生的坎坷经历，为我们塑造了一个可钦、可敬、可爱而又可叹的苏东坡！

　　豪迈与典雅，骨气与坚韧，熔铸成巍然屹立的山岳；发愤与磨难，激情与泪花，化成了最美的诗文。如今，这些已经发黄的文字，不动声色地在拷问时下的文化，在爆炸式的信息增长中，有几许能穿越时空？中华民族历尽磨难，正步入伟大复兴。生活在这个"新时代"是幸运，也肩负一份沉甸甸的责任。我们应该继承发扬传统文化的优秀基因，创造出不负新时代，且能传流后世的文化精品。

56 著名诗人高启的两个"最"

高启(1336—1374),明初著名诗人,字季迪,号槎轩,长洲(今江苏苏州市)人。他虽然只活了38,却留下了两个"最"。

一、明朝最伟大的诗人

高启出身富贵家庭,童年时父母不幸双亡。他生性聪敏,读书过目成诵,才华高逸,能诗能文,尤精于诗,与刘基、宋濂并称"明初诗文三大家",又与杨基、张羽、徐贲被誉为"明初吴中四杰",高启是"四杰"中的佼佼者。

元朝末年,天下大乱,群雄征战,张士诚占据了东南地区称王。淮南行省参知政事饶介守吴中(苏州),他听说了高启的才名,多次派人邀请,延为上宾,并想聘其为幕僚,可高启总笑而不答。

高启后来隐居于吴淞江畔的青丘,以教书为生,自号青丘子。他曾作《青丘子歌》,其诗句"不肯折腰为五斗米,不肯掉舌下七十城",表明自己不愿做官,也不愿卖弄口舌来博取功名的志向,从这里我们也能看出他疏狂的性格。

高启的诗歌可以说众体兼长,不限于一代一家。虽然因为壮年逝世,作的诗文未能熔铸洗练自成一家,内容也不够广阔深厚,但他才华横溢,清新超拔,堪称明代成就最高的诗人。他的乐府诗中有不少是描写农村生活的,具有朴素真实的乡土气息。如《养蚕词》:

> 东家西家罢来往,晴日深窗风雨响。
> 三眠蚕起食叶多,陌头桑树空枝柯。
> 新妇守箔女执筐,头发不梳一月忙。
> 三姑祭后今年好,满簇如云茧成早。
> 檐前缲车急作丝,又是夏税相催时。

诗中描写了养蚕人家临收茧时的繁忙,见到蚕茧丰收而高兴,但又怕夏税增加而担忧的生活情景。高启还有很多的诗词如《打麦词》《采茶词》《捕鱼词》《伐木词》《田家行》《看刈禾》等,都比较真实地反映了人民的疾苦。这些诗没有把田园生活理想化,而是在一定程度上反映了阶级剥削。如《湖州歌送陈太守》:

> 草茫茫,水汩汩。上田芜,下田没,
> 中田有麦牛尾稀,种成未足输官物。
> 侯来桑下摇玉珂,听侬试唱湖州歌。
> 湖州歌,悄终阕,几家愁苦荒村月。

又如《牧牛词》：

尔牛角弯环，我牛尾秃速，
共拈短笛与长鞭，南陇东冈去相逐。
日斜草远牛行迟，牛劳牛饥唯我知；
牛上唱歌牛下坐，夜归还向牛边卧。
长年牧牛百不忧，但恐输租卖我牛。

诗歌写牧童们清晨相约外出放牛，他们或骑在牛背上唱歌，或坐在牛身边休憩，夜晚还在牛边卧。诗歌将牧童与牛的相得之乐生动地摹写了出来，然而浓墨渲染牧童之乐，只是为了反衬结句的牧童之忧："但恐输租卖我牛"。这首仿乐府诗揭露了封建剥削带给农民的痛苦，表达了诗人对繁重租税的不满和对农家命运的担忧、同情。这些作品，是高启诗歌中的精华部分。

他写的登临、怀古、赠答之类的七律也显示了相当高的艺术才华。如《岳王墓》：

大树无枝向北风，十年遗恨泣英雄。
班师诏已来三殿，射虏书犹说两宫。
每忆上方谁请剑，空嗟高庙自藏弓。
栖霞岭上今回首，不见诸陵白露中。

诗的首联说坟前的柏树枝皆南向，不肯"向北风（金国）"，连树都在为英雄恨泣！颔联挑明了高宗、秦桧冤杀岳飞的原因：因为岳飞的上书中又一次"说两宫"，即要把徽钦二宗迎回来，这正捅到了高宗的心病，所以他才下定决心杀掉岳飞。颈联引用了汉高祖杀韩信的典故，指责高宗杀岳飞实为阴谋陷害。此诗感情真挚，含义深刻，是怀古诗的上品。再如高启的《赋得寒山寺送别》：

枫桥西望碧山微，寺对寒江独掩扉。
船里钟催行客起，塔中灯照远僧归。
渔村寂寂孤烟近，官路萧萧众叶稀。
须记姑苏城外酒，乌啼时候与君违。

高启这首在寒山寺送别友人的七言律诗，情景交融，感情真挚。至今还保留在苏州寒山寺大雄宝殿的内墙上。

高启一生诗、词、散文均有佳作，以诗歌成就最高，数量也最多，初编有5集，2000余首，后自编为《缶鸣集》，存937首。今有《高青丘集》一书，上海古籍出版社出版。

在文学方面，高启可以说是一位天才，历代诗评家都给予他极高的评价。清代纪晓岚在《四库全书总目提要》中赞誉高启，"天才高逸，实据明一代诗人之上"。大清第一才子赵翼在《瓯北诗话》中推崇他为"（明代）开国诗人第一"。一代伟人、诗人毛泽东在自己的书法作品中称赞："高启，字季迪，明朝最伟大的诗人。"下面抄录了高启《梅花九首》中的第一首：

琼姿只合在瑶台，谁向江南处处栽？
雪满山中高士卧，月明林下美人来。
寒依疏影萧萧竹，春掩残香漠漠苔。
自去何郎无好咏，东风愁寂几回开。

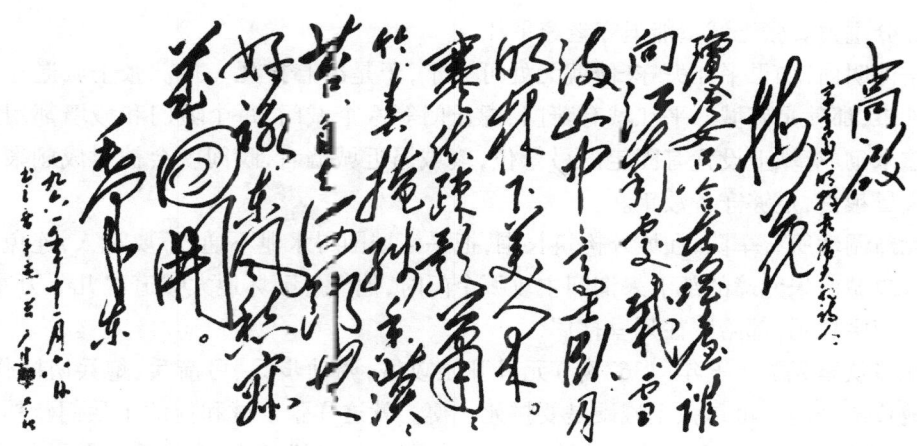

二、诗人中死得最惨的人

毛泽东称赞的"明朝最伟大的诗人"高启,又是历代诗人中死得最惨的一个,这个"最"就得拜明朝"屠夫皇帝"朱元璋所"赐"了。朱元璋当皇帝以后,曾经颁布了一项规定:"寰中士大夫不为君用,罪该抄。"高启就是他抓的第一个"典型"。

明洪武元年(1368年),朱元璋征召高启入朝,授翰林院编修,主持纂修《元史》。朱元璋后又命他教授诸王。洪武三年(1370年)秋,朱元璋又要委任高启为户部右侍郎。然而,高启是个正直坦荡、自在惯了的人,他看不惯同僚们尔虞我诈的卑劣手段,忍受不了朝廷无穷无尽的叩头礼拜,更反感朱元璋忌刻寡恩,设锦衣卫,密布文网,监督臣下,杀戮功臣的行为。高启实在不愿生活在这种令人窒息的政治环境中,就以"年少不敢担重任"的理由坚决推辞了。

这让朱元璋很下不来台。按照他的性格,恨不得立刻就砍了高启的脑袋。可是当时他忍了,还对高启赐金放还。

朱元璋认为高启不肯接受征召当官,是对自己不满,甚至认为他作诗讽刺自己。他抓住高启写的《题宫女图》:"小犬隔花空吠影,夜深宫禁有谁来?"这句诗,认为高启是讽刺自己好色。其实,这本是一首讽刺元顺帝宫闱隐私的诗,与朱元璋毫不相干,可他偏要对号入座,这可真冤枉了高启。在高启的诗中不仅找不到讽刺、挖苦朱元璋的字句,倒是有赞扬、称颂朱元璋的诗句。如《登金陵雨花台望大江》一诗中就有"我生幸逢圣人起南国,祸乱初平事休息。从今四海永为家,不用长江限南北"的诗句。该诗称朱元璋为"圣人",高启还由衷地赞颂他平定战乱,统一国家的功绩。

高启在《青丘子歌》中曾有"不闻龙虎苦战斗"等诗句,写的是朱元璋率军与元军、陈友谅、张士诚三方强敌"苦战斗"的事。然而,朱元璋却认为,高启在说风凉话。这真是"欲加之罪,何患无辞"。

其实,朱元璋最终杀掉高启的直接原因,是"平江攻击战"留在他心中的忌恨。平江即苏州。朱元璋的劲敌张士诚是苏州人,高启也是苏州人。当时和朱元璋争天下的人中,以张士诚的实力最为强大,他占据了北到通州,南至绍兴的大片地盘。朱元璋灭了陈友谅以后,集中力量攻打张士诚,先后攻占了通川、泰州、高邮、淮安、濠州、湖州、嘉兴和杭州,歼灭了张士

— 179 —

诚的大部分主力。张士诚只能退守老家平江。

张士诚明白，如果平江失守，他就无处可去了，于是决心拼死一搏。张士诚退守平江只干了一件事，那就是修城。平江城有葑门、虎丘门等八个城门，每个城门和城墙都用大块条石混合糯米砌成，城上设置有固定的弓弩位，攻城逼近城墙者，瞬间就会被射成刺猬。城内还存有大量粮食，足够守备数年。

朱元璋调动所有军队，在城外构筑长围，把平江城围得水泄不通，不要说人，连兔子也跑不出来。攻城前朱元璋的部下来询问主攻哪个门时，他气急败坏地大喊道："几十万军队，还要分哪个门主攻吗，都给我往死里打！"

朱元璋从至元二十七年（1367年）元月开始攻城，调动步兵、弓箭兵、炮兵协同作战，日夜不停地攻击城池。可是张士诚硬是要拼死一搏。就这样张士诚和他的士兵们竟然坚持了八个月。直到这年九月，平江才被攻陷。城破后，张士诚自缢身亡，朱元璋一肚子气没处出，都记在了平江人的身上。

明朝建立后，魏观担任了苏州知府。经过八个月的恶战，苏州城已是一片瓦砾，连府衙都没了。魏观选了张士诚宫殿旧址建设府治。古代平常人家盖房子上大梁时，都要摆上猪头祭神，点上炮竹驱鬼，建造苏州府衙，上梁时当然要有一篇像样的上梁文才行。于是魏观知府便把高启请来写了一篇《郡治上梁文》。这本是一件再平常不过的事情，朱元璋却当成把柄，将魏观、高启判了死罪。理由是：第一，魏观选在张士诚宫殿遗址修建知府治所，是为了怀念张士诚；第二，高启写的《上梁文》中，有"龙蟠虎踞"的字眼。朱元璋认为"龙蟠虎踞"只能是帝王所居，你高启把张士诚住过的地方称"龙蟠虎踞"，是另有"异图"。这两条理由，真让人匪夷所思。就算是张士诚有"罪"，难道他住过的地方也有罪吗？

一个被皇帝忌恨很久的诗人，迟早会走上绝路。尤其是高启这样一个性格高傲的诗人，又遇到残忍皇帝，就只有挨刀的份了。

高启走得很从容，他的学生吕勉曾回忆高启被押送南京时的情境："众汹惧丧魄，先生独不乱。临行在途吟哦不绝。有'枫桥北望草斑斑，十去行人九不还。自知清彻原无愧，盍请长江鉴此心'之句。"这是囚车行经枫桥时，高启在与故乡山河诀别之际，留下的《绝命诗》。

据有关史料记载，高启被行刑时，朱元璋亲自去监斩，这在历史上极为罕见。朱元璋大概是要亲眼看着这个不合作、不识抬举、不给面子的高傲诗人是怎样死去的。

高启是被腰斩的，当他被拦腰砍为两截以后，并没有立即死去，他匍匐在地的上半截身子，用手蘸着自己的鲜血，一连写了三个鲜红而又刺眼的大字："惨！惨！惨！"朱元璋看高启竟然"死不瞑目"，又命刽子手将高启大卸八块！

高启事件是明初文人不依附朝廷付出的代价，高启成了朱元璋杀鸡儆猴的牺牲品。嗜杀成瘾的朱元璋大兴文字狱，被他冤杀的绝不止高启一人。"明初诗文三大家""明初四杰"无一幸免，四杰中除高启被腰斩以外，杨基被莫名其妙地罚做苦工，死在工所。张羽被糊里糊涂地绑起来，扔到长江喂了鱼。徐贲因犒劳军队不及时，被下狱迫害致死。就连被朱元璋称为"开国文臣之首"的宋濂，因受孙子株连，以77岁高龄死于被贬途中。朱元璋的第一谋臣刘基（字伯温），在明建国四年时，看到国家统一，提出辞官，想学汉代张良，急流勇退，也未能如愿，最终被朱元璋毒死。

朱元璋在建国伊始,将最有影响的代表作家、诗人残酷杀害,是向那些不愿顺从他的士人发出的明确、冰冷的警告,所产生的直接后果,就是加速了明初士风、文风的转变,从此诗文创作陷于毫无生气的局面,于是以"三杨"为代表的"台阁体"盛行一时。一般追求利禄的文人,在未中进士前,致力于八股文,一旦得官,就模仿"台阁体"逢迎应酬。这种诗风竟然延续了一百多年。

　　明诗与唐宋诗词相比,不能"同日而语"。这是朱元璋对中国文化犯下的一大罪行,其损失是难以估量的。

57 戚继光的剑胆诗心

戚继光(1528—1588),字元敬,山东登州(今山东蓬莱)人,原籍河南卫辉。他的祖父戚祥,曾当过朱元璋的亲兵,洪武十四年(1381年)病逝,授世袭明威将军。《明史·戚继光传》说:"戚继光,字元敬,世登州卫指挥佥事。父景通,历官都指挥,署大宁都司,入为神机坐营,有操行。继光幼倜傥负奇气。家贫,好读书,通经史大义。"

戚继光出身于军人世家。父亲戚景通,品行很好。戚继光少年时倜傥洒脱,气度不凡,喜爱读书,小小年纪就通晓了经史要旨,更继承了良好的家风。《明史·戚继光传》中有记载,说他的父亲"有操行"绝不是虚的。戚继光从小就受到父亲的严格教诲。

有这样一件事,戚家的一位亲戚很喜爱聪慧伶俐的戚继光,特意给他做了一双丝鞋。戚继光很高兴地穿上了。父亲发现后严词训斥道:"你小小年纪就穿丝鞋,长大了必定会想穿好衣服、吃好饭、住好房,以后世袭当了军官,势必会贪污军饷,收人钱财,供自己享受。我绝不能让你从小养成骄奢的坏习惯!"戚继光听了父亲的训诫,立即脱下丝鞋,此后再也不讲究吃穿。

后来,戚继光的父亲得了重病,在弥留之际把戚继光叫到病床前,嘱咐道:"我没有钱财留给你,留给你的是国家的疆土,你长大后做个武将,要好好保卫国家!"戚继光在父亲临终前,按习俗把钱币放在父亲的衣袖里。戚景通瞪着眼睛说:"我一生廉洁,从不受人钱财,我死后,阎王爷也不会要我的钱!"说着把手一甩,将钱币全都抛在地上。父亲留给戚继光的崇高信念,伴随了他的一生。

戚继光像岳飞一样怀有精忠报国的雄心,也是文武全才的儒将。他武艺高强,精通兵法,写下了十八卷本《纪效新书》和十四卷本《练兵实纪》等兵书。他书法精良,还是著名的诗人,在他叱咤风云的一生中,经常用诗歌抒发自己的志向,留下许多感人的诗篇。

嘉靖二十三年(1544年),戚继光依例袭父职为登州卫指挥佥事。上任伊始,他就写下《韬钤深处》一诗:

小筑渐高枕,忧时旧有盟。呼樽来揖客,挥尘坐谈兵。
云护牙签满,星含宝剑横。封侯非我意,但愿海波平。

诗中抒发了为献身海防,保卫国家海波平静,海疆安全的志向。

戚继光在任登州卫期间,曾奉命巡视海上驻军,在到达文登山驻地时,写下了著名的《过文登营》一诗:

> 冉冉双幡度海涯,晓烟低护野人家。
> 谁将春色来残堞,独有天风送短笳。
> 水落尚存秦代石,潮来不见汉时槎。
> 遥知百国微茫外,未敢忘危负岁华。

诗歌以秦始皇东巡至文登山刻石纪功的史实和汉朝时海与天河相通的传说,借喻秦汉国力强大,慨叹昔盛今衰。诗中的"遥知"二句,是说自己知道在遥远迷茫的海外还有许多国家,因此不敢忘记国家安危而虚度年华,以此表达自己努力保卫祖国海疆的志愿。

说到戚继光,几乎无人不知他是抗倭民族英雄。倭寇之患从明初以来就一直存在。当时的日本正处于封建割据的南北朝时代。洪武二十五年(1392年),日本北朝统一全国,一些在战争中失败了的南朝封建主,就组织武士、商人和浪人到中国沿海地区进行武装走私和抢劫烧杀的海盗活动。他们中有一部分人流落海上,盘踞海岛,形成了具有不小的力量组织,称为"倭寇",日渐炽盛,不时侵扰中国沿海。

英宗正统以后,明朝政治腐败,海防松弛,倭寇气焰更加嚣张,侵扰日渐繁复。北起山东,南到福建,到处都受到倭寇劫掠。正统四年(1439年),倭寇侵扰浙江、台州等地,杀人放火,掘坟挖墓,甚至把婴儿绑在木杆上,用开水浇,看着婴儿啼哭,拍手笑乐。倭寇的罪行,给中国人民带来了极大痛苦和灾难。嘉靖时,倭寇更加猖獗,并与中国海盗相勾结,对中国沿海进行侵扰。从辽东、山东到广东漫长的海岸线上,岛寇倭夷,到处剽掠,沿海居民深受其害。

戚继光当了登州卫指挥佥事后,负责山东御倭兵事。嘉靖三十四年(1555年),戚继光被调到浙江,任参将,积极抗御倭寇。他看到卫所军队有不习战阵的弱点,恳请建立新军,获得内阁首辅张居正的支持。随后戚继光亲赴俗称"剽悍"的浙江义乌招募农民和矿工,组织起一支三千多人的新军进行训练。他治军有方,"教以击刺法,长短兵选用"(《明史》),还排练了自己创制的鸳鸯阵法,并教育将士要杀贼保民。由于新军将士英勇善战,屡立战功,被誉为"戚家军"。

戚继光在平倭战斗中总是身先士卒,英勇杀敌。嘉靖三十五年(1556年)七月,一伙骄悍的倭寇偷袭浙江龙山所明朝军营得手,形势十分危急。这时,军营中一员将领飞身跳上高石,连发三箭,三名倭寇头目应声倒地。战场的形势由此骤变,余寇不敢恋战,仓皇逃窜。这位将领就是戚继光。

嘉靖三十八年(1559年)五月,三千多名倭寇夜袭海明卫。当守卫发现时,倭寇已经爬上城墙,眼看海门卫将失守,戚继光又一次率先手持双剑,冒雨冲上城头。军士们见了大呼:"主帅亲自冲上去了!"众将士随即冲上城头,将偷袭的倭寇杀退。

嘉靖四十一年(1562年)十月,明军在福建牛田遇上了彪悍的倭寇双剑谭部。倭寇来势凶猛,明军的阵脚竟被冲乱。在这关键时刻,又是戚继光横刀勒马,大声疾呼:"大敌已经被消灭了,难道还怕这股小孽种吗?我即斩其头目!"他纵马冲入敌阵,众将士合力拼杀,将这部倭寇大部歼灭。

由于戚继光屡建奇功，倭寇称他为"戚老虎"，只要听说"戚老虎"来了，倭寇个个惊恐万分，望风逃窜。

嘉靖四十年，倭寇焚掠浙东，戚继光率军在龙山大败倭寇，扫平浙东。次年，他率六千精兵援闽，捣破倭寇在横屿（今宁德东北）的老巢。嘉靖四十二年再援福建，升总兵官，与刘显、俞大猷分三路进攻平海卫（兴化城东）倭寇，"斩首级二千二百"。次年春，戚继光等相继败倭寇于仙游城下，平定了福建倭患，嘉靖四十四年他又与俞大猷会师，歼灭了广东的倭寇，从此东南沿海倭患完全解除。

东南倭患刚平，北方的蒙古俺答部又大举进犯，一连攻占了数州，屠杀百姓数万。于是朝廷特旨急令戚继光北上御敌。戚继光接旨后立即率军北上。行军途中写下了《马上作》：

南北驱驰报主情，江花边月笑平生。

一年三百六十日，多是横戈马上行。

戚继光奉诏星夜北上御敌，在驻守蓟镇期间，修建边墙，整顿营伍，加强训练，击退了蒙古族的多次袭扰，先后取得了青山口之捷、挈子古之捷、桃林之捷和窟窿台之捷。蒙古族的嚣张气焰遭到沉重打击，不得不"攒刀设誓"不敢再犯。此后数十年间，北方广大百姓得以安居乐业，不再受兵刀之苦。戚继光曾写下《部兵戍蓟》一诗，记述了这一段戎马生涯：

叱马过幽州，横行北海头。朔风喧露鼓，飞电激蛇矛。

奋臂千山振，英声百战留。天威扬万里，不必侈封侯。

戚继光镇守蓟州时的另一大功绩是整修、加固了长城。明朝为加强北方防务，将长城沿线划分为九个防御区，分别驻有重兵，称之为九边或九镇，每镇均设有总兵官管辖。戚继光为蓟镇总兵官。蓟镇东起山海关，西至居庸关，拱卫京师，是九镇中最重要的一镇。蓟镇长城修建于明朝初期，戚继光巡行塞上，经过仔细考察，发现这些边墙不仅低薄，而且颓废较多，根本无法阻遏蒙古人的武装袭击。于是他上疏言道："蓟镇边垣，延袤二千里，一瑕则百坚皆瑕。比来岁修岁圮，徒费无益。请跨墙为台，睥睨四达。台高五丈，虚中为三层，台宿百人，铠仗糗粮具备。令戍卒画地受工，先建千二百座。"

戚继光当时得到张居正的倚重，朝廷批准了他的奏议。于是，自隆庆三年起，戚继光开始了艰巨的修墙、筑台工程。他亲自监工，对工程质量要求极为严格，严禁任何偷工减料现象。他将城墙分为一、二、三等，双侧包砖城墙为一等边墙，单侧包砖城墙为二等边墙，石城为三等边墙，要冲地段一律包砖，在城墙垛口下的宇墙上按一定的距离及地势设置了望孔、射孔，有些地段在外侧城墙筑有雷石凹槽溜道，随着地势蜿蜒起伏，修建空心敌台、烽火台、关城等建筑，高下、疏密相间，蔚为壮观，大大加强了防卫能力。我们现在看到的北京北郊的长城，正是在戚继光主持下，经过十几年的艰苦努力建成的。

戚继光在蓟州十六年，一边加固长城，一边整顿屯田，训练军队，制订车、步、骑配合作战的战术，形成墙、台、堑密切联络的防御体系，多次击退侵扰之敌，军威大振，保蓟门平静。这十几年时间，他为明朝长城防御体系的最终完善以及抵制蒙古族入侵，做出了不可磨灭的贡献，时人赞誉他"足称振古之名将，无愧万里之长城"。

戚继光戎马一生，不怕死、不贪财、不图名，为平倭、保北疆屡立战功。然而，这位著名的爱国名将、民族英雄,虽在战场上威风凛凛,所向披靡,但在官场上却不是奸佞小人的对手,屡遭弹劾,晚景凄凉。

万历十一年(1583年),张居正去世,次年戚继光就被谗免职,改调广东。他以垂暮之年,拖着伤病之身,奉命南行。途中戚继光写了一首《病中偶成其三》,反映了他惆怅悲凉的心情:

　　　　风尘已老塞门臣,欲向君王乞此身。
　　　　一夜零霜侵短鬓,明朝不是镜中人。

戚继光到广东半年,上疏请辞归里,得到批准,总算是活着回到了故乡蓬莱。无辜被谗,戚继光内心已十分悲苦,后来,他的妻子王氏又离他而去,晚境更为凄惨。在人生的最后岁月里,戚继光挂念的是什么呢?他用诗句作了回答:"遐方但愿无烽火,烟柳年年系去骢。"他心里牵挂的仍然是国家太平,永息烽烟。

万历十五年(1587年)腊月,60岁的戚继光病逝。这位驰骋南北,身经百战,名重三朝,官至总督的将帅,临终时却是"野无成田,囊无宿金,唯集书数千卷而已",家徒四壁,医药不备。

历代诗人轶事

58 纳兰容若的"友"与"情"

他出身贵族,却自称是"人间惆怅客",词中写满愁苦哀怨。

他身居豪门,却"寻思起,从头翻悔",超脱于世俗之外。

他有绝世才华,却英年早逝。

他就是清代"国初第一词手",被王国维赞为"北宋以来,一人而已"的纳兰容若。

纳兰性德(1655—1685),叶赫那拉氏,字容若,号楞伽山人,满洲正黄旗人。原名纳兰成德,因避讳太子保成的名字改名纳兰性德。他的家族显赫,曾祖父金台吉是叶赫部贝勒,曾祖姑母孟古格格是皇太极生母,父亲纳兰明珠是大学士。母亲是皇族爱新觉罗氏、英亲王阿济格的第五女,他本人又是康熙皇帝的表弟。

明崇祯十七年(1644年),李自成攻入北京,崇祯吊死煤山(今北京景山公园),明朝灭亡。然而,清军在降将吴三桂的引导下入关,镇压了李自成领导的农民起义,建立了清朝。当时民族矛盾十分激烈,人民反清斗争此起彼伏。兽性大发的清兵,在山东、江南等地大肆屠杀。"扬州十日"杀百姓80余万,"嘉定三屠",老百姓尸骨"撑天",成为人民反清最惨痛的历史。

"然而刀枪历来杀不死文化。"(刘小川《品中国文人》)秦国灭了楚国,而"楚辞"却成为中华民族光辉灿烂的诗篇;赵匡胤灭了南唐,可李煜的词连宋朝皇宫里的人都在传唱。纳兰容若是征服者的后代,却被优秀的汉文化所折服。

纳兰容若虽然出身豪门,却说不上有好的家教。他的父亲纳兰明珠掌握大权几十年,翻云覆雨,嗜杀贪婪,搜刮民脂民膏,不顾百姓死活,是有名的贪官酷吏。他的母亲也残忍成性。纳兰明珠夫妇善于伪装,绝不会在儿子面前露出自己的本来面目。

纳兰容若自幼饱读诗书,曾先后拜徐乾学、顾贞观、陈维崧三位汉族学者为老师。他十七岁入国子监,十八岁考中举人,而且文武兼修,次年成为贡士。后因病错过殿试。康熙十五年(1676年)补殿试,他考中第二甲第七名,被赐进士出身。

纳兰容若曾在徐乾学老师指导下,于两年中主持编纂了儒学汇编——《通志堂经解》1860卷。他还把自己熟读经史的见闻、感悟整理成文,编成四卷《渌水亭杂识》,当中包含历史、地理、天文、历算、佛学、音乐、文学、考证等知识,表现出相当广博的学识和爱好。康熙爱其才,把他留在身边授三等侍卫,不久又晋升为一等侍卫,多次随康熙出巡。他还曾奉旨出使梭龙,考察沙俄侵边情况。

纳兰容若作为当朝重臣纳兰明珠的长子,又是皇帝身边的一等侍卫,随皇帝南巡北狩,奉命参与重要的战略侦察,还与皇上唱和诗词,译制著述,因称圣意,多次受到恩赏。他成为人们羡慕的年少英才,前途无量。

然而,作为诗文艺术奇才的纳兰容若,似乎并不看重这些。他淡泊名利,内心深处厌恶官场的庸俗虚伪,"身在高门广夏,常有山泽鱼鸟之思"。纳兰容若虽懂骑射、好读书,却并不能在一等侍卫的御前职位上挥洒满腔热情。

纳兰容若酷爱诗词。他的词以"真"取胜,写景逼真传神,抒情直抒胸臆,清丽婉约,哀怨忧伤,情真韵远。著有《侧帽集》《饮水词》等词集。

纳兰容若一生珍视友情和爱情。《侧帽集》是他写友情或与朋友唱和的词集。"侧帽"一词始于南北朝,当时有个美男子独孤信,喜欢歪戴帽子,以显示风度,有不少人效仿,一时成为风气。在清初不肯做汉奸的一流文人大都狂放、不俗,"皆一时俊异,于世所称落落难合者"。纳兰容若喜欢交汉人文士,他就把写与这些朋友交往、唱和的词集称作《侧帽集》。

纳兰容若和这些人交往,往往一见如故。如顾贞观、徐乾学、严绳孙、朱彝尊、陈维崧、姜宸英等。纳兰容若经常和这些朋友在秋水轩唱和,在自家中的渌水亭(今宋庆龄故居内恩波亭)雅集。这成为他生活中的一件大事,忙得颠颠的,却十分快活。他曾为此写下《采桑子》一词:

明月多情应笑我,笑我如今,辜负春心,独自闲行独自吟。

近来怕说当时事,结遍兰襟,月浅灯深,梦里云归何处寻。

"结遍兰襟"是说交了许多知己朋友,纳兰容若"在贵不骄,处富能贫",在他短暂的一生中,确实交了不少志同道合的朋友。词中的"结遍兰襟"绝不是夸张之词。

纳兰容若对朋友极为真诚,不仅仗义疏财,敬重他们的品格和才华,而且在朋友遇到危难时,也能出手相救。纳兰容若的老师顾贞观也是一条汉子,"敢为遭诬陷下狱的吴兆骞两肋插刀"(刘小川《品中国文人》)。

吴兆骞是顺治十四年(1657年)举人。因当年江南科考案受牵连,遭到诬陷,被远戍古塔(今黑龙江宁安市),与顾贞观经常有书信往来和诗词唱和。纳兰容若给顾贞观当学生时,老师常给他讲吴兆骞的事迹,也常把吴兆骞从塞外寄来的诗词让纳兰容若看。纳兰容若从小就对吴兆骞非常敬仰,甚至是思念若渴。

纳兰容若后来当了康熙的一等侍卫。有一次顾贞观把吴兆骞从塞外寄来的信让纳兰容若看,信中有一首词:

季子平安否?便归来平生万事,那堪回首?行路悠悠谁慰藉?母老家贫子幼。记不起从前杯酒。魑魅搏人应见惯,总输他覆雨翻云手。冰与雪,周旋久。

泪痕莫滴牛衣透。数天涯依然骨肉,几家能够?比似红颜多薄命,更不如今还有。谅绝塞苦寒难受。廿载包胥曾一诺,盼乌头马角终相救。置此礼,兄怀袖。

纳兰容若读完已是泪流满面,当即向老师承诺,一定设法把吴兆骞救回来。不过,也要等待时机。

康熙二十一年(1682年),康熙诏遣侍臣致祭长白山。长白山离吴兆骞流放的宁古塔很近,纳兰容若觉得机会来了,于是做好准备。当康熙来到长白山时,纳兰容若将准备好的吴兆骞写的《长白山赋》,献给了康熙。康熙读后觉得这篇赋辞藻极其壮丽,不禁为之动容,问是谁写的。纳兰容若回答:"这是著名诗人吴兆骞所写,此人就流放在长白山。望皇上开恩赦免他!"康熙沉吟了一下说:"可以,但须有人出钱将其赎回。"见康熙答应了,纳兰容若非常高兴,钱对他来说不是难事。回京后他和徐乾学、宋德宜、顾贞观等人很快凑齐了钱,终于将吴兆骞从长白山迎接回来。

吴兆骞回京时,徐乾学特在自己家中为他设宴洗尘,京中的许多文士都到了。席间徐乾学为吴兆骞写了一首诗,受到大家的赞赏。纳兰容若读后也很感动,随即和了徐乾学一首七律《喜吴汉槎归自关外,次座主徐先生韵》:

才人今喜入榆关,回首秋笳冰雪间。
玄菟漫闻多白雁,黄尘空自老朱颜。
星沉渤海无人见,枫落吴江有梦还。
不信归来真半百,虎头每语泪潸潸。

"玄菟漫闻多白雁,黄尘空自老朱颜"是对吴兆骞23年流放生活的生动写照。"星沉渤海无人见,枫落吴江有梦还"是写自己对朋友的深切思念。吴兆骞一贫如洗,边地的流放生活极大地损害了他的健康。纳兰容若为照顾吴兆骞,就把他留在了自己府中。吴兆骞回归后第三年离开了人世,纳兰容若为他料理了后事。纳兰容若救助朋友的义举在当时广为流传。

说到爱情,纳兰容若的一生有三段恋情,初恋是他的表妹,两人青梅竹马,两小无猜。可是,就在纳兰容若准备迎娶她时,按照满人的规矩,表妹被选入宫做了秀女。纳兰容若为思念表妹写了不少词,如下面的《采桑子》:

彤霞久绝飞琼字,人在谁边,人在谁边,今夜玉清眠不眠?
香销被冷残灯灭,静数秋天,静数秋天,又误心期到下弦。

词中上阕的"飞琼字"指仙女的书信,比喻表妹的音讯。下阕"静数秋天"是写自己无尽又无望的思念。这首词写尽了相守之苦,思念之苦,离别之苦。然而一墙之隔,成为天河,从此两人被天长地久地分隔开来。

康熙十三年(1674年),纳兰容若与两广总督卢兴祖之女卢氏成婚。卢氏饱读诗书,又爱抚琴,而且有一颗纯真的童心,婚后两人成了情投意合的知音。纳兰容若曾过写一首《浣溪沙》:

谁念西风独自凉,萧萧黄叶闭疏窗。沉思往事细思量。
被酒莫惊春睡重,赌书消得泼茶香。当时只道是寻常。

词中表面上写的是李清照与丈夫赵明诚"赌书泼茶"的故事,其中却暗含了与妻子志趣相投,恩爱甜蜜的生活情趣。然而好景不长,后来卢氏怀孕,纳兰容若虽对妻子照顾得无微不至,谁料卢氏竟难产去世。两人结婚才三年,纳兰容若痛不欲生,简直要随妻子而去。悼亡词一首接着一首,且看下面的《画堂春》:

一生一代一双人,争教两处销魂。相思相望不相亲,天为谁春?
浆向蓝桥易乞,药成碧海难奔。若容相访饮牛津,相对忘贫。

此词一反纳兰词委婉含蓄的风格,劈头"一生一代一双人,争教两处销魂"简直是向苍天控诉:本来是情投意合的一双人,为什么非叫两处销魂?既然相亲相爱的人不能长相守,老天为什么还安排春天?纳兰容若的指天怒问真的是情何以堪,让人叹息。

再看他的《浣溪沙》:

　　肯把离情容易看,要从容易见艰难,难抛往事一般般。

　　今夜灯前形共影,枕函虚置翠衾单,更无人与共春寒。

细碎的往事想要抛开,却实在太难。"今夜灯前形共影",词人仿佛做了一场梦,一旦醒来,已不是梦中的样子。孤窗明月,清冷难耐。从此以后再也没有人为他深夜挑灯,再也没人牵挂他在外的脚步。读了这首句句愁情,字字哀婉的悼亡词,使人不禁想起苏轼悼念妻子王弗的词句"十年生死两茫茫,不思量,自难忘"。真是"三年卢氏,百年牵魂"(刘小川《品中国文人》)。

后来纳兰容若续娶了官氏,但官氏无法取代卢氏在他心中的位置。几年以后,他的好朋友顾贞观看纳兰容若整天闷闷不乐,为他牵线结识了江南才女沈宛。沈宛琴棋书画、诗词歌赋样样精通,而且和纳兰容若情投意合,和他一起从江南回到了北京,这年纳兰容若30岁。

然而,按照清朝的祖训满汉不能通婚,沈宛顶多当一个小妾。性格刚烈的沈宛,怎肯低头为妾?半年以后,沈宛返回了江南,纳兰容若为此写下《采桑子》一词:

　　而今才道当时错,心绪凄迷,红泪偷垂,满眼春风百事非。

　　情知此后来无计,强说欢期,一别如斯,落尽梨花月又西。

沈宛的离去对纳兰容若又是一次无情的打击。几个月后纳兰容若得了一种怪病,连康熙派来的御医都束手无策,最终撒手人寰。这天正好是卢氏的忌日。

纳兰容若去世后,他年迈的父亲纳兰明珠翻看儿子的词集,触目皆是愁、泪、怨、恨,不禁扼腕叹息:"你什么都有了,为何还这样不快?"他根本不理解儿子,永远找不到答案。

纳兰容若与《红楼梦》作者曹雪芹,还有些渊源。他们无论个人品格、才情,还是家族的历史、遭遇,都有很多相似之处。纳兰容若与曹雪芹的祖父曹寅都是大内侍卫,属于同事,曾有过诗词唱和。所以,当和珅给乾隆呈上《红楼梦》,乾隆读后就说:"此盖为明珠家事作也。"一句话把纳兰容若与《红楼梦》中的贾宝玉联系了起来。

纳兰容若走了,好在他留下了许多脍炙人口的词:

木兰词·拟古决绝词柬友

　　人生若只如初见,何事秋风悲画扇。

　　等闲变却故人心,却道故人心易变。

长相思

　　山一程,水一程,身向榆关那畔行,夜深千帐灯。

　　风一更,雪一更,聒碎乡心梦不成,故园无此声。

浣溪沙

　　残雪凝辉冷画屏,落梅横笛已三更。更无人处月胧明。

　　我是人间惆怅客,知君何事泪纵横。断肠声里忆平生。

临江仙·寒柳

　　飞絮飞花何处是,层冰积雪摧残,疏疏一树五更寒。爱他明月好,憔悴也相关。

最是繁丝摇落后,转教人忆春山。湔裙梦断续应难。西风多少恨,吹不散眉弯。

金缕曲·赠梁汾(顾贞观)

德也狂生耳!偶然间、淄尘京国,乌衣门第。有酒惟浇赵州土,谁会成生此意?不信道、遂成知己。青眼高歌俱未老,向尊前、拭尽英雄泪。君不见,月如水。

共君此夜须沉醉。且由他、娥眉谣诼,古今同忌。身世悠悠何足问,冷笑置之而已!寻思起、从头翻悔。一日心期千劫在,后身缘、恐结他生里。然诺重,君须记。

《纳兰词》现存348首,在当时就享有盛誉,得到文人学士的高度评价。时人云:"家家争唱《饮水词》,纳兰心事几人知?"他的词不但享誉清代词坛,在中国文学史上也占有重要的一席之地。

59　对联高手纪晓岚

对联，雅称"楹联"，俗称"对子"。周汝昌先生说："'对联'是我们华夏民族的一种'独门'的文化现象和文学形式"，它不仅在中国文化宝库中占有一定的地位，而且在世界文学艺术殿堂上，也散漫着奇光异彩。

这种独门艺术之所以历千年而不衰，是因为它受到亿万人民的喜爱，而且有实用价值。过春节家家户户要贴春联，结婚要贴喜联，搬家要贴迁居联，祝寿要送寿联，人去世了要送挽联，一些重要的活动，也要悬挂相应的对联。可以说，贴对联已经成为一种人们喜闻乐见的风俗，更成为瑰奇的"全民性文艺活动"。

对联的历史可上溯到秦代。当时人们过年，要在门上挂"桃符"，即在两块红色的桃木板上各写"神荼""郁垒"二字，或画上这两位大神的图像，叫作"门神"，可以镇邪驱鬼，祈福纳祥。最早的手写春联是五代后蜀国主孟昶的自题桃符诗，"新年纳余庆，嘉节号长春"。到了宋代，手写春联更加普及。王安石的《元日》诗就说："千门万户曈曈日，总把新桃换旧符"。而且在宋元时期，宫廷、官府、寺庙出现了镌刻在木柱上的对联，人们把这种对联又称为"楹联"。

明代皇帝朱元璋，有次过年下了一道圣旨，要求家家户户都在门上加春联一副。所以清代陈云瞻在《簪云楼杂话》里说："春联之设，自明太祖始，帝都金陵，除夕传旨，公卿士庶门上，须加春联一副。"这样一来，过年贴春联的习俗就更加普及，纸写春联逐渐取代了"桃符"。

到了清代康乾年间，对联艺术更加盛行，内容涉及面更广，口对笔题，俯拾皆是，而且名流云集，高手不穷。出现在乾隆时期的纪晓岚就是有名的对联高手。

纪昀（1724—1805），字晓岚，一字春帆，晚号石云，直隶献县（今河北沧州市）人。清代文学家、诗人，历官左都御史，兵部、礼部尚书，曾任《四库全书》总纂修官。

纪晓岚天资聪颖，上私塾时，读书便过目不忘，才思极为敏捷，不仅能诗、能文，尤长于联语对句。旧时的私塾，学童除了读书作文以外，还有一门必修课"对对子"，而且有教材——《笠翁对韵》。教材按韵部编写，每一韵部有几十副对联，三十个"韵部"，有近千副对联。如"一东"部开头就是："天对地，雨对风，大陆对长空。山花对海树，赤日对苍穹。雷隐隐，雾蒙蒙，日下对天中。风高秋月白，雨霁晚霞红。牛女二星河左右，参商两曜斗西东。十月塞边，飒飒寒霜惊戍旅；三冬江上，漫漫朔雪冷鱼翁。"学童平时要读背，老师上课往往出上联，

— 191 —

让学生对下联。

有一天上对联课,调皮的纪晓岚把一只小黄鸟带到学堂去玩,正玩得起劲,老师来了。这位老师姓施,平时很严厉。纪晓岚赶紧把小黄鸟藏在靠墙的一块砖后面,可还是被老师看见了。老师也不作声,便开始上课。施老师边讲课边走到墙边,突然踢了一脚砖头,把小黄鸟挤死了,还吟了一句:

细羽家禽砖后死

纪晓岚见了既心痛又生气,忽然灵机一动站起来说:"老师,我来给您对下联,可以吗?"老师说:"当然可以。"纪晓岚说:"您的上联是'细羽家禽砖后死',有'细'必有'粗',有'羽'必有'毛',有'家'必有'野',有'禽'必有'兽',您的'砖'我对'石','后'我对'先','死'我对'生'。所以,我的下联是'粗毛野兽石先生',请老师指教!"施老师听了,知道纪晓岚用谐音骂自己,可是又挑不出"对句"中的毛病,气得拂袖而去。

有一天,纪晓岚和几个小伙伴在官道上踢球玩。这时,河间太守的轿子过来了,小孩们踢的球恰巧飞进了轿子,太守的衙役厉声呵斥,吓得一帮小孩四散而逃,只有纪晓岚没跑。他先上前施礼问好,又请太守把球还给他。太守看这小孩活泼机灵,心中喜欢,就把手中的球晃了晃说:"好吧,我给你出一上联,你若能对得出,就把球还给你。"纪晓岚笑着答道:"请大人出联。"太守说道:"童子六七人,惟汝狡。"纪晓岚脱口而出:"太守两千石,独公……"最后一字却迟迟不说出口。太守追问道:"独公怎样?"纪晓岚笑答:"太守大人如果把球还给我,就是:'独公廉',假如不还……""不还怎样?""那便是'独公贪'啦!"太守闻言,哈哈大笑,心想这孩子聪慧胆大,将来必成大器,心中高兴,便将球还给了纪晓岚。

时光飞逝,纪晓岚在后来的童试、县试、府试、科试中连战连捷,二十四岁应顺天府乡试,高中解元。但乾隆十五年,纪晓岚的生母张氏去世,纪晓岚因服母丧,错过了两次参加会试的机会。直到三十一岁时,纪晓岚才考上了进士,被选为庶吉士,入翰林院,从此开始了仕途生涯。

纪晓岚入了翰林院,自然春风得意。他虽不善交际,但也常到几位前辈府上行走。在他们的指导下,纪晓岚学问日长,阅历渐深。纪晓岚和刘墉等几位文友也经常聚会,集诗对句。

一天,各位文友又在刘墉家聚会。刘墉想起了一件事,对大家说道:"大栅栏的一家剃头店掌柜,前日到我府上请题匾额,我为他写了'整容堂'三字,却一时没有想出好的对联,烦劳诸位兄台代为撰述。"刘墉话声刚落,纪晓岚便答道:"石庵兄,我有一成联语:'虽然毫发技艺,却是顶上功夫',是否可应付?"大家听了,齐声叫好。这时,又一个人说道:"我也有一联,作为剃头店的门联也使得。此联便是'不教白发催人老,更喜春风满面生'。"大家也很欣赏这副联语。刘墉正想该采用哪一联时,纪晓岚又道出一联:"到来尽是弹冠客,此去应无搔首人。"众人都觉此联甚妙,于是刘墉提笔写了下来。纪晓岚脱口对句一时传为佳话,在朝中也才名远扬。

乾隆也喜欢写诗、对句。他很欣赏纪晓岚的才思敏捷,更喜欢他诙谐幽默的性格。所以,爱出游的乾隆常让纪晓岚伴驾出行,留下了不少君臣巧妙对句的故事。

有一次纪晓岚随乾隆出游,一天,君臣面对实物做起对句游戏来。乾隆说:"两碟豆。"纪晓岚对道:"一瓯油。"乾隆改口说:"我说的是'两蝶斗'。"纪晓岚应对道:"我说的是'一鸥游'。"乾隆又说："我念的是'林间两蝶斗'。"纪晓岚马上对道：我念的是"'水上一鸥游'。"说罢，二人不由大笑起来。

又有一次，乾隆和纪晓岚在池边赏景，乾隆看着池中的莲藕，说道："池中莲苞攥红拳，打谁？"纪晓岚指着岸边的蓖麻答道："岸上麻叶伸绿掌，要啥？"乾隆与才子纪晓岚对句的场面，成了趣闻佳话，也显现了君臣关系的和谐、幽默。

乾隆五十年（1785年），也是乾隆七十周岁。乾隆寿诞这天在乾清宫举办千叟宴，赴宴的有三千九百位老人，其中有一老人当众声称已一百四十一岁高龄，使得在场人们十分惊诧，更引起了乾隆的注意。且不说年龄有点夸大，更让人费解的是，为什么不说101岁，111岁，121岁，偏说141岁呢？原来当年正是清朝入主中原141年。这位老者说自己141岁，不仅与清朝开国同年，还隐含了庆贺清朝国庆的意思，难怪引起了乾隆的关注。乾隆以一百四十一岁为内容，出了一句上联：

花甲重逢，再加三七岁月

我国古代纪年，六十岁为一花甲，两个花甲是一百二十岁，再加三七二十一岁，恰好一百四十一岁。

晓岚略加思索，就对出了下联：

古稀双庆，更多一度春秋

我国俗语有"人生七十古来稀"的说法，所以，古稀即七十岁，两个古稀是一百四十岁，再加一度春秋（一岁），也恰好是一百四十一岁。纪晓岚对得很机智，没有一字不熨帖，可谓妙对。

纪晓岚还以对联的形式出过灯谜。有一年元宵节，皇宫里张灯结彩，举行猜灯谜活动。乾隆带领群臣一起猜灯谜取乐，他们走到一个大彩灯前，上面是纪晓岚用对联写的一则灯谜：

黑不是，白不是，红黄更不是；和狐狼猫兔仿佛，既非家畜，又非野兽；

诗也有，词也有，论语上也有；对东南西北模糊，虽为短品，也是妙文。

乾隆和大臣们连读了几遍都猜不出来。乾隆回头对纪晓岚说："这灯谜是你编的，乱七八糟的。谜底是什么呀？"纪晓岚笑着说："常用的颜色是红黄蓝白黑，其中的蓝色又叫青色，青出于蓝而胜于蓝嘛。所以，上联前半句是个'青'字。后半句是个'犬'，犬是人家里常养的，但不属于家畜，更不是野兽了。所以，上联'青'字加反犬旁就是'猜'字。下联前半句'诗''词''论语'都有言字旁。下半句'对东西南北模糊'就是'迷'，加上言字旁就是谜语的'谜'字。'谜语'虽短也是妙文呀！上下联合起来，谜底就是'猜谜'。"乾隆和大臣们听后都笑了，连说："有意思，有意思！"

纪晓岚陪乾隆出行时发生的一些小事，也可看出他学识渊博，聪明机智。有一次乾隆出行，走在街上，突然指着一物问："这是什么？"随从的官员一看，是个竹篮子，但不知皇帝的葫芦里装的什么药，谁也不敢开口。纪晓岚却随口答道："是个竹篮子。"

乾隆又问："它有什么用处？"

纪晓岚答道："能装东西。"

乾隆接着问："为什么不能装'南北'呢？"

纪晓岚答："'南北'不能装。"

乾隆紧追不舍："那'东西'怎么能装进篮子里？"

纪晓岚看乾隆有意为难，略一沉吟，想到了中国的"五行"学说，就回答道："按照'五行'学说，东方为甲乙木，南方为丙丁火，中央是戊己土，西方为庚辛金，北方为壬癸水。所以，南北代表"火"和"水"，竹篮子自然不能装；东西代表"木"和"金"，竹篮子当然能装了。"乾隆听了，不得不佩服纪晓岚的学识和机智。

还有一次，乾隆来到纪晓岚家里，看到他正在练字，就把手中的纸扇递给他，让他在扇面上题一首诗。纪晓岚接过扇子，看到上面画的有山有水，有花有柳，就写下了王之涣的《凉州词》。乾隆接过来一看，只见字写得龙飞凤舞，大加赞赏。可是仔细一看，扇面上的字是"黄河远上白云　一片孤城万仞山　羌笛何须怨杨柳　春风不度玉门关"，比原诗少了个"间"字，于是生气地说："大胆纪晓岚，你怎么故意漏字欺骗朕！"说着把扇子扔给了纪晓岚。

纪晓岚拿起扇子一看，果然漏了个"间"字，见皇帝发怒，也慌了神。他看着扇面想了想说："万岁息怒！我写的不是王之涣的诗，而是略加改动，写成了一首词。"接着，朗诵道："'黄河远上，白云一片，孤城万仞山。羌笛何须怨，杨柳春风，不度玉门关。'词是长短句，该这样念才是。"乾隆一听，说的也有道理，就满意地走了。

古时是没有标点的，纪晓岚把漏字的诗，改了一下句读，就成了一首词，也使自己化险为夷。我们不得不佩服纪晓岚的机智。

纪晓岚天赋很好，但是仅靠聪明是不够的，还需要平时刻苦努力。纪晓岚之所以能应答如流，全仗他平时勤学苦练。有这样一件事：纪晓岚中进士那年，见京城当铺林立，随口吟出一句上联"东当铺，西当铺，东西当铺当东西"，但苦苦思索也想不出下联。几个月以后，他奉命赴通州当主考官，见通州有南北之分，灵机一闪，终于想出了下联："南通州，北通州，南北通州通南北。"

俗话说，"处处留心皆学问"。这话很有道理。纪晓岚曾写了一副"自题联"勉励自己："过如秋草芟难尽，学似春冰积不高。"纪晓岚就是这样一个处处留心，勤学不辍的人。

纪晓岚很聪明，但他并不趋炎附势。乾隆帝晚年，宠信大贪官和珅。一时间，和珅位高权重，几乎能一手遮天。而朝廷内外大小官吏，也大多逢迎奉承，奔走门下。纪晓岚却始终保持清廉正直的品格，决不与他们同流合污，有时还借机讽刺和珅。

有一年，和珅新造了一座府邸，在花园中建了一座凉亭，要在亭上镶一匾额。他知道纪晓岚是文章圣手，便求他为之题写。纪晓岚看不惯和珅的所作所为，见他这次有求于自己，便想暗中嘲弄他一下，让这位目中无人的权贵不要太张狂了。于是纪晓岚谦和地接待了和珅，又郑重其事地为和珅题写了两个大字"竹苞"。"竹苞"二字，本是《诗经·小雅·斯干》中的词语，其原句是"如竹苞矣，如松茂矣"。人们常以"竹苞松茂"颂扬华屋落成，家族兴旺。和珅也知道"竹苞"出自《诗经》，便兴致勃勃地拿回府去，制成金匾，端端正正挂在亭上。

一天，乾隆想起和珅新盖的府邸，便来和府参观。到了花园，乾隆看见亭上的匾额，便问和珅是何人所书。和珅告知后，乾隆哈哈大笑，说道："是啊，也只有纪晓岚才能想出这个词儿来……"和珅见皇上笑得古怪，问皇上为什么发笑。乾隆笑而不答。在场的刘墉说："依鄙人之见,这是纪从在和你开玩笑!"和珅追问:"什么玩笑?"刘墉笑道:"你把'竹苞'二字拆开来看,岂不是'个个草包'吗?"和珅这才恍然大悟,心中又羞又恼,虽然当众不便发作,但心中恨得咬牙切齿,决心要报此仇。

果然,后来和珅几次进谗言,参奏纪晓岚。但纪晓岚也是乾隆的爱臣,乾隆见只是一些鸡毛蒜皮的小事,便劝慰和珅一番了事。然而和珅怎肯善罢甘休!

在乾隆三十三年,发生了"两淮盐引案"。这是乾隆时期著名的大案之一,其株连之众,史所罕见。纪晓岚的亲戚原任盐运使卢见曾也牵连在内。和珅得知后,心中暗自得意,觉得找到了报复的机会。于是,罗织罪名,状告纪晓岚泄露查盐机密,要将其置于死地,最终纪晓岚被贬谪到乌鲁木齐。

嘉庆十年(1805年),纪晓岚受了风寒,从此一病不起。二月十四日,昏睡了一天的纪晓岚,醒来后精神有所好转,儿子、儿媳赶忙送来了莲子羹。纪晓岚喝了一小半,摇头示意不喝了,用微弱的声音说:"我想了一个对子,你们对对吧!"接着,就吟出一句"莲(怜)子心中苦。"儿子、儿媳哪有心思对对联,只是低头不语。纪晓岚此时又用更低的声音说道:"何不对……对……,梨(离)儿……腹……内……酸……"说罢,他就闭上了双眼。一代文豪、对联高手纪晓岚,在对出最后一副"谐音联"后,魂归天上。

历代诗人轶事

60　林则徐——以诗联书写人生

林则徐(1785—1850),字少穆,福建侯官人。在中国许多历史名人中,林则徐具有特殊的地位。他是一位关心国计民生,并有实际施政能力的政治家。在他为官的40年中,最大的功绩是领导了中国历史上轰轰烈烈的禁烟运动——虎门销烟,指挥了抗英斗争,维护了国家主权和民族尊严,成为中国近代史上第一位民族英雄。同时,他又是近代中国开眼看世界的第一人,组织编译了《四洲志》等外文书籍,开创了中国近代学习、研究西方的风气,是中国近代维新思想的先驱。

林则徐曾在朝中和地方担任高官多年,无论在朝中还是在地方任职,都尽瘁国事,廉洁自律,整顿吏治,关心民瘼,"一时贤名满天下"。是当时官场中最廉明能干,正直无私,受百姓爱戴的好官。

林则徐不仅是伟大的爱国者、杰出的政治家,还是著名的学者、诗人,曾参加"宣南诗社",结识了龚自珍、魏源等人。他诗文并茂,书法精湛,所撰对联含义精深。

林则徐出身贫苦,父亲林宾日是私塾先生,收入微薄,难以维持生计,还要靠妻子的手工劳作来分担家庭的困窘。林则徐生性聪颖,4岁时便由父亲"怀之入塾,抱之膝上",口授四书五经。在父亲的精心培育下,他4岁开始读书写字,7岁就能写出好文章,13岁中秀才,20岁中举人,27岁中进士,是当地有名的神童、才子。

林则徐上私塾时就显露出过人的聪明才智。当时的私塾有一门必修课叫"对课",即老师教学生对对联,往往由老师出上联,让学生对下联。林则徐九岁那年元宵节,老师给学生出了个对子:"点几盏灯为乾坤作福",林则徐应声对出:"打一声锣代天地行威。"老师又出联:"鸭母无鞋空洗脚。"林则徐脱口而出:"鸡公有髻不梳头。"

有一回,老师带学童们游鼓山,爬上鼓山的顶峰时,一派天风海涛,令学童们兴奋不已。老师出了一上联,"海到无边天作岸",让学童们对下联。当其他学童还在思索时,林则徐已对出下联,"山登绝顶我为峰"。他对的下联不仅平仄、对仗都很工整、和谐,而且气魄宏大,意境高远,抒发了自己的凌云壮志。此联后来刻在马尾罗星公园内。此时的林则徐还不满10岁。

林则徐少年时代写的对联中,有不少是谈学习和治学的,如:

— 196 —

家少楼台无地起；
　　案余灯火有天知。

其父林宾日看到儿子的出色表现，高兴地说："此儿性灵，时有发现处，不引之则其机反窒。"林则徐有这样一位懂得教育，又善于引导的父亲，是他一生的幸运。

林则徐考中进士后，入翰林、授编修，为官13省，统兵300万。他关心百姓疾苦，清廉直道，政绩卓著，深得民心。这些在他的对联中都有所反映。

林则徐曾任浙江廉访使，如同现在中央派出的巡视组，专门查办贪腐官员。为号召人们大胆揭发贪官污吏，同时也鼓励人们直接指出自己的过错，他亲笔书写了一副对联，贴在大堂里：

　　求通民情
　　愿闻己过

道光十九年十二月初一日（1840年1月5日），清廷授林则徐任两广总督。林则徐深知肩负查禁鸦片的重任，为了告诫、砥砺自己不辱使命，他特意写了一副对联，贴在府衙里：

　　海纳百川，有容乃大；
　　壁立千仞，无欲则刚。

这副对联可以说是林则徐博大的胸襟和刚正不阿的精神面貌的生动写照。为查禁鸦片，他顶住了重重压力，终于将缴获的两万多箱鸦片，在虎门付之一炬，这是中国人民反侵略斗争史上第一次伟大胜利，维护了民族的尊严和利益，极大地鼓舞了全国军民的士气。

林则徐清楚，虎门销烟只是取得了初步胜利，英国人气焰嚣张，绝不会善罢甘休。所以，他一面雷厉风行地查禁鸦片，一面积极筹划战备防守之计。在军事方面，他修建炮台，积极备战，加强沿海一带的防御力量。他还相信"民心可用"，招募了五千多渔民编成水勇，建了演武厅进行操练。为鼓舞士气，林则徐为演武厅题写了一副对联：

　　小队出郊坰，愿七萃功成，甲洗银河长不用；
　　偏师成堡垒，看百蛮气慑，烟消珠海有余清。

1840年6月，英国悍然发动了鸦片战争。战争初期，广东、厦门等地军民誓死抵抗，英军得不到便宜，于是北上浙江。此时的中国沿海地区，除两广以外都防备松弛。英舰以惊人的速度攻城略地，抵达天津大沽口外。本来主战的道光帝吓破了胆，加上投降派琦善、穆彰阿等也借机宣传英军"船坚炮利"难以取胜，劝道光帝妥协求和。1840年8月20日，道光帝下令，将林则徐、邓廷桢革职查办，妄图以牺牲林则徐，换得英军的妥协。可是，英军拒不答应。清军接连惨败。最后，道光帝不得不派琦善与英国议和，签订了中国历史上第一个不平等条约——《南京条约》，赔款白银600万两，割让了香港岛。中国从此沦为半封建半殖民地社会。

林则徐抗英有功，却成了投降派屈膝求和的牺牲品，被道光帝革职，"从重发往伊犁，效力赎罪"。他忍辱负重，仍忧国忧民，并不为个人的坎坷而唏嘘，在与家人告别时，满腔悲愤地下写了《赴戍登程口占示家人》：

力微任重久神疲,再竭衰庸定不支。
苟利国家生死以,岂因祸福避趋之!
谪居正是君恩厚,养拙刚于戍卒宜。
戏与山妻谈故事,试吟断送老头皮。

诗中"苟利"二句,引用了春秋时的一个典故。春秋时郑国大夫子产因改革军赋制度,遭到国人诽谤,曾说:"苟利社稷,生死以之!"(《左传》)。这里化用为诗句,意思是:只要对国家有利,不管生死也要去干,岂能因个人祸福,回避不前!林则徐很喜欢这一联,经常吟诵。

林则徐经过长途跋涉,于道光二十一年(1842年)十一月才到新疆。他不顾年高体衰,"西域遍行三万里",到新疆各地实地勘察,加深了对西北边防重要性的认识。据当时沙俄胁迫清廷开放伊犁,他认识到了沙俄对中国的威胁,于是明确向伊犁将军布彦泰提出"屯田耕战",有备无患的建议。直到临终时,还告诫朝廷说:"终为中国患者,其俄罗斯乎!"林则徐的远见卓识,被后来的历史所证实。

林则徐在新疆还领导群众兴修水利,推广坎儿井和纺车,人们为纪念他的业绩,称之为"林公井""林公车"。可见,林则徐诗中"苟利国家生死以,岂因祸福避趋之"的诗句,绝不是唱高调,他是以实际行动兑现了自己的诺言。

林则徐一生勤学不辍,他在晚年病中曾写过这样一副对联,后来由梁章钜书题于林则徐福州老家的旧宅:

坐卧一间楼,因病得闲,如此散才天或恕
结交千载上,过时为学,庶几秉烛老犹明

林则徐是一个家教很严的人。他50多岁的时候,还写了一个"十无益"作为家训:

一、存心不善,风水无益。二、父母不孝,奉神无益。
三、兄弟不和,交友无益。四、行止不端,读书无益。
五、做事乖张,聪明无益。六、心高气傲,博学无益。
七、时运不济,妄求无益。八、妄取人财,布施无益。
九、不惜元气,医药无益。十、淫恶肆欲,阴鸷无益。

这"十无益"既是林则徐自己做人的标准,也是他教育孩子的原则。

林则徐做了几十年高官,但为官清廉,两袖清风,没有多少财产。他也不主张给子孙留下财富。为此,他写下这样一副对联:

子孙若如我,留钱做什么?贤而多财,则损其志。
子孙不如我,留钱做什么?愚而多财,则增其过。

林则徐就是这样一个光明磊落,堂堂正正的人。国难当头时,他挺身而出,力挽狂澜;身居高位时,他为国为民,尽心竭力;面对厄运时,他镇静自若,坦然面对。他在不同的境遇下写出的诗、联,也显示了他的伟大人格和高贵精神。

61　名父逆子——龚自珍与龚橙

晚清时有这样一对父子，父亲是杰出的思想家、爱国诗人，儿子却是卖国求荣的汉奸，人称"名父逆子"。

父亲龚自珍（1792—1841），字璱（sè）人，号定庵（ān），仁和（今浙江杭州）人。27岁中举，38岁中进士，曾任内阁中书、宗人府主事和礼部主事等官职。龚自珍生活的年代正处在鸦片战争前夕，腐朽的封建帝国逐渐没落、崩溃。龚自珍以其特有的敏锐眼光观察现实，对腐朽黑暗的政治社会，进行了深刻地揭露和尖锐地批判。如他写于道光五年（1825年）的《咏史》诗：

　　金粉东南十五州，万重恩怨属名流。
　　牢盆狎客操全算，团扇才人踞上游。
　　避席畏闻文字狱，著书都为稻粱谋。
　　田横五百人安在，难道归来尽列侯？

诗中有力地揭露了封建统治者的腐朽面貌，而在残酷的文字狱威胁之下，一般文士只顾埋头著书不问国事，而龚自珍则借田横抗汉的故事，揭穿了清王朝对文人仕宦的利诱欺骗。

龚自珍主张革除弊政，抵制外国侵略，曾全力支持林则徐禁除鸦片。1838年，林则徐奉命到广东查禁鸦片，龚自珍作了《送钦差大臣侯官林公序》一文，提出建议：坚决支持林则徐严禁鸦片，坚决抵抗英国侵略者，主张和外国进行有益的通商，并驳斥了僚吏、幕客、商贾、绅士等各式投降派的论调。

龚自珍著有《定庵文集》，留存文章300余篇，诗词近800首，他的诗文主张"更法""改图"，揭露清统治者的腐朽，坚决主张抵抗外国侵略，洋溢着爱国热情，被柳亚子誉为"三百年来第一流"。道光十九年（1839年），他辞官南归，往返途中写下著名的《己亥杂诗》315首，为人们广为传诵，请看下面的几首：

己亥杂诗·五
　　浩荡离愁白日斜，吟鞭东指即天涯。
　　落红不是无情物，化作春泥更护花。

己亥杂诗·八十三
　　只筹一缆十夫多，细算千艘渡此河。
　　我亦曾縻太仓谷，夜闻邪许泪滂沱。

己亥杂诗·二百二十
　　九州生气恃风雷，万马齐喑究可哀。
　　我劝天公重抖擞，不拘一格降人才。

— 199 —

在鸦片战争发生后的第二年(1841年)夏秋间,江苏巡抚梁章钜驻防上海。当时住在丹阳云阳书院的龚自珍立即写信给梁,"论时事,并约即日解馆来访,稍助筹笔",共同抵抗英国侵略者,可惜数日后他突发暴病,抱恨而亡。

后人为了纪念龚自珍,在他的家乡杭州城东建了龚自珍纪念馆,供人们瞻仰。

让人遗憾的是,这样一位首开近代风气的杰出思想家、爱国诗人,却生了一个败家儿子。他的长子名叫龚橙(1817—1870),字孝拱,又字昌匏,别号半伦,性情狂傲,喜做空谈,时人多称其为"狂士"。

龚半伦虽说放荡不羁,可也不是不学无术之徒,他自幼聪慧过人,能识满文和蒙古文,在文字学上也有造诣,著有《龚橙丛稿》一书。然而,龚橙虽有家学渊源,但对父亲的劝喻良言根本听不进去,照样我行我素。龚自珍去世后,因无人管教,他越发恃才傲物。他嗜酒如命,在上海居住时,嫌本地无佳酿,所饮美酒都从杭州运来。他还经常混迹于十里洋场的风月场所,嫖妓吃花酒,动辄一掷千金,挥霍无度,令人侧目。囊中羞涩时,他就典卖家藏古书珍玩,活脱脱一副纨绔子弟嘴脸。

龚橙在上海寓居期间,纳有一妾,十分宠爱,经常夸示于人。对自己的结发妻子,他却十几年不闻不问,两个儿子从杭州到上海来看望他,竟被他赶出家门。他与同胞兄弟也形同陌路,老死不相往来。因他不懂"五伦",只宠爱小老婆,时人称他为"龚半伦"。龚橙闻知后不以为耻,反以为荣,居然以"半伦"为其号。不过到他晚年穷困潦倒之时,他唯一疼爱的小老婆也弃他而去,最后连"半伦"也没有了。

这样一个厚颜无耻的纨绔子弟,如果外国侵略者打进来,不当汉奸才是怪事!龚橙在上海的时候,结识了英国公使馆参赞威妥玛,被聘为记室(秘书),受到英国人的重用。1860年秋,英法联军侵华,龚橙随英国军舰北上,来到北京。他给英国人巴夏里做幕僚,曾引导英法联军火烧圆明园。据说当时英国人要直攻皇宫,龚橙出主意说圆明园珍宝如山,是中国精华之所在,英法联军听了他的话,将圆明园抢掠一空,为掩盖罪证又放火烧了圆明园。

八国联军入侵时,龚橙给八国联军带路攻破北京城,然后又做英国公使的翻译,代表英国和恭亲王谈判。谈判时竟然百般刁难,恭亲王气得斥责他:"你等世受国恩,却为虎作伥,甘做汉奸!"龚半伦竟厚颜无耻地说:"我们本是良民,上进之路被尔等堵死,还被贪官盘剥,衣食不全,只得乞食外邦。今你骂我是汉奸,我却看你是国贼。"

当汉奸是没有好下场的。龚橙因生活糜烂,健康状况一天不如一天,精神也不大正常。在与朋友交谈时,往往语无伦次,呓语连篇。龚橙晚年更加颓废不堪,百事不问,一心诵经念佛,最后精神彻底崩溃,得了一种恶疾,辗转床榻两年,"自啖其矢(屎),遍体肉落而后毙"。

龚自珍、龚橙父子俩一个爱国,一个卖国,一个名垂青史,一个遗臭万年。按照"子不教,父之过"的说法,家里出了这样一个败家子,龚自珍不能说没有责任。清人赵翼说,"名人之子多败德",这当然不是必然规律,而且龚自珍也不是不注重对自己儿子的教育,他的《己亥杂诗》中就有诗《儿子昌匏书来,以四诗答之》,诗中劝诫道:"俭腹高谭我用忧,肯肩朴学胜封侯。多识前言畜其德,莫抛心力贸才名。"他苦劝儿子为人做学问要踏实勤朴、蓄其德,但是教育不是万能的,道德人品更不可能遗传,人生道路终究要由自己去走。

62　孙髯翁的古今第一长联

中国有四大名楼,而且都是因诗文而闻名——江西南昌的滕王阁有王勃的《滕王阁序》,湖北武汉的黄鹤楼有崔颢的《黄鹤楼》诗,山西永济的鹳雀楼有王之涣的《登鹳雀楼》诗,湖南的岳阳楼有范仲淹的《岳阳楼记》。

云南昆明的大观楼始建于清康熙年间,叠阁凌虚,层楼映水,含烟织雾,金碧辉煌。但是,尽管大观楼风景秀美,但是起初在全国范围内并不出名。数十年后,因一副180字长联,使它声

名鹊起,跻身于名楼之列,从此,"四大名楼"又有了第二种说法,以"大观楼"取代了"滕王阁"。其实,说"五大名楼"也未尝不可。

这是怎样一副长联,又出自谁人之手呢?此人名孙髯(1685—1774),字髯翁,号颐庵,祖籍陕西三原。因其父在云南任武官,所以他随父寓居昆明。孙髯不像上面说的王勃等四位,他不是著名诗人、政治家,不过是一介平民,终生没任过一官半职。

孙髯生于清康熙二十四年,自幼聪颖好学,诗文写得很好。但他的个性有点像李白。李白性格高傲,因不愿在考场上让"吏胥纵漫声大呼其名氏"而没参加科举考试。孙髯比李白还傲气,年幼时赴童子试,因不愿受搜身之辱,竟愤然离去,从此不再参加科举,当然也就不可能当官了。

孙髯因勤奋好学,成为诗赋名家,但他不局限于艺术天地,很关心国计民生、百姓的疾苦。为他们呼吁减租免税,他还曾寻求根除昆明水患的良方。

孙髯翁既不当官,也不经商,只能设馆授徒,生活很清苦,有时甚至断炊。但他坚毅乐观,傲然不屈,喜欢种梅花,自号"万树梅花一布衣"。他广交诗人墨客,常聚会于名胜古迹吟诗作赋,晚年在昆明圆通山咒蛟台靠算卦为生,自号"咒蛟老人"。

清康熙二十九年(1690年),巡抚王继文在昆明滇池边建了座大观楼,当时孙髯翁才5岁。该楼建起后,西近华浦,濒临滇池,遥对西山。凭栏远眺,青山绿水,白鹭沙鸥,云鬟雾鬓,一时成为文人雅集的地方。

孙髯翁成年后,也常到这里游玩观赏。他看到一些文人墨客登临时常填词作诗,但内容无不是粉饰太平,为统治者歌功颂德。孙髯翁对此十分鄙薄,于是他慨然挥笔,为大观楼书

— 201 —

写了一副长联:

五百里①滇池,奔来眼底,披襟②岸帻,喜茫茫空阔无边,看东骧神骏③,西翥④灵仪,北走蜿蜒⑤,南翔缟素⑥,高人韵士,何妨选胜登临,趁蟹屿螺洲⑦,梳裹就风鬟雾鬓⑧,更苹⑨天苇地,点缀些翠羽⑩丹霞⑪,莫孤负⑫四围香稻,万顷晴沙,九夏⑬芙蓉,三春杨柳;

数千年往事,注到心头,把酒凌虚⑭,叹滚滚英雄谁在,想汉习楼船⑮,唐标铁柱⑯,宋挥玉斧⑰,元跨革囊⑱,伟烈丰功,费尽移山心力,尽珠帘画栋,卷不及暮雨朝云,便断碣残碑⑲,都付与苍烟落照,只赢得几杵疏钟,半江渔火,两行秋雁,一枕清霜。

注释:

①五百里:滇池周广五百余里,是一种夸张的说法。围湖造田使滇池面积缩小,今测量约105公里。

②披襟:披开衣襟。岸:动词,推开的意思。帻(zé),古时的一种头巾。

③神骏:指昆明东面的金马山。骧(xiāng):昂头奔跃的马。

④翥(zhù):飞起。灵仪:凤凰一类的鸟,指滇池西面的碧鸡山。

⑤蜒:指昆明北面的蛇山(长虫山)。

⑥缟(gǎo)素:白色的绢帛,指昆明西面的白鹤山。

⑦蟹屿螺洲:滇池中以蟹与螺壳堆成的小岛或小沙洲。

⑧风鬟(huán)雾鬓:鬟,环形发髻。鬓,耳边垂发。比喻风中垂柳。

⑨苹:水草。

⑩翠羽:翠绿色的鸟雀。

⑪丹霞:红色的云霞。

⑫孤负:同"辜负",枉然、白费。

⑬九夏:指夏季的90天。

⑭把酒凌虚:对天空举起酒杯。

⑮汉习楼船:汉武帝修昆明湖、治楼船习水军以打通通往印度的路。

⑯唐标铁柱:唐中宗时平吐蕃之乱"建铁柱于滇池以勒功"。

⑰挥玉斧:玉斧为文房古玩,作镇纸用。为阻止宋徽宗在大渡河畔和大理购买战马,当时的边官编造宋太祖曾在版图上用玉斧"画大渡河为境界"的谣传:"以玉斧画大渡河以西曰:'此外非吾有也!'"

⑱元跨革囊:指忽必烈征大理、过大渡河至金沙江,乘革囊及皮筏以渡。

⑲断碣残碑:历代帝王所立的功德碑,随时间而断裂残破。

长联意译:五百里浩瀚的滇池,在我眼前奔涌,敞开衣襟,推开冠戴,这茫茫无边的碧波,多么令人欣喜!看东方的金马山似神马奔驰,西边的碧鸡山像凤凰飞舞,北面的蛇山如灵蛇蜿蜒,南端的鹤山如白鹤翱翔。文人雅士,何不选此良辰登上高楼,观赏那螃蟹似的小岛,螺蛳般的沙洲?薄雾中的绿树垂柳,像少女梳理秀发一般摇曳,还有那漫天的水草,遍地的芦苇,以及点缀其间的翠绿小鸟和几抹灿烂红霞。尽情观赏吧!切莫枉费了滇池四周飘香的金色稻谷,明媚阳光下的万顷沙滩,夏日婀娜的莲荷,春天依依的杨柳。

数千年往事,涌上心头,举起酒杯,仰对长空感叹,那些历史长河中的诸多英雄,而今还有谁在?试想:汉武帝为了开辟西南到印度的通道,在长安挖凿昆明湖操练水军;唐中宗派兵收复洱海地区,立铁柱以记功勋;宋太祖手挥玉斧,面对版图,划疆立界;元世祖率大军跨革囊皮筏渡过金沙江,统一了云南。这些伟业丰功,真是费尽了移山之心力,但是朝代更替之快,犹如傍晚的雨,早晨的云一样短暂,连幕帘都来不及卷起就消失了。那些纪功的残碑断碣,也都倾颓在夕阳暮霭之中。到头来,只留下几声稀疏的钟声,半江暗淡的渔火,两行孤寂的秋雁,一枕清冷的寒霜。

这副对联长达180字,可说旷古未有,此联由名士陆树堂书写刊刻。上联写滇池四周风光,像一幅山水画卷;下联记中华数千年历史,如一篇叙事史诗。长联气势磅礴,意境高远,悬于楼前,荡涤俗唱,令人击节叫绝。长联一出,立时震动儒林,"闻者莫不兴起,冀一登临为快",当时就获得"天下第一长联""古今第一长联""海内长联第一佳者"等称誉。孙髯翁也被后人尊称为"联圣"。

孙髯翁的长联大约写于1765年,乾隆皇帝时期。当时官场腐败,民不聊生,诗人完全是触景生情,有感而发,一气呵成。他抨击了封建王朝的统治,把正统皇朝看作是不能久长的幻影,把帝王们的"伟烈丰功"看作是"苍烟落照"里的"断碣残碑",从而揭示了封建王朝必然衰亡的规律,自然也包括清王朝在内。

这在当时来讲,是一种明显的叛逆思想,具有"犯上"的嫌疑,必然为当权者所不容。但是,由于孙髯翁的长联已广为流传,深得人心,他们又不敢公然撤销这副著名的长联,于是就让人仿照孙髯翁的格式,用篡改字句的办法,改变其思想内涵,又写出了两副大观楼长联,企图替代原有的长联。然而,改来改去,总是弄巧成拙,闹了不少笑话。而这副长联和孙髯翁的名字就一直流传至今。

所谓"天下第一长联",是时人对其思想性、艺术性的综合评价。这副长联好就好在抒情叙事,情景交融;对仗工整,字句洗练;内涵质美,外溢华彩;意境高妙,气势非凡,可以说是对联史上的不朽杰作。它是诗、是画,又是历史的镜子,揭示了封建王朝必然衰亡的历史命运。这种远见卓识,实在难能可贵。

这副对联并非最长的对联,有不少对联的字数超过此联,但其思想性和艺术成就,都远逊于此联。清人欧阳兆熊就说:"楹联至百余字,即多累赘,极难出色"(《水窗春呓》)。这话是有道理的。

孙髯翁晚年依然耳聪目明,神志清醒,走路不用手杖。他的女婿在弥勒经商,为尽半子之责,于乾隆三十七年(1772年)将88岁的孙髯翁接到弥勒奉养。但他仍然设帐授徒,门墙桃李,一时称盛。乾隆三十九年(1774年),孙髯翁驾鹤西归,享年九十。郡人士立碑以志之:"清处士髯翁孙先生之墓"。旁刻一联云:

古冢城西留傲骨;
名士滇南有布衣。

1958年,先生的墓碑被毁,直至20世纪80年代又重新修复。修筑之人将墓联改为孙髯翁生前写的自挽联:

这回来得忙,名心利心,毕竟糊涂到底
此番去甚好,诗债酒债,何曾亏负着谁

直到现代,这副长联,仍然受到世人推崇。陈毅参观昆明大观楼,在看完了这副长联之后,写了《题大观楼诗一首》,诗中赞道:"滇池眼中五百里,联想人类数千年……诗人穷死非不幸,迄今长联是预言。"毛泽东赞赏长联:"从古未有,别创一格"。据杨尚昆回忆,"国内有些著名的对联,他(毛泽东)一口气能背下来,比如昆明大观楼那副一百八十个字的长对联,他就能背下来"。

刊刻长联的大观楼,1983年被列为云南省重点文物保护单位,2013年被公布为全国重点文物保护单位。

63　梁启超的海外知己

梁启超(1873—1929)字卓如,号任公,别署饮冰室主人,广东新会人,近代思想家、文学家、学者。他"八岁学为文,九岁能缀千言"(《三十自述》),17岁中举。

由于帝国主义列强的侵略,中国封建社会一步步沦为半封建、半殖民地社会。1894年,中日甲午战争爆发,一向以天朝自居的泱泱大国,竟被小小"倭寇"打得屁滚尿流,彻底暴露了清王朝的腐败无能,中华民族危机空前严重,维新思潮迅速发展。一些爱国志士认为,只有通过变法,才能挽救民族危机。

1895年,清政府与日本签订《马关条约》的消息传到北京,举国上下一片震惊。以康有为、梁启超为首的仁人志士,发动"公车上书",提出"拒和、迁都、练兵、变法"的主张,一时轰动全国。光绪帝也大受鼓舞,终于在1898年6月11日,颁布《明定国是诏》实行变法。然而,变法只实行了103天,就被慈禧太后绞杀。戊戌变法失败后,谭嗣同等维新六君子慷慨就义。康有为、梁启超死里逃生,流亡到日本。

梁启超不仅是个资产阶级改良派,在文学上也有多方面的成就。他提倡"诗界革命"和"小说界革命",在散文创作上成就最为突出。他是中国第一个在文章中使用"中华民族"一词的人。他的新体散文,对传统古文造成猛烈冲击,"每一文出,则全国之身目为之一耸"。他于1900年写的《少年中国说》,针对中国现状分析透彻,说理条理清楚,运用一连串比喻、排比等修辞手法,行文一泻千里,呈现出大气磅礴的风格,诵读至今。

梁启超还是一位诗人。他主张"以旧风格含新意境"或称"熔铸新理想以入旧风格"(《饮冰室诗话》)。虽然还是改良主义,却有进一步的现实意义。他努力写作新诗,以践行与谭嗣同共同提出的"诗界革命"口号。在这一口号的推动下,出现了杰出诗人黄遵宪。

1900年5月,梁启超从日本到美国檀香山定居,期间写出《夏威夷游记》,同时,继续推行"诗界革命",并在自己的诗歌创作中努力实践新的诗歌理论。他的诗,用语通俗自由,风格流畅,敢于运用新思想、新知识入诗。《爱国歌四章》《志未酬》等诗感情真挚,语言明白晓畅,是其诗论的较好体现,在当地产生了很大影响。此事引起清政府驻檀香山领事的注意,于是唆使当地一家英文报纸,对梁启超的思想、品质和参与的政治活动,大肆诽谤,在舆论界造成极坏的影响。

尽管梁启超在国内曾经笔扫千军,无人能敌,可如今身处异国他乡,举目无亲,自己又不

— 205 —

大懂英文,只能眼睁睁地看着别人往自己身上泼脏水。

就在梁启超苦于无力还击的时候,有人挺身而出,为他主持公道了,在英文报纸上连续发文,为梁启超辩护,批驳那些卑鄙、刻毒的污蔑之词。梁启超读后深为感动,想向作者表示谢意,可文章均未署名,令他致谢无门。

有一天,檀香山的华侨商人何先生设宴款待梁启超,赴宴的还有许多当地绅士和淑女。席间,何先生请梁启超发表演说,并让自己的女儿惠珍小姐担任翻译。梁启超也不推辞,大大方方地走上讲台。他本有一肚子的话想要倾吐,早已成竹在胸,于是滔滔不绝,慷慨陈词,妙语连珠,再加上身旁双目炯炯的惠珍小姐,把他话语形神毕肖、绘声绘色地进行翻译,简直把全场听众都征服了。当然,惠珍小姐的精彩翻译,也引起了梁启超的关注,他想不到在异国他乡,竟有这样有才、有貌又有思想的奇女子。他在后来写的《纪事二十四首之三》(转引自《诗人世界·留在檀香山的爱情》王兴康,以下诗同)诗中,这样形容惠珍小姐:

目如流电口如河,睥睨时流振法螺。

不论才华论胆略,须眉队里已无多。

宴会结束时,惠珍小姐走到梁启超面前,向他拱手告别,并含情脉脉地说:"我万分敬爱梁先生,对先生的道德文章更是感佩至深。梁先生如肯赐予小照一帧,则足慰平生!"梁启超被这突如其来的崇拜者闹得手足无措,早已没有了刚才演讲时的潇洒自如,只能结巴着答应了。何小姐见梁启超点头答应,当即拿出一叠英文报纸,请梁启超签名。梁启超也略通英文,接过一看,竟是日前英文报纸上为他辩护的文章。这既让梁启超大吃一惊,又喜出望外。原来在报纸上为他辩护解围的文章作者,竟是眼前这位何小姐。这真是:

颇愧年来负盛名,天涯到处有逢迎。

识荆说项寻常事,第一相知总卿卿。

第二天,檀香山的英文报纸,竞相刊载梁启超的演说词,并称赞何小姐的翻译精彩传神。从此,梁启超在美国人眼里的形象焕然一新。同时,这位突然闯入梁启超人生旅途中的惠珍小姐,也在他心中激起了感情的波澜。梁启超自己后来就说,从此以后他便"觉得心中时时刻刻有此人"(《诗人世界》)了。

几天以后,梁启超派人给何小姐送去了照片。作为回报,何小姐送给梁启超两把扇子,并在话语间委婉地表达了愿结"秦晋之好"的愿望。这既让梁启超感到欣喜,也使他手足无措。他自知自己是有妻室的人,只能把这份感情深深地埋在心底,默默以对了。

半月以后,梁启超准备赴美洲旅行。有位朋友来到梁启超住处,对他说:"听说先生要游历美洲,可是您不懂英语,非常不便。我觉得请翻译不如自己学英语,而学英语最好的办法是娶一位通晓英语的妻子。一来既能陪伴你生活,二来又能给你当翻译、做老师,岂不'一举三得'!"梁启超接口道:"天下未必有这样称心如意的姑娘。"那位朋友追问道:"如果真的有了,先生可否答应?"梁启超何等聪明,已经猜到了朋友话中的意思,低头沉思了片刻,说:"我已经猜到你说的是谁了。此女子确实是我敬爱之人。可是,我历来主张男女平等、一夫一妻,怎能言行不一,让天下人耻笑呢?再说,我如今流亡海外,清廷出十万两银子买我的人头,性命堪忧。你说我怎么忍心连累人家呢?如果是她的意思,请你替我婉言谢绝吧!"

朋友听后,半响没有说话。这位朋友没有说是受蕙珍小姐之托,但我想很可能是替人说项的。这件事也就到此为止了。从这件事我们可以看出,蕙珍小姐对梁启超确实出于一片真情,同时也感佩梁启超具有高尚的人品。

　　五天以后,梁启超在为他送行的宴会上,与蕙珍小姐又相遇了。尽管梁启超性格豪爽,见了蕙珍小姐却不免尴尬。而蕙珍小姐却落落大方,毫无哀怨与忸怩,她对梁启超说:"中国积贫积弱的原因,首先在于妇女教育的衰落,而儿童教育也亟待改良……做小学教员不是我的理想。我想积攒几年教书所得,然后到美洲去念大学,学成后回祖国办事。日后维新成功,先生回国,一旦要创办女学堂,可千万别把我忘了。只要先生打个电报,我立即赶来为你奔走效劳!"(《诗人世界》)。

　　梁启超真为蕙珍小姐的一片真情和满腔激情深深地打动了。他在后来的《纪事二十四首之十八》中写道:

　　　　万一维新事可望,相将携手还故乡。
　　　　欲悬一席酬知己,领袖中原女学堂。

　　几天后,梁启超为了维新事业的需要,匆匆离开了檀香山,临别没能与蕙珍小姐道别,却写下了《纪事二十四首之二十一》:

　　　　匆匆羽檄引归船,临别更惬一握缘。
　　　　今去知否能重见,一抚遗尘一惘然。

　　从这首诗我们可以看出,梁启超把一份纯洁的感情留在了檀香山,也把一份遗憾和惆怅埋进了心底。

64　谭嗣同与大刀王五

谭嗣同(1865—1898),字复生,号壮飞,湖南浏阳人。他少年即怀有大志,能诗能文,还通剑术,为人慷慨侠义。他自幼随父宦游,16岁时随父赴甘肃任所,途经潼关时写下《潼关》诗:

> 终古高云簇此城,秋风吹散马蹄声。
> 河流大野犹嫌束,山入潼关不解平。

当这位英气勃发的少年,骑马冲上潼关古道,立马城头。看见黄河从北面峡谷奔腾而出,到悬崖下陡然转弯,奔向广阔的平原,然而气势并不减弱,好像仍嫌河床束缚得太紧;那连绵不断的山峰,在关东并不显眼,进入潼关便突兀而起,一座座争奇斗险,好像唯恐自己显得平庸!此情此景激发了诗人渴望冲破罗网、勇往直前、追求个性解放的少年意气。谭嗣同成年后,在改良主义思潮的激励下,成为最激进的思想家和维新志士。为了拯救风雨飘摇中的祖国,他积极参加领导戊戌变法,失败后慷慨就义,年仅33岁。

那是一个最坏的时代:1840年、1856年两次鸦片战争清廷完败于洋夷,"天朝"尊严丧失殆尽。危难之际,那拉氏发动政变,滥揽坤纲,使大清彻底走向衰亡。1894年竟然被小日本打得屁滚尿流,"安知蕞尔微三岛,竟敢横行大九州"!内忧外患,国仇家恨,纷至沓来。有识之士求变之切为五千年所未有,仁人志士或亡命天涯或喋血街头。天地同悲,万马齐喑,礼仪之邦,已成为人间地狱!

1895年,清政府与日本签订《马关条约》的消息传到北京,在北京应试的以康有为、梁启超为首的一千三百多名举人,联名上书光绪皇帝,痛陈民族危亡的严峻形势,提出"拒和、迁都、练兵、变法"的主张,史称"公车上书",一时轰动了全国。

谭嗣同非常赞同变法,仰慕康、梁的胆识,"乃自湖南溯江下上海,游京师,将以谒先生(康有为),而先生适归广东,不获见"(梁启超《谭嗣同传》,以下引文未标注者,均引自《谭嗣同传》)。谭嗣同没能见到康有为,却见到了梁启超。梁启超向他宣讲了康有为实行变法的宗旨、道理。谭嗣同听后大为感动,喜悦异常,当即自称是康有为的"私淑弟子"。

光绪帝也受到"公车上书"激励,准备实施变法。"皇上超擢(谭嗣同)四品卿衔军机章京,与杨锐、林旭、刘光第同参与新政,时号为军机四卿。参与新政者,犹唐宋之参知政事,实宰相之职也。"谭嗣同一跃成为丞相,足见光绪帝对他的重视。1898年6月11日光绪帝颁布

《明定国是诏》，宣布实行变法。

然而，变法一开始，就显示出不祥之兆。一是光绪帝虽为皇上，实为傀儡，大权仍握在慈禧太后手中。谭嗣同初入京时，曾有人"与言皇上无权、西后阻挠之事，君不之信"。后来发生了这样一件事：七月二十七日，光绪帝想要开设懋勤殿设顾问官，命谭嗣同拟旨，旨拟好后，他又于二十八日亲自拿着圣旨到颐和园向西太后请命。退朝后，谭嗣同对同人感叹道："今始知皇上之真无权矣！"

二是变法人士没有军权。军队掌握在大军阀荣禄手中。眼看守旧派御史杨崇伊多次到天津与荣禄密谋，李莲英等宦官跪请西太后"垂帘听政"，一场政变即将爆发。变法人士心急如焚，无奈之下，谭嗣同等人只得向光绪帝建议，重用北洋军阀袁世凯，以牵制荣禄。

1898年9月16日和17日，光绪帝两次召见袁世凯，授其侍郎职位。18日夜，谭嗣同秘密到了袁世凯的寓所法华寺，"直诘袁曰：'君谓皇上何如人也？'袁曰：'旷代之圣主也。'君曰：'天津阅兵之阴谋，君知之乎？'袁曰：'然，固有所闻。'君乃直出密诏示之曰：'今日可以救我圣主者，惟在足下，足下欲救则救之。'又以手自抚其颈曰：'苟不欲救，请至颐和园首仆而杀仆，可以得富贵也。'袁正色厉声曰：'君以袁某为何如人哉？圣主乃吾辈所共事之主，仆与足下同受非常之遇，救护之责，非独足下，若有所教，仆固愿闻也。'"

于是谭嗣同说了与光绪帝商量好的计划：荣禄阅兵时，皇帝必亲临检阅，此时袁世凯可趁机发动兵变，抓捕荣禄，清除君侧，肃清宫廷，保护圣主，恢复大权，以建立不世之功业。袁世凯听后信誓旦旦地说："若皇上在仆营，则诛荣禄如杀一狗耳！"？谭嗣同与袁世凯的会见算是有了"圆满"的结果。谈话结束以后，他就赶回去向康有为等人报告"喜讯"。

想不到袁世凯却是一个奸诈的小人。谭嗣同走后，他立即向慈禧告密，出卖了变法派的计划。1898年9月21日凌晨，慈禧太后从颐和园赶回紫禁城，直接到光绪帝寝宫，把光绪帝软禁在中南海瀛台，然后发布诏书临朝"训政"，并开始大肆搜捕改良派和所谓的"帝党人物"。维新变法只持续了103天就宣告失败，故又称"百日维新"。

"嗣同闻变，竟日不出门，以待捕者"，却力劝梁启超等出亡日本，他说道："不有行者无以图将来，不有死者无有招后起。"日本使馆愿为谭嗣同提供"保护"，同样被他慨然回绝。

谭嗣同被逮的前一天，几位日本志士也苦劝谭嗣同东游日本，他却不肯听从。友人再三劝说，谭嗣同慷慨激昂地回答道："各国变法，无不从流血而成。今中国未闻有因变法而流血者，此国之所以不昌也。有之，请自嗣同始！"终于不肯离去。

谭嗣同在武林中还有一位肝胆相照、生死与共的好兄弟，此人名叫王正谊，回族，河北沧州人。因他刀法纯熟，德义高尚，故人尊称他为"大刀王五"，与"燕子李三""神拳霍元甲"并称为"幽燕三侠"。更难得的是大刀王五深明大义，支持维新，仗义行侠，靖赴国难，成为人人称颂的一代豪侠。他与谭嗣同的兄弟情义，可从下面的事看出：

谭嗣同曾和王五于9月20日密谋救出光绪帝。23日晚上王五带十几位武林高手扑宫，并联系守卫瀛台的六名太监为内应，希望能救出光绪帝，再建新政，扭转乾坤。这些武林高手，平时飞檐走壁，十分厉害，但面对皇宫禁苑，一开始就遭受了重大挫折，一路伤亡惨重，在进入中南海时，只剩下三个人。而且在打斗中他们不小心把中南海地图弄丢了，王五只记得瀛台在南海中央，于是便直接寻找四面环水的楼台。而就在此时，几名内应太监也等得心焦,沉不住气了,半夜起来,悄悄叫醒皇帝,放下吊桥,企图逃出瀛台,结果被值宿禁卫拿获。正在寻找瀛台的王五,听到人声喧哗,灯火齐明,知道大势已去,无奈之中只得抱恨逃出宫来。

救光绪帝失败,王五要帮谭嗣同逃走,可谭嗣同坚决不肯。后王五得知谭嗣同被捕,心急如焚,多方打探消息,广泛联络武林志士,又买通狱吏,密谋救之,却被谭嗣同坚决拒绝了。

谭嗣同被关押在狱中时,像一头被困的雄狮,不停地在牢中走动。他以手画壁,写下了《狱中题壁》一诗:

    望门投止思张俭,忍死须臾待杜根。
    我自横刀向天笑,去留肝胆两昆仑。

此诗从狱中传出,京、津各报多予登载,一时广为传诵。日本人还为此诗谱了曲,广为传唱。诗中的张俭是东汉末年人,曾任督邮,因弹劾残害百姓的候览,遭到诬陷,被逼得四处逃亡。诗中提到的杜根,东汉人,安帝初举孝廉,后来当了郎中。当时邓太后临朝摄政,杜根上书要求邓太后将政权归还给皇帝。邓太后大怒,命人把他装入口袋,在大殿上摔死。执刑人同情杜根,手下留情,载出后即苏醒,邓太后派人查看,杜根装死了三天,才逃过一劫。这两个人,一个逃跑了,一个侥幸活了下来。谭嗣同举这两人的例子,是要表明自己既不想逃,也不愿苟活,誓为革新献出生命的决心。

1898 年 9 月 28 日,谭嗣同、杨锐、林旭、刘光第、杨深秀、康广仁等被斩于宣武门外菜市口,时人称其为"戊戌六君子"。临刑时,谭嗣同大喊:"有心杀贼,无力回天,死得其所,快哉快哉!"

王五得知消息后悲痛欲绝。为了继承谭嗣同的遗志,王五多次组织人员进行暗杀活动,终未果。王五反抗清廷的决心自此也更加强烈。谭嗣同死时,北京没有他的亲人。而朋友们则是死的死,跑的跑,已没有什么人了。这时,有一人挺身而出,亲自为谭嗣同收尸埋葬。此人就是"大刀王五"。

1900 年 8 月,八国联军侵入北京,王五与义和团顽强抵抗,终因寡不敌众,被八国联军枪杀于前门,死时 56 岁。

谭嗣同《狱中题壁》诗中的"两昆仑"究竟指谁?无人明白。梁启超说是指康有为和光绪帝;有人说是指对他忠心耿耿的两个仆人:胡理臣和罗升;也有人说是指康有为和"大刀王五"。

笔者认为,把"两昆仑"看作"大刀王五"和诗人本人倒更合适;一个是深明大义的江湖真豪杰,爱国大英雄;一个是不惜牺牲生命,为国尽忠,为民请命的中国人的"脊梁"。这不正是后人"高山仰止,景行行止"的楷模吗?

65　鉴湖女侠秋瑾

秋瑾(1875—1907),女,原名秋闺瑾,字璿卿(璇卿),又字竞雄,号称"鉴湖女侠"。秋瑾祖籍浙江山阴(今绍兴市),出生于官僚地主家庭,她蔑视封建礼法,提倡男女平等,常以花木兰、秦良玉自喻。她崇尚侠义之道,性豪侠,习文练武,喜着男装。

1895年,19岁的秋瑾跟随做官的父亲秋寿南来到湖南省湘潭县。秋寿南结识了湘潭首富、曾国藩的表弟王殿丞。王殿丞见秋瑾生得秀美端庄,聪慧可爱,就托媒人给儿子王廷钧提亲。秋寿南随即答应,而秋瑾却对这桩婚事十分不满。但在封建社会里,儿女的婚事只能依从父母之命、媒妁之言。1896年4月,秋瑾无奈与王廷钧成婚。

王家虽锦衣玉食,但志趣高尚、性格刚烈的秋瑾并不愿过养尊处优的生活,更受不了封建家庭的种种束缚。她和丈夫在志趣、爱好上毫无共同之处。她为此叹息:"琴瑟异趣,伉俪不甚相得!"在给哥哥秋誉章的信中也抱怨:"父母既误妹。"

王廷钧一不好读书,二不务正业,每天游手好闲,吃喝玩乐。当时爆发了中日甲午战争,中国惨败,清政府与日本签订了丧权辱国的《马关条约》。秋瑾对此十分忧虑,时常劝丈夫:"'天下兴亡,匹夫有责',你要好好读书,为国家的繁荣富强和个人的前途着想。"王廷钧却说:"朝廷只能割地赔款,委曲求全,我们这些匹夫有个屁责!"还有一次,他们谈到了谭嗣同,秋瑾赞扬他为了国家和民族利益视死如归,是伟大的"维新志士"。而王廷钧却大骂谭嗣同是中华乱党、士林败类。两人互不相让,竟吵了起来。秋瑾内心十分痛苦,她在《谢道韫》诗中写道:

　　咏絮辞何敏,清才扫俗氛。
　　可怜谢道韫,不嫁鲍参军。

诗中写东晋才女谢道韫没能嫁给出身寒门却心雄四方的大诗人鲍参军(鲍照),却嫁给了徒有高贵门第却庸碌迂拙的王凝之,留下终生遗憾。秋瑾是借咏"谢道韫"来发泄自己对婚姻的不满。依秋瑾的性格和理想,她怎肯屈服于封建礼教,长守闺阁,让米盐琐事终其一生?为此,她曾在诗中自伤自怜:"知己不逢归俗子,终身长恨咽深闺。"

后来,王廷钧在湘潭开设了"义源当铺",秋瑾随夫住在湘潭。秋瑾远离亲人、身处异乡,难免思念家乡和亲人,写下了不少思念亲人,更为国事伤怀的诗词。写到动情之处,她不免涕泗交流,泪如雨下。如《秋日感别》二首:

昨宵犹是在亲前,今日相思隔楚天。
独上曝衣楼上望,一回屈指一潸然。

已是秋来无限愁,那禁秋里送离舟?
欲将满眼汪洋泪,并入湘江一处流。

再如词《如此江山》:

萧斋谢女吟《秋赋》,潇潇滴檐剩雨。知己难逢,年光似瞬,双鬓飘零如许。愁情怕诉,算日暮穷途,此身独苦。世界凄凉,可怜生个凄凉女。

曰"归也",归何处?猛回头,祖国鼾眠如故。外侮侵陵,内容腐败,没个英雄作主。天乎太瞀!看如此江山,忍归胡虏?豆剖瓜分,都为吾故土。

婚后那年秋天,秋瑾第一次回到神冲婆家,当着许多道喜的亲友朗诵了自己新作的诗《杞人忧》:"幽燕烽火几时收,闻道中洋战未休。膝室空怀忧国恨,谁将巾帼易兜鍪。"她的忧民忧国之心,受到当地人们的敬重。

1903 年,王家花大钱在北京为王廷钧捐了个户部主事的官职,秋瑾也随丈夫到了北京。秋瑾初到北京,人生地不熟,生活也不习惯。后来秋瑾认识了王廷钧的同事廉泉的夫人吴芝瑛。廉氏夫妇思想开明,崇拜孙中山先生,在文学、书法等方面都很有造诣。吴芝瑛,是清代桐城派文学家吴汝纶的侄女,善诗文,长联语,工书画,是清末著名才女。秋吴两人一见如故,很快成为志同道合的挚友。吴芝瑛对秋瑾不如意的婚姻表示同情,曾题联赠予秋瑾:

貌合神离,有距离难成眷属;
同床异梦,无缘分何必夫妻。

秋瑾在京期间接受了新思想、新文化。在当时的革命形势影响下,她立志要挽救国家民族的危亡,为妇女的独立与解放而斗争。

不久,因为八国联军发动侵华战争,为避战乱秋瑾随丈夫准备返乡。吴芝瑛邀集女友在陶然亭为秋瑾送行,亲书一联赠别:

驹隙光阴,聚无一载
风流云散,天各一方

秋瑾即席写了《临江仙》一词答谢:

把酒论文欢正好,同心况有同情。阳关一曲暗飞声,离愁随马足,别恨绕江亭。
铁画银钩两行字,歧言无限丁宁。相逢异日可能凭?河梁携手处,千里暮云横。

秋瑾回乡后生下女儿王灿芝。光绪二十九年(1903 年),王廷钧再次去北京复职,秋瑾携女儿一同前往。此时的北京遭到无恶不作的八国联军的烧杀抢掠后,已是面目全非,一片狼藉。以慈禧为首的腐败清政府,彻底沦为西方列强的傀儡。秋瑾目睹民族危机的深重,决心献身救国事业,而其丈夫却无心国事。

结婚八年,秋瑾表面上过着富贵人的生活,实际上是"奴仆不如"。在北京时秋瑾只因看了一回戏,竟遭到丈夫辱打。要说秋瑾看戏可算是惊世骇俗之举。当时的宅门女性只能在家中听"堂会",是不允许抛头露面去戏园子的,戏园子也不卖"坤客"的票。秋瑾着男装坐西式的四轮马车去戏园子看戏,开创了女性进戏院的先河。

秋瑾本来想得到丈夫的谅解,志同道合做一番事业。但丈夫的辱打,打醒了她的痴梦,她再也忍受不了这种封建囚笼的生活,于是下定决心与丈夫决裂。她提出要去日本留学。王廷钧知道秋瑾是个说到做到的倔强女子,要说服她是不可能的。于是他采取卑劣手段,趁秋瑾不备,将她的珠宝、首饰、积蓄全部窃走,妄图以此来阻止她东赴日本。秋瑾发现后气愤地说:"你可以窃去我的钱财,但你挡不住我出国留学的决心!"秋瑾把孩子留给母亲照看,变卖了仅剩的财产和衣物,加上吴芝瑛等人的资助,于1904年4月东渡日本自费留学,寻求革命道路。她的词《满江红·小住京华》就是写于此时的述怀之作:

小住京华,早又是中秋佳节。为篱下黄花开遍,秋容如拭。四面歌残终破楚,八年风味徒思浙。苦将侬强派作蛾眉,殊未屑!

身不得,男儿列,心却比,男儿烈。算平生肝胆,因人常热。俗子胸襟谁识我?英雄末路当磨折。莽红尘何处觅知音?青衫湿!

这首词反映了她在封建婚姻家庭和旧礼教的束缚中,走向革命道路前夕的苦闷彷徨和雄心壮志。词的上阕写结婚八年"奴仆不如"的生活,"苦将侬强派作蛾眉"进一步说明不堪的"八年风味"。"殊未屑"表明作者对贵妇人的生活并不眷恋,反而予以蔑视。

词的下阕"身不得,男儿列,心却比,男儿烈!"这四句是她的自我写照,用"身与心、列与烈"两句四字谐音和意义不同的变化,来表达自己的抱负、志向和思想感情;紧接着,说自己是一个"算平生肝胆,因人常热"的富有感情的人,但不幸偏遇着一个庸夫俗子的丈夫,不禁发出"俗子胸襟谁识我?英雄末路当磨折"的浩叹;"莽红尘何处觅知音?青衫湿!"离家以后,在大千世界中,却不知到何处去寻找知音,想到此,作者不觉伤心落泪。这种担心和忧虑,真实地反映了一个革命者刚踏上革命征途时的思想状况。

《满江红》一词是精忠爱国的民族英雄岳飞首创,成为千古不朽的绝唱,历代文人志士莫不把它当作楷模,仿效学作,但大都望尘莫及。而秋瑾的这首《满江红》词,颇有男子汉大丈夫的气魄,显示着她的巾帼英雄本色。

秋瑾在日本期间,结识了不少追求进步、探索革命真理的青年,组织起"共爱会",参加反清秘密团体"三合会",和刘道一等组织"十人会",创办《白话报》。同时,她以"鉴湖女侠秋瑾"署名,发表《致告中国二万万女同胞》《警告我同胞》等文章,宣传反清革命,提倡男女平权。她还参加"洪门天地会",受封为"白纸扇"(军师)。

秋瑾在日本弘文学院学习时,与鲁迅同学两个月。他们是同学又是同乡,友谊较深。秋瑾比鲁迅大六岁。鲁迅这样评价秋瑾:"秋瑾姑娘很能干,有意见就当面提出,语气很坚决,不转弯抹角,所以不少人怕她。但是她爱唱歌,好合群,性格爽朗,而且善豪饮,讲话精辟,又热心公益,所以很多人喜欢和她接近。虽然秋瑾姑娘生得很秀气,但人品很高尚、正派,所以很多人不敢在她面前讲浮话。"(绍兴人把调侃、戏谑的话等统称"浮话")

在留日学习期间,她写下了许多充满强烈爱国思想和饱满革命热情的诗篇:

黄海舟中日人索句并见日俄战争地图

万里乘风去复来,只身东海挟春雷。
忍看图画移颜色,肯使江山付劫灰。
浊酒不销忧国泪,救时应仗出群才。
拼将十万头颅血,须把乾坤力挽回。

对酒

不惜千金买宝刀,貂裘换酒也堪豪。
一腔热血勤珍重,洒去犹能化碧涛。

鹧鸪天

祖国沉沦感不禁,闲来海外觅知音。金瓯已缺总须补,为国牺牲敢惜身!
嗟险阻,叹飘零。关山万里作雄行。休言女子非英物,夜夜龙泉壁上鸣。

1906年初,因抗议日本政府颁布取缔留学生规则,秋瑾愤而回国。春夏间,经徐锡麟介绍加入光复会,七月,秋瑾再赴日本,结识了陈天华等进步人士,会晤了孙中山,和黄兴、喻培伦等人一起加入了同盟会。秋瑾在入会时发出的誓言是:"危局如斯敢惜身?愿将生命作牺牲。"

秋瑾积极参加留日学生的革命活动,她的革命意志和工作精神得到孙中山的认可。后来,孙中山派她回国策动推翻封建清王朝的革命工作。秋瑾翌年归国后,在上海创办中国公学。同年秋冬间,秋瑾为筹措创办《中国女报》经费,回到荷叶婆家筹得一笔经费,并声明脱离家庭关系。其实秋瑾是担心株连家庭,故采取了脱离家庭之举。

秋瑾归国后先在绍兴女学堂代课。3月又到浙江湖州南浔镇浔溪女校任教,发展该校主持教务的徐自华及学生徐双韵等加入同盟会。

秋瑾暑假离职赴沪,与尹锐志、陈伯平等以"锐进学社"为名,联系敖嘉熊、吕熊祥等发动长江一带会党,准备起义。萍浏醴起义发生后,她与同盟会会员杨卓林、胡瑛、宁调元等谋划在长江流域各省响应,并主持浙江方面的发动工作。秋瑾到杭州后,与将去安徽的徐锡麟约定,在皖、浙二省同时发动起义。不久,萍浏醴起义失败,接应起义事遂告停顿。

1907年1月14日,秋瑾在上海创办《中国女报》。该报以"开通风气,提倡女学,联感情,结团体,并为他日创设中国妇人协会之基础为宗旨"。秋瑾为该报写了《发刊词》,号召女界为"醒狮之前驱","文明之先导"。不久,秋瑾因奔母丧回绍兴,又先后到诸暨、义乌、金华、兰溪等地联络会党。这时大通学堂无人负责,秋瑾应邀以董事名义主持校务。她以学堂为据点,继续派人到浙省各处联络会党,自己则往来杭、沪间,运动军、学两界,准备起义。她秘密编制了光复军制,并起草了檄文、告示,商定金华先起义,处州响应,诱清军离杭州出击,然后起义军由绍兴渡江袭击杭州,如不克,则回绍兴,再经金华、处州入江西、安徽,同徐锡麟相呼应。原定7月6日起义,后因其他事务改为19日。

7月6日,徐锡麟在安庆起义失败,其弟徐伟在供词中牵连到秋瑾。7月10日,秋瑾已知安庆起义失败的消息,同志们都劝她撤离,但她拒绝了一切劝告,表示"革命要流血才会成功"。她遣散了众人,毅然留守大通学堂。14日下午,清军包围了大通学堂,秋瑾被捕。在狱中,秋瑾吃尽苦头坚不屈服,她的供词仅有一句:"秋风秋雨愁煞人!"

然而,秋瑾是有话要说的,她牺牲前留下了一篇慷慨激昂,荡气回肠,感人肺腑,催人泪下的《致徐小淑绝命词》：

　　痛同胞之醉梦犹昏,悲祖国之陆沉谁挽？日暮穷途,徒下新亭之泪；残山剩水,谁招志士之魂？不须三尺孤坟,中国已无干净土；好持一杯鲁酒,他年共唱拜仑歌。虽死犹生,牺牲尽我责任；即此永别,风潮取彼头颅。壮志犹虚,雄心未灭,中原回首肠堪断！

　　1907年7月15日,秋瑾在浙江山阴县轩亭口被当街斩首,此事在江浙一带掀起轩然大波,当时各报纷纷报道了此事。此事引起人们关注的主要原因是,清朝妇女被判死刑都是绞刑,因此,当街斩首女子的血腥方式激起了公愤。当时的报纸记录下了秋瑾就义的场面,"女士身穿白色汗衫,外穿原色生纱衫裤,脚穿皮鞋,钉有铁镣,两手反缚。由山阴县署至轩亭口,一路有兵防护。临刑时女士不发一语"。

　　秋瑾坚守自己的革命誓言,毅然而然走上刑场,甘心为良知和正义作牺牲。她用自己的热血唤醒民众的反抗意识,秋瑾可以称之为前无古人的民主革命家。秋瑾在受刑前的唯一要求就是：给自己留下一点最后的尊严,死后不要剥光她的衣服,不要让她的遗体暴露在大众的视野之中。

　　秋瑾遇难后,无人敢收尸,中国报馆"皆失声"。秋瑾生前好友吴芝瑛、吕碧城设法将其遗体偷出掩埋。1908年,吴芝瑛又将其遗骨迁葬杭州西湖西泠桥畔,因朝廷逼令迁移,秋瑾之子王源德于宣统元年(1909年)将墓迁葬湘潭昭山。1912年,湘人在长沙建秋瑾烈士祠,又经湘、浙两省商定,迎送其遗骨复葬在西湖原墓地。

　　秋瑾一生写下了许多充满强烈爱国思想和饱满革命热情的诗篇,现仅存诗词25首。后人辑有《秋瑾集》传世。

　　"当大街上只剩下最后一个革命者,这个革命者必定是女性。"这是共产国际女领导人卢森堡的名言。这句名言说明巾帼不让须眉,女子对自己的信仰,也许更坚贞,更执着。秋瑾比卢森堡小4岁,却比她早牺牲12年。我们熟知的女烈士,如赵一曼、投江八女、刘胡兰、江姐等,都是女中之豪杰。作为中国近代女革命家,秋瑾是首位。

　　孙中山和宋庆龄对秋瑾都有很高的评价。1912年12月9日孙中山致祭秋瑾墓并撰挽联：

　　　　江户矢丹忱,重君首赞同盟会
　　　　轩亭洒碧血,愧我今招侠女魂

　　1916年8月16日至20日,孙中山、宋庆龄游杭州,赴秋瑾墓凭吊。孙中山说："光复以前,浙人之首先入同盟会者秋女士也。今秋女士不再生,而'秋风秋雨愁煞人'之句,则传诵不忘。"1942年7月宋庆龄在《中国妇女争取自由的斗争》一文中称赞秋瑾烈士是"最崇高的革命烈士之一"。1958年9月2日宋庆龄为《秋瑾烈士革命史迹》一书题名。1979年8月宋庆龄为绍兴秋瑾纪念馆题词："秋瑾工诗文,有'秋风秋雨愁煞人'名句,能跨马携枪,曾东渡日本,志在革命,千秋万代传侠名。"

　　秋瑾、鲁迅和周恩来是浙江绍兴当代最杰出的三位代表人物,人称"当代绍兴三杰"。

　　秋瑾就义已经一百多年,这一百多年,中国经历了血与火的革命斗争,特别是在中国共产党的领导下,中国人民已经站起来、富起来了,正向强起来迈进。秋瑾为了祖国富强,宁愿牺牲自己也要唤醒民众的爱国主义和民族精神,依然是支撑我们民族的"灵魂",更是激励我们实现中华民族伟大复兴"中国梦"的精神力量。

参考书目

[1]《中国文学史》.游国恩,王起,萧涤非等.北京:人民文学出版社,1964年2月第一版.

[2]《中国文学史》.中国社会科学院文学研究所主编.人民文学出版社,1962年7月一版.

[3]《中国古代文学》.于非主编.高等教育出版社,1988年版.

[4]《唐诗鉴赏辞典》.上海辞书出版社,1982年12月1版.

[5]《唐诗鉴赏辞典补编》.四川文艺出版社,1990年6月1版.

[6]《唐宋词鉴赏辞典》.江苏古籍出版社,1986年12月1版.

[7]《唐诗三百首汇评》.王步高主编.东南大学出版社,1996年12月1版.

[8]《人间词话》.王国维著,范雅编著.江苏人民出版社,2016年6月1版.

[9]《历代诗歌选》.季镇淮,冯钟芸,陈贻焮,倪其心选著.中国青年出版社,1980年1月1版.

[10]《宋诗选注》钱锺书选注.人民文学出版社,1958年9月1版.

[11]《史记》司马迁著.萧枫主编.陕西师范大学出版社,1998年1月1版.

[12]《旧唐书》(后晋)刘煦(宋)欧阳修,宋祁撰.中华书局,1997年版.

[13]《新唐书》(宋)欧阳修,宋祁撰.中华书局,1975年版.

[14]《中国历代著名文学家评传》.吕慧娟,刘波,卢达编.山东教育出版社,1983年版.

[15]《中国诗词大会》.中央电视台《中国诗词大会》栏目组编.中华书局,2017年1月1版.

[16]《中国诗词大会》(第二季).中央电视台《中国诗词大会》栏目组编.北京联合出版公司,2017年7月1版.

[17]《中国诗词大会》(第三季).中央电视台《中国诗词大会》栏目组编.北京联合出版公司,2018年7月1版.

[18]《品中国文人》.刘小川著.上海文艺出版社,2013年6月一版.

[19]《中华好诗词 第一季》.中华书局,2014年7月1版.

[20]《一生最爱纳兰词》.纳兰容若著.石油工业出版社,2014年11月1版.

[21]《诗人世界》.上海古籍出版社,1993年7月1版.

[22]《唐宋诗词趣话三六五》.黄为之,扬廷治编著.华龄出版社,1992年7月1版.

[23]《把栏杆拍遍》.梁衡著.同心出版社,2015年7月2版.

[24]《康震评说诗圣杜甫》.康震编著.中华书局,2010年版.

[25]《康震评说苏东坡》.康震编著.中华书局,2008年版.

[26]《苏东坡传》.林语堂著.百花文艺出版社,2000年版.
[27]《读懂唐诗》.摩西著.光明日报出版社,2009年版.
[28]《中国通史纲要》.白寿彝主编.上海人民出版社,1980年版.
[29]《中国古代史(明清部分)》.中国青年出版社,1982年版.
[30]《二十五史精华·图文珍藏本》.岳麓书社,2010年版.
[31]《三天读懂五千年中国史》.诸葛文著.中国法制出版社,2014年8月3版.
[32]《中国历代冤案》.少林木子编著.内蒙古文化出版社,2009年6月1版.
[33]《中外文学掌故》.马清福编著.文化艺术出版社,1984年5月1版.
[34]《濮阳历史文化新探》.史国强著.中原出版传媒集团,2017年4月版.
[35]《龚自珍的败家儿子》(《文史博览》2014年第2期).作者:曹康.